LES

ŒUVRES DE CHARITÉ

A PARIS.

Propriété.

LES ŒUVRES
DE CHARITÉ

A PARIS

Par Mlle JULIE GOURAUD

DEUXIÈME ÉDITION

PARIS

JOSEPH ALBANEL, LIBRAIRE

15, rue de Tournon, 15

1867

TOUS DROITS RÉSERVÉS.

LETTRE DU R. P. FÉLIX

DIRECTEUR DE L'ŒUVRE DE SAINT-MICHEL

A M. LE C^{TE} DE GRANDEFFE

PRÉSIDENT DU COMITÉ DE LECTURE.

Paris, le 8 juin 1867.

Monsieur le Comte,

Je ne puis que vous féliciter ainsi que le Comité de lecture, d'avoir donné votre adhésion au livre de Melle Julie Gouraud, intitulé : *Les Œuvres de Charité à Paris*. Ce livre est, dans sa spécialité, du nombre de ceux que notre *Œuvre de Saint-Michel* a l'ambition de publier; il est à la fois *utile* et *intéressant*. Le sujet par lui-même, excellent et essentiellement sain, est traité avec cette grâce de style familière à Melle GOURAUD. Ce petit livre, sous une forme agréable, révèle l'une des faces de cette grande cité probablement les moins aperçues par les nombreux étrangers qui viennent, à l'heure qu'il est, en admirer les côtés plus éclatants : il montre à ceux qui l'ignorent, combien sous ces brillantes surfaces où le plaisir, le luxe et le sensualisme se jouent à l'envi, il se cache encore de mystères de bien et de trésors de charité. Pour les âmes accoutumées déjà à la pratique des pieux dévouements, cet ouvrage ne sera pas une surprise; car il ne fait que dire ce qu'elles font chaque jour. Mais pour beaucoup d'autres il sera une révélation, et assurément l'une des plus instructives et des plus salutaires que l'on puisse faire de Paris, à tous ceux qui ne connaissent que par le dehors la grande cité des temps modernes.

Veuillez agréer, Monsieur le Comte, l'expression de mon dévouement et de mon respect.

J. Félix, S. J.

A MADEMOISELLE LA COMTESSE

ANNA MYCIELSKA.

Le voyageur ne rentre jamais dans son foyer, sans rapporter à ceux qu'il aime de ces riens qui accusent la fidélité du souvenir. C'est ainsi qu'en parcourant les Annales de la charité, j'ai pensé à vous, chère Anna. Vous aimez la France; vous donnez le nom d'amie à une Française : plus que tout cela, vous avez été formée à l'amour des pauvres par une mère, dont vous honorez dignement la pieuse et consolante mémoire.

A tous ces titres, ma chère amie, je vous fais l'hommage de mon petit livre. Vous y retrouverez l'intimité de nos conversations et comme la douce familiarité de nos cœurs.

Julie GOURAUD.

LES ŒUVRES DE CHARITÉ A PARIS.

LETTRE PREMIÈRE.

Paris, le 4 janvier 1866.

Je suis toute fière, ma chère sœur, de dater ma lettre de Paris : je me hâte de vous le dire.

Je suis en France depuis trois jours, et déjà j'ai tant de choses à vous écrire, que je serai forcée de procéder avec ordre.

Et d'abord, ma chère Anna, je veux laisser parler mon cœur, quoiqu'il n'ait rien de nouveau à vous apprendre : vous le savez, chère sœur, chaque fois que je vous quitte, je me demande avec étonnement comment j'ai pu m'y résoudre. Je me souviens très-bien qu'à l'âge de huit ans, lorsque notre mère m'emmenait à Brodway-House sans vous, qui étiez déjà trop studieuse pour interrompre vos études, la beauté du parc, les serres remplies d'orangers, les oiseaux vivants et empaillés, le singe de milady, qui se mettait du blanc et du rouge comme sa maîtresse, tout cela ne pouvait me faire oublier ma chère sœur Anna.

Aujourd'hui je suis entourée d'objets bien autrement remarquables que ceux de Brodway-House, et pourtant je ne suis pas entièrement sortie de Cheltenham; j'y vis avec vous. Je demande au soleil s'il se montre à Pitteville-Park comme aux Tuileries, car alors ma chère Anna irait faire sa promenade favorite.

Quel que soit le caprice du soleil, suivez-moi, je vous prie, ma chère, dans mon voyage : notre album est fidèle : j'ai très-bien reconnu le port du Hâvre, les phares, la tour de François Ier, et ces bassins admirés par les moins enthousiastes de nos compatriotes. Mon mari partageait mon ravissement, et j'espérais lui communiquer mon impatience d'arriver à Paris. Hélas! chère! l'air de la France ne modifiera nullement l'ordre avec lequel Georges procède en tout. Quand je lui dis que nous pouvions prendre l'express et arriver le soir même à Paris, il me répondit avec ce calme et cette douceur, qui condamnèrent toujours ma vivacité :

« Patience Lisy, nous arriverons; mais ce serait trop d'insouciance de ne pas s'arrêter au moins une journée dans ce pays. » Alors, ma chère Anna, promenant mes regards sur les côtes placées en amphithéâtre au-dessus de la mer, je fus un peu embarrassée d'avoir témoigné tant d'empressement à quitter ce beau pays.

Georges avait raison : la journée consacrée à visiter la campagne a été on ne peut plus agréable. La côte d'Ingouville avec ses jolies maisons rappelle un peu nos villages; la terrasse de l'ancienne abbaye de Graville offre un des plus beaux points de vue qu'on puisse rencontrer. Je me figurais voir passer de longues générations de religieux, méditant sur le néant des choses d'ici-bas, en face de cette mer couverte de navires partant pour aller chercher au loin, et à grand'peine, des trésors, objets des convoitises humaines. J'ai remercié Georges vingt fois de m'avoir ménagé la connaissance de la Normandie. Un sentiment politique a fait dire à la reine Marie que si on ouvrait son cœur après sa mort, on y trouverait écrits ces mots : Calais! Calais! Pour moi, ma chère, qui ne suis que romantique, je m'écrie : Le Hâvre! le Hâvre!

Le temps favorisant notre curiosité et mon impatience, nous avons pu dans cette journée parcourir les environs, et le lendemain nous sommes partis pour Paris.

Ma bien chère Anna, tant que j'ai vu la mer, j'ai pu croire que notre séparation n'était pas complètement effectuée. Aujourd'hui je sens la distance. Il n'est pas de contraste plus grand que l'aspect de ce pays-ci avec le nôtre : la lumière abonde au cœur de la ville ; il ne faut pas, comme à Londres, aller la chercher dans la campagne.

Quelle que soit l'heure à laquelle vous sortez, vous rencontrez des gens pressés, et pourtant il est évident que la plupart vont à leurs plaisirs. Mme Lawley et son king's Charles ne pourraient jamais se tirer des rues de Paris : il faut avoir l'œil au guet et l'oreille attentive. L'ordre n'existe pas ici comme à Londres ; chacun répond de soi, le plus habile a le pas sur les autres.

Nous sommes parfaitement bien logés ; nos fenêtres donnent sur les Tuileries, chaque matin nous nous promenons dans ce beau jardin, mais avec plus de distractions qu'à Pitteville. Je me sens déjà très-dissipée, et je conviens avec vous, ma chère Anna, qu'il est très-heureux pour moi d'être prêchée deux fois par jour sur mon étourderie par mon mari.

Depuis hier je suis habillée à la française, et j'ai très-bon air, je vous assure. Je ne vous ai encore rien dit de mon *français* : eh bien ! ma chère, tout le monde me comprend, personne ne me rit au nez. On a beaucoup d'indulgence en France pour les étrangers. Les marchands sont extrêmement polis ; ils vous offrent des siéges comme si vous leur rendiez visite. J'ai vu des dames faire déplier dix pièces d'étoffes, vouloir, ne plus vouloir, et ne rien acheter. Nos marchands n'ont pas le caractère si facile.

Pauvre sœur ! vous sentez, au ton de ma lettre, que

je suis heureuse loin de vous, et cette pensée m'afflige. Nous l'avons dit souvent dans la petite salle de Flower-House; le cœur renferme tous les contrastes : le matin de mon départ, mes yeux étaient encore remplis de larmes, et déjà je souriais au beau paysage que m'offrait la vallée d'Evesham! Le croirez-vous, malgré l'extrême mobilité qui m'a valu dans mon enfance le surnom de lady *Starling* (étourneau), la réflexion ne m'est pas étrangère, et le plaisir, vers lequel je cours avec ardeur, me fournit souvent une observation utile.

Je serai présentée ce soir à une dame française : la baronne G... J'ai un peu peur; toutefois, je sens qu'avec un bonnet de Paris sur la tête et un bouquet à la main, je ne m'en tirerai pas trop mal.

Adieu, ma chère sœur, faites retentir la maison du nom de votre Lisy, afin que l'écho n'en perde pas la mémoire.

Votre sœur affectionnée.

P. S. Georges dit que je vous aime trop, mais qu'il lui est impossible d'être jaloux. Lisez le gros de mes lettres à nos voisins, et joignez-y mes meilleurs compliments : encore adieu.

LETTRE II.

L'ŒUVRE DES FAUBOURGS.

Je vois bien, ma chère Anna, qu'il m'arrivera souvent de passer un jour sans vous écrire. Cependant il n'y aura pas de lacune dans mon journal, et même le désir de vous rendre un compte exact de ma vie de Paris m'empêchera de prendre la plume légèrement. Depuis trois jours mes impressions ne sont plus les mêmes : si vous pouviez m'apercevoir grave et rêveuse devant mon secrétaire, vous vous écrieriez : Qu'est-il donc arrivé? une querelle de ménage? un manteau de cour livré trop tard? Que vous êtes loin de la vérité, chère Anna!

Un concert m'a jetée dans un ordre d'idées nouvelles. Ce n'est pas, comme vous pourriez le penser, une rêverie produite par l'effet magique d'une symphonie de Beethoven, ni par un naïf et spirituel motif de Mozart. Non : ma chère, je ne m'arrêterai même pas au détail de ce concert, tant j'ai hâte de vous parler sérieusement.

Nous avons été présentés à la baronne G*** par lady B*** qui la connaît beaucoup. L'accueil le plus cordial nous a été fait. La baronne n'est pas une française *pincée*, comme vous dites. C'est une femme qui passe de la jeunesse à l'âge mûr, sans mauvaise humeur ; elle a été belle, on le voit, et je crois bien que sa philosophie se nourrit de cette agréable conviction.

Je fus vite à l'aise avec cette charmante femme. Sa conversation fut celle qu'on a généralement avec des étrangers : Si nous nous plaisions à Paris, combien de temps nous comptions y passer. Je vins naturellement à lui parler du concert auquel nous devions aller le soir. « Permettez-moi, dit simplement la baronne, d'aller vous prendre ; ce concert, comme vous le savez, est donné pour venir en aide à une œuvre que je protége, et tout en entendant la musique, je serai charmée, Milady, de vous donner l'explication de ce nom d'*œuvre des faubourgs*.

— Je sais, Madame, qu'il s'agit de secourir de pauvres familles. On est si charitable en France !

— Assurément je ne médirai pas de mon pays. Toutefois je vous avouerai qu'il nous reste encore beaucoup à faire pour justifier notre réputation. Je voudrais que la charité s'affranchît de ces fêtes renouvelées chaque année pour faire tomber l'aumône du riche dans la main du pauvre. Ces charités-là, Milady, sont un luxe ajouté à tant d'autres. »

Vous voyez d'ici, chère Anna, le geste d'approbation que fit Sir Georges en entendant ce discours! Malgré sa timidité, il m'épargna la peine de répondre, et la question du paupérisme que nous savons par cœur toutes les deux, fut mise encore une fois sur le tapis avec un nouvel éclat. Georges parla vraiment très-bien; il goûtait en plein le charme de placer à l'étranger une question rebattue dans le pays. Je suis sûre que cette visite sera un de ses plus doux souvenirs de France.

Cette entrevue, ma chère, aura une grande influence sur notre voyage. Car il nous est arrivé ce qui arrive toujours entre gens qui aiment Dieu : nous sommes déjà amis de la baronne. Elle a trouvé dans Georges un catholique convaincu; et profitant des avantages de son âge sur notre jeunessse, elle nous a traités, dans cette première visite, comme d'anciennes connaissances.

— « Que je serais donc heureux, dit-elle, de voir des étrangers étudier Paris sous un point de vue sérieux! Je suis fatiguée d'entendre dire du mal de la France! N'allez pas croire pourtant que je la trouve sans défauts! oh! non. Je l'aime sans aveuglement. Mais combien de gens viennent à Paris, n'en voient que la surface, courent au plaisir, y rencontrent des écueils peut-être plus séduisants que partout ailleurs, s'en reviennent chez eux avec la prétention de connaître la France, et la jugent d'après leurs observations. Mylord, il y a des égoûts horribles dans cette grande ville ; ceux qui en respirent les miasmes infects ont-ils le droit de nier l'air et la lumière de nos promenades ? Toute grande ville possède dans son sein la vertu et la corruption : chacun prend son élan d'un côté ou de l'autre. Je vous assure que vos dandays parcourent des chemins ignorés de beaucoup de nos jeunes gens. Tout homme voyage avec ses goûts, ses habitudes et son caractère ; il a beau changer de latitude, il restera toujours le même. C'est pourquoi, Mylord, vous ne changerez point de sentiments : à Paris, à Londres, dans Gloustershire, comme partout ailleurs, vous serez attiré par ce qu'il y a de bon, de grand et de vrai dans un pays. » Et se retournant vers moi avec bonté, la baronne ajouta : Cette étude, Milady, à laquelle vous prendrez part, j'espère, ne vous empêchera nullement d'user des distractions de Paris. Je me charge de vous prouver que les gens sensés savent se distraire sans déroger à la raison et au bon goût. »

Cette première visite, chère Anna, dura deux heures, et l'intimité la plus charmante s'établit entre nous.

La baronne nous a offert sa maison, ses amis et son temps.

Le soir nous fûmes ensemble à ce fameux concert. J'y ai vu l'élite de la société. Ce coup d'œil d'élégance française est vraiment unique dans son genre. Le bon goût s'ajoute à la richesse, tandis que le contraire se voit ailleurs. La musique était admirable et les applaudissements capables d'électriser les artistes. Le produit de ce concert est destiné à soutenir l'œuvre des Faubourgs. Par ce moyen de séduction (pour me servir de l'expression de la baronne), on obtient à peu près chaque année une somme de 6 ou 8000 fr. Le soin, l'éducation des enfants est le but immédiat et apparent de l'œuvre des Faubourgs. Un certain nombre de dames se chargent de protéger, de vêtir et de faire instruire les enfants de ces familles d'ouvriers qui vivent loin du centre de Paris et font comme une population à part, où l'ignorance de la religion, l'absence de toute moralité et de toute consolation au milieu d'une vie de travail et de souffrance, produisent trop souvent la haine contre les classes supérieures de la société. C'est ce mal que l'œuvre des Faubourgs se propose de guérir. Des femmes dévouées pénètrent dans ces familles, se font les protectrices des enfants en leur procurant le nécessaire. Le bienfait de l'instruction s'ajoute à celui de l'aumône, et la famille ainsi secourue se moralise et retrouve, malgré les peines et les fatigues du travail, la paix et le bonheur qu'elle croyait bannis de son pauvre ménage.

Cette œuvre convient peut-être plus particulièrement au peuple Français qu'à tout autre : on peut espérer que l'esprit turbulent de la population des faubourgs s'apaisera sous l'influence de la charité.

C'est en 1848 que fut fondée l'œuvre des Faubourgs ; elle compte de nombreux souscripteurs à raison de cinq francs par année.

Le concert donné au profit de cette œuvre est, dit-on, un des plus beaux. Ce qui prouve l'importance que la société attache à la moralisation de l'ouvrier.

La baronne était une tout autre femme que le matin de ce même jour : elle satisfit avec une grâce charmante notre curiosité d'étrangers, et elle n'oublia pas que j'étais une personne de vingt-cinq ans. Je l'aime beaucoup, la glace est rompue, je parle comme une pie française. Nul doute qu'à mon retour je ne sois la puriste non-seulement du manoir, mais de tout le canton. (Je vous permets de rire.)

Il était fort tard lorsque madame G*** nous laissa à notre porte; cependant Geórges reprit la conversation du matin avec autant d'entrain que si le soleil eût encore été à l'horizon.

— La baronne a raison, reprenait-il toujours, il faut que ce voyage de France soit utile à nous et à notre pays. Je pense, ma chère, que vous feriez très-bien d'écrire un journal détaillé de toutes nos observations en France sur la charité, et Burns en fera un joli petit volume, qui sera un guide aussi sérieux qu'agréable pour nos compatriotes.

— Quoi ! Georges, m'écriai-je avec effroi et presque indignée, vous voulez que je fasse un livre.

— S'il le fallait pour me plaire, Lisy ?

— Je ferais un in-folio, Georges...

— Vous le voyez, ma chère, nous sommes toujours d'accord, même lorsque vous croyez être le plus éloignée de mon opinion.

Oui, ma chère Anna, il était deux heures du matin, lorsque je m'engageai ainsi à écrire un livre. Vous figurez-vous lady *Starling* observant, rédigeant. Certes, jamais je n'aurais soupçonné que la puissance conjugale pût aller jusqu'à faire de moi une femme auteur. Vraiment il faut que j'aime bien Georges pour lui pardonner de me jouer un pareil tour.

Ma modestie n'est pas seule à s'effrayer de l'entreprise : la paresse crie bien haut. Toutefois j'ai trouvé le moyen de faire taire cette ennemie de tout bien : je pense au plaisir et à la distraction que vous trouverez, chère amie, à lire ce méchant livre, vous, pauvre malade, qui ne connaissez pas le charme de remonter un fleuve au soleil couchant, ni de contempler du haut de la montagne le commencement mystérieux d'un beau jour. Et puis votre cœur trouvera dans ce simple récit un aide pour réaliser les pensées de charité qui sont l'objet de tous vos désirs. Ce livre, chère Anna, sera donc le sujet de notre correspondance. J'oublierai en vous écrivant, que, grâce à Sir Georges, je suis devenue auteur.

Sur ce, ma bien chère, je vous dis adieu, comme une simple femme. Demain j'entrerai dans ma nouvelle carrière, mais je serai toujours votre tendre amie.

LISY.

LETTRE III.

LA SOCIÉTÉ MATERNELLE.

Dans quelle entreprise me suis-je engagée, ma chère Anna! mon voyage d'agrément en France devient de plus en plus sérieux : chaque jour des courses, des visites, des conversations graves, des lectures et des notes à prendre pour arriver à connaître la question que je veux traiter. Est-ce à dire que ce voyage n'a plus de charmes pour moi? Gardez-vous de le croire. Cette étude me plaît, j'en conviens avec vous, seulement j'ai des luttes à soutenir avec ma paresse; mais comme je *suis deux*, je ne doute pas que la victoire ne me reste. Pendant que vous me croyez assidue à mon secrétaire, craignant peut-être l'inconvénient d'une vie trop sédentaire pour une habitante de la campagne, je cours du matin au soir pour étudier la charité : il faut que je la voie de mes yeux et que mon cœur en soit touché ; car il ne s'agit pas de composer un petit roman pour charmer vos soirées d'automne, je veux vraiment approfondir cette science de la charité ; elle seule s'offre à nous, femmes, sans bornes et sans limites.

Je peux déjà vous affirmer, chère sœur, que j'ai fait une grave entreprise : n'importe, avec la grâce de Dieu j'irai jusqu'au bout, et si j'avais le bonheur d'inspirer à un seul de nos compatriotes la pensée de fonder une œuvre imitée des Français, je me trouverais largement payée de toutes mes peines.

Ne craignez pas de trouver en moi un observateur partial : je serai sincère et rien de plus.

Jusqu'ici nous n'avions guère entendu parler que de la corruption de Paris. Vraiment, les voyageurs sont injustes ou très-indifférents. Pour connaître le bien, il faut le chercher, tandis que le mal se présente toujours à nous comme ces vilains chardons que vous ne pouvez souffrir dans *l'Allée verte*.

D'un coup d'œil on voit que la France est le foyer de la charité : toutes les souffrances y sont comprises et soulagées. L'assistance publique est beaucoup mieux organisée que chez nous et à moins de frais ; la misère est prise au berceau et assistée jusqu'à la tombe. Grâce à l'obligeance de notre nouvelle amie, j'ai déjà un aperçu des héroïsmes de la charité en France. Je vous soumettrai toutes mes observations, chère Anna, sans tenir compte des données générales que vous avez sur les œuvres de ce pays-ci, et même sans retrancher de mon cadre celles qui sont déjà établies en Angleterre. Je crois que le lecteur sait toujours gré à un auteur, si médiocre qu'il soit, d'avoir la bonne pensée de faire un plan. Or, chère Anna, sans beaucoup de réflexion, il me semble tout naturel de suivre la marche des œuvres de charité fondées à Paris et qui comprend :

1º L'enfance;

2º Les secours qu'on lui donne dès le berceau;

3º L'éducation qu'elle reçoit;

4º L'apprentissage;

5º Le patronage, œuvre importante et inconnue chez nous;

6º La réhabilitation et la pénitence;

7º L'assistance publique.

Je ne vous parlerai pas de toutes les œuvres qui répondent à ces divers titres. Je ferai mon choix, non pas en consultant seulement mon goût et mon inclination, mais en considérant avec attention le côté le plus utile à notre pays.

Le premier sujet de mes observations est bien de nature à vaincre la paresse et la timidité d'une femme : les enfants, qui ne les aime? qui ne sait en parler?

Le premier signe qui accuse la démoralisation d'un peuple est l'affaiblissement des vertus naturelles au cœur de l'homme. Le respect filial, l'amour maternel ont toujours existé dans la société chrétienne; quand elles en disparaissent, on peut prévoir la dissolution des mœurs et le dérèglement des esprits.

C'est ainsi que la révolution française s'annonçait pour l'observateur attentif. A la fin du dix-huitième siècle, la misère morale s'ajoutait à toutes les misères du temps. L'œil de la charité sondait des plaies hideuses, mais elle s'arrêta avec un redoublement de compassion sur le berceau de l'enfant; elle voulut encourager la mère à nourrir son enfant, et de cette pensée est née la société maternelle.

C'est en 1788 que cette œuvre a été fondée par les efforts réunis de quelques femmes de bien. La reine Marie-Antoinette donna la mesure de son estime pour cette œuvre en prenant le titre de directrice de la société.

Je vous entends, chère Anna, vous étonner tout bas, qu'on soit obligé de former une société pour encourager les mères à allaiter leurs enfants. Hélas! le souffle divin qui a formé notre âme ayant été altéré par le péché, nous avons sans cesse besoin d'être rappelés à la pratique des devoirs que l'amour seul devrait nous faire pratiquer. Ayons donc de la compassion pour ces pauvres femmes ignorantes et accablées par la misère. Sont-elles les plus coupables de la société?

Si la pensée de l'œuvre était d'encourager toutes les mères à allaiter leurs enfants, elle fut cependant obligée de prescrire des bornes à la charité. Tout établissement d'assistance, quelle qu'en soit la forme, doit avoir un réglement et s'y conformer strictement. En pareil cas la rigueur assure le succès.

Un comité de quarante-huit dames se réunit au moins une fois par mois, pour décider l'admission des femmes et la qualité des secours à donner. Chaque dame du comité est chargée d'un quartier de Paris; elle reçoit les demandes, prend les renseignements sur les mœurs et les besoins des personnes qui réclament l'assistance de la société, et après l'admission elle surveille l'emploi des secours. Tout cela se fait avec ordre et régularité.

La mère doit se présenter dans les deux derniers mois de sa grossesse à la dame du quartier désignée par la société, avec l'acte de son mariage, un certificat de bonne conduite et d'indigence délivré par le bureau de bienfaisance, et avec l'extrait de baptême de ses enfants; si elle est veuve elle ajoutera l'extrait mortuaire de son mari.

Le jour même de la naissance de l'enfant, la mère reçoit dix francs pour subvenir aux premiers frais, et de plus une layette. Pendant les dix premiers mois elle reçoit encore cinq francs par mois, et les vêtements nécessaires à l'enfant lorsqu'il quitte le maillot. Si la mère tombe malade et ne peut pas continuer à nourrir, elle reçoit dix francs par mois au lieu de cinq.

Souvent, hélas! malgré tous ces secours, la mère épuisée par le travail ne peut plus nourrir. Que devient le pauvre enfant? La société le prend sous sa surveillance immédiate; elle se charge de lui pendant les mois de nourrice, et accorde un supplément de cinq francs par mois à la mère. Si elle devenait veuve pendant l'adoption de l'enfant, elle recevrait également cinq francs de plus chaque mois.

L'œuvre de la Société maternelle a toujours eu d'éminents protecteurs; elle existe dans plusieurs villes importantes de France. La révolution française, dans son aveugle fureur, enleva l'illustre reine, dont tous les cœurs français conservent la mémoire, et aussitôt tous les membres de la société furent dispersés. En 1810, Napoléon la rétablit, et pour encourager la *bienfaisance publique*, il plaça cette œuvre sous les auspices de l'impératrice Marie-Louise, et fit un don de 100,000 francs. A partir de cette époque, la protection royale a continué à enrichir l'œuvre de la Société maternelle. De nombreux souscripteurs, des dons particuliers connus ou anonymes, et les subventions accordées par la ville de Paris, le trésor et la banque, permettent à la société de répartir, chaque année, sur plus de neuf cents familles une somme de 60,000 francs au moins.

Mais une œuvre inspirée par la religion de Jésus-Christ ne peut se borner à donner le pain du corps au pauvre; après avoir arraché l'enfant nouveau-né à la misère et souvent peut-être prévenu son abandon, les dames de l'œuvre s'attachent à faire naître et à développer de bons sentiments dans le cœur de ces pauvres mères, presque toujours détournées de leurs devoirs par la misère et l'ignorance. Combien d'enfants doivent à la Société maternelle de reposer sur le sein de leur mère et d'y trouver une seconde vie!

Les devoirs de la maternité font en quelque sorte l'éducation de la mère : en nourrissant son enfant elle devient soigneuse, active, économe, et sent de plus en plus la nécessité du travail. Ces heureux effets sont dus à la sollicitude et au zèle de la dame visiteuse. Son affection et ses soins lui ont acquis le droit de dire tout ce qu'elle croit utile à l'âme de sa protégée; le mari, les enfants, sont d'abord le sujet de la conversation, puis elle passe aux conseils; et ayant acquis l'autorité d'un bienfaiteur, elle exige. C'est ainsi que la mère adoptive apprend à la mère réelle quels sont ses devoirs envers Dieu, envers son mari, envers ses enfants et envers elle-même. De quels secours et de quels avantages, chère sœur, serait une semblable institution dans nos villes populeuses! Parlez-en à L. S. Si nous voulons établir de bonnes institutions dans notre comté, il ne faut pas craindre les objections et les difficultés; la persévérance triomphe de tout.

Cependant l'œuvre de la Société maternelle, tout en étant d'un grand secours pour les pauvres mères de famille, a l'inconvénient de les obliger à suspendre leur travail, du moins en partie; la plupart doivent renoncer à aller en journée pour garder leurs enfants, et souvent leur nombre empêche toute espèce de travail lucratif. Beaucoup d'années se passèrent sans que la charité eût rien à offrir aux pauvres mères, et si vous vous en souvenez, Sir William arrivant de Paris nous parla avec enthousiasme des crèches et des asiles. Ces deux institutions, sans diminuer l'importance de l'association maternelle, pourvoient à d'autres nécessités. Je me réserve de vous en parler dans mes prochaines lettres. Le soleil m'invite d'une manière formelle à me promener. Ah! que n'êtes-vous ici! l'hiver est presque aimable malgré son nom. Je n'ai pas vu une fois ce vilain brouillard jaune, ennemi de Londres; le ciel est pur, et on aperçoit le printemps à travers les festons de givre qui donnent au jardin des Tuileries l'aspect d'un lieu enchanté.

Adieu, chère et bien-aimée Anna, écrivez-moi longuement, prévenez toutes les questions que je vous adresserais chaque matin, si j'étais là.

Votre sœur,

LISY.

LETTRE IV.

LES CRÈCHES.

Le bien qui résulte de la Société maternelle est incontestable : c'est l'organisation de la charité que toute femme chrétienne accomplit dans son entourage. Cependant l'expérience a prouvé que la mère ne peut accomplir sa tâche maternelle qu'à certaines conditions :

Il faut que le mari gagne suffisamment pour que le travail de la femme ne soit pas de première nécessité ; si la mère est veuve, les secours à domicile deviennent insuffisants, et la misère tarit bientôt le sein de la nourrice.

La forme des secours doit donc varier suivant les circonstances : l'œuvre des crèches dont je veux vous entretenir aujourd'hui, ma chère sœur, fournit aux pauvres ménages une nouvelle ressource pour élever leurs enfants.

En 1844, M. Marbeau, membre du conseil de bienfaisance, fonda la première crèche à Chaillot. Voici à quelle occasion : allant un jour visiter une blanchisseuse chargée d'une nombreuse famille, il frémit d'horreur en entendant cette femme lui dire qu'elle était obligée d'abandonner ses enfants toute la journée pour aller gagner leur pain. Frappé de toutes les conséquences fâcheuses d'une pareille nécessité, M. Marbeau eut alors l'admirable pensée de créer une œuvre qui suppléât à la maternité arrêtée dans sa tâche par la nécessité de travailler. La religion, cette source inépuisable de tous les grands sentiments, fournit encore sa poésie à l'œuvre nouvelle en lui donnant le nom de *crèche*. Le souvenir de Bethléem se ranima dans tous les cœurs chrétiens. Il n'y eut qu'un cri d'admiration et de reconnaissance dans Paris pour M. Marbeau. Toutefois, chère amie, à en juger d'après mes sentiments, les femmes durent être jalouses d'un homme qui créait une œuvre dont la pensée semblait devoir appartenir exclusivement à leurs cœurs. Pour ma part, je penserai toujours que cette inspiration a été soufflée à M. Marbeau par une femme. Quoi qu'il en soit, la première crèche fut visitée par tous les amis des pauvres : on s'attendrissait à la vue de ces petits êtres arrachés à une demeure sombre, malpropre, où ils étaient souvent délaissés, pour être mis en possession d'un berceau, tel que leurs mères l'avaient rêvé lorsqu'elles étaient jeunes ouvrières, ayant la santé et l'espérance. A l'admiration succéda la critique, phénomène très-simple à Paris : « En gardant son enfant chez elle, disait-on, la mère conserve l'esprit de famille, premier élément de moralité. »

C'est vrai, rien de mieux : laissons à cette femme le soin de son enfant ; si elle est vraiment mère, elle bénira la Providence de lui fournir les moyens d'accomplir son devoir ; la crèche n'est pas pour elle, mais pour la population ouvrière forcée d'abandonner son toit pour assurer l'existence de la famille ; et même sans cette condition absolue de quitter la maison, combien est-il d'états sédentaires qui empêchent la mère de s'occuper de ses enfants. Une personne sensée disait l'autre jour, chez la baronne : « Jamais je ne blâme une œuvre de charité ni un ordre religieux, parce que j'ai la conviction intime que Dieu y trouvera sa gloire un jour. »

Ce jugement m'a paru excellent, et je l'ai adopté sur-le-champ. Ainsi, chère Anna, tout en constatant les côtés faibles des œuvres humaines, nous les éluderons, pour nous attacher au côté fort et vrai dont nous tâcherons de faire l'application avec la sagesse que Dieu nous accordera, si nous la lui demandons. Je m'étais imaginé qu'en notre qualité d'étrangers, nous éprouverions quelque difficulté pour visiter les établissements de charité : pas du tout. Ici, il suffit de témoigner de l'intérêt à une chose pour qu'on s'empresse de vous la faire connaître : l'obligeance est le fond du caractère français.

Ce matin donc, Georges et moi, nous sommes allés timidement frapper à la porte des sœurs de charité du septième arrondissement (Faubourg Saint-Germain). Je demandai à une sœur quel jour et à quel moment nous pourrions venir visiter la crèche.

— Quand vous voudrez, Madame, maintenant même.

Nous acceptons et nous suivons la sœur. C'était la supérieure.

Au premier étage, dans une grande pièce parfaitement chauffée, propre et claire, sont rangés vingt-cinq berceaux protégés par des rideaux blancs; de jolies couvertures également blanches leur donnent un air d'élégance. Les uns sont sur pied; d'autres sont à plat comme des lits de poupée sous une tente. Ceux-ci sont destinés aux poupons plus âgés qui ne font qu'un somme dans le jour, et n'ont pas besoin d'être bercés. Au milieu de ce dortoir de nourrissons est une espèce de parc ou réserve, dans lequel se trouvent de petits chariots à roulettes, disposés de façon à soutenir les bras de l'enfant. Ce meuble très-bien imaginé s'appelle *pouponnière* ou promenoir. Il permet à l'enfant d'essayer ses forces naissantes sans danger et avec peu de surveillance; des joujoux sont à sa disposition. Dans une pièce contiguë à celle-ci, étaient une douzaine de bambins parfaitement tenus, la plupart entouraient une jeune sœur occupée à faire manger les plus pressés; les autres s'ébattaient joyeusement sur un grand matelas placé à dessein dans cette pièce afin qu'ils pussent agir en sûreté. La crèche du septième arrondissement reçoit quarante enfants. Quels soins! quelle propreté! La vue d'une sœur de charité est toujours d'un effet nouveau pour moi. Je bénis Dieu d'avoir permis à l'Angleterre d'ajouter à toutes ses gloires celle de recevoir sur son sol les filles de Saint-Vincent-de-Paul.

L'œuvre des crèches, comme toutes les autres, est soumise à un conseil d'administration chargé de régler le budget; le maire en est naturellement le président. Un comité de dames nomme et surveille les inspectrices attachées à l'œuvre; des femmes appelées berceuses aident les sœurs dans les soins multipliés de chaque jour. Un comité médical, composé de plusieurs membres, règle tout ce qui a rapport à la santé des enfants. Il existe déjà un grand nombre de crèches pour Paris et dans la banlieue; plus de quinze mille enfants y ont été admis depuis la fondation; et le chiffre des journées de présence de tous les enfants en France est de un million cinq cent mille. La charité française a établi des crèches jusqu'en Chine.

La misère ou l'impossibilité de surveiller son enfant, sont des titres pour profiter du bienfait de la crèche. L'enfant est reçu dès sa naissance, et il doit, en tous cas, avoir moins de deux ans et être vacciné. Sans doute, l'honnêteté et la bonne conduite assurent des droits aux mères pauvres, mais une chute ne ferme pas la porte à celle qui l'a commise : le repentir et la bonne volonté sont toujours accueillis.

La crèche de la paroisse de Saint-Thomas-d'Aquin a été fondée d'une manière particulière : un certain nombre de dames ont établi des berceaux en souscrivant pour la somme de 120 francs par an. En adoptant ces berceaux qu'elles honorent de leurs noms, elles assurent leur protection aux pauvres enfants qui viendront un jour s'y abriter. Ces nouveau-nés seront aimés, visités par ces heureuses mères de famille ; ces mêmes mains qui ont tricoté les couvertures des berceaux offriront aussi le biberon et la bouillie à ces poupons du quartier. Ici la mère n'a rien à dépenser. La maison fournit le lait du biberon et la soupe aux enfants sevrés ; dans les plus longues journées ils font trois repas.

Les dames patronesses de la crèche ne viennent pas toujours seules visiter les enfants ; la jeune fille réclame comme une faveur de sa mère, d'aller à la crèche ; elle arrive droit à son berceau et laisse tomber des regards de tendresse sur le pauvre enfant. Si le sentiment maternel n'était pas dans tout cœur de femme, on pourrait dire que ces jeunes filles commencent le noviciat de la maternité.

Dans les crèches des quartiers pauvres, il faut nécessairement que la mère contribue à la nourriture de l'enfant : elle donne quatre sous par jour de présence pour un enfant, et seulement trois sous lorsqu'elle en a deux.

La porte de la crèche s'ouvre pour l'ouvrière à l'heure où commence sa journée, et elle ne se ferme qu'à la chute du jour. La mère vient exactement allaiter son enfant aux heures de repas; elle le garde chez elle les jours de fête et, si elle le veut, lorsque ses occupations la retiennent à la maison.

La crèche ne débarrasse donc pas la mère; elle lui procure seulement la liberté nécessaire à l'ouvrière. A partir du moment où elle dépose son enfant sous le toit de la charité, elle sait que tout ce qui aurait manqué à ce cher petit être, lui sera prodigué : s'il souffre, il trouvera des bras pour le porter, une voix lui chantera doucement les noms de Jésus et de Marie. Si ses yeux se ferment, on le déposera dans un berceau qui n'accuse pas la misère. A son réveil, il trouvera les caresses de sa mère. La misère eut peut-être refoulé l'amour maternel, mais cette femme, voyant son fils comme un *petit roi*, l'aime davantage, son zèle et son ardeur s'accroissent.

Si elle a pu oublier pendant quelques heures les charges et les devoirs de la maternité, la nuit détruit ses illusions et la replace dans la réalité difficile de son existence.

Tels sont les bienfaits de la crèche : assurer la vie de l'enfant et permettre à sa mère de travailler.

Maintenant, croyez-vous possible, ma chère amie, que ces femmes pénètrent journellement dans cette maison, sans en recueillir des fruits pour elles-mêmes?

Le plus grand nombre de ces mères sont d'honnêtes femmes, mais toutes connaissent à peine le nom de Dieu : l'église est comme un lieu interdit à ces malheureuses ; il est rare que leurs enfants soient baptisés, elles ne savent rien de la religion : la charité de Jésus-Christ est le premier élément qu'on leur enseigne.

La femme la plus légère, ou la plus ignorante, ne verra pas longtemps son enfant être l'objet des soins les plus dévoués, jouir d'un bien-être complet, sans que son cœur en soit touché. Cette sœur qui tend les bras à toute heure pour recevoir le fils d'une étrangère, qui écoute le récit des peines et des chagrins de ces pauvres ménages ne restera pas toujours indifférente au cœur qu'elle sait consoler. Un jour, cette mère se dira : « Elle est bien bonne, sœur Thérèse ! ma vie est changée depuis que je la connais. Hélas, mon premier enfant ne serait pas mort si je l'avais mis à la crèche : il était si beau ! Ces pauvres religieuses ! Comme elles vous arrangent nos enfants ! Sœur Thérèse est toute jeune. Que de peines ! et toute la vie ! et pour l'amour de Dieu ! Le bon Dieu !... »

Ce nom divin est prononcé avec une sorte d'émotion inconnue. Cette femme vient de faire un acte de foi sans s'en douter. Bientôt, espérons-le, elle aimera le bon Dieu de sœur Thérèse. L'intimité et la confiance s'établissent entre les sœurs et les pauvres : le mal se répare... L'ordre s'établit... la paix habite dans la mansarde.

Nous avons déjà des crèches en Angleterre, mais nous ne saurions trop travailler au développement d'une œuvre si utile aux classes ouvrières.

Votre affectionnée,

LISY.

LETTRE V.

LES SALLES D'ASILE.

L'intérêt que vous prenez à mes observations est un grand encouragement pour moi, ma chère Anna; cependant je n'accorderais guère d'importance à mon journal, si je n'avais l'espoir que vous viendrez un jour contrôler la fidélité de mon récit. Oui, chère sœur, votre santé vous permettra bientôt d'accomplir ce voyage de France, projeté depuis si longtemps; d'ailleurs le climat seul est une cure; pour ma part je donnerais toutes les pilules bleues de la boutique de Dineford pour une promenade aux Champs-Élysées. Quelqu'un qui prétend me juger sans partialité (quelle erreur!) assure que Paris est favorable à ma personne.

Vous le voyez, chère Anna, de même que l'enfant se rendant à l'école se détourne de la route, poursuit un papillon, cueille une fleur, moi aussi je me laisse aller à causer avec vous avant d'entamer le sujet grave de mon entretien. Mais l'écolier finit par quitter la prairie, il reprend son chemin : il faut donc que j'aborde mon sujet, les salles d'asile.

Ne vous attendez pas, ma chère, à lire un compte rendu en forme ; beaucoup de livres écrits pour tout le monde offriront ce genre d'intérêt. Je ne discute pas, je raconte ce que j'ai vu et entendu dire en me promenant chez les Français. J'ajouterai mes modestes réflexions, et j'espère qu'elles vaudront bien celles d'un philanthrope.

Deux noms sont désormais attachés au bienfait des salles d'asile : Madame de Pastoret et Monsieur Cochin. Ces deux personnes ont été les principaux propagateurs d'une œuvre destinée à régénérer les classes ouvrières.

Le premier essai a été fait en France dès 1770. On attribue généralement cette bonne pensée à Monsieur Oberlin, pasteur protestant des Vosges ; mais les salles d'asile n'existent réellement à Paris que depuis 1826. L'Angleterre devança la France de quelques années sans réussir, et aujourd'hui elle vient s'instruire chez les Français qui offrent des écoles parfaites en ce genre. Il y a en France 3,308 asiles tant libres que communaux sans compter 2,022 garderies ou petites écoles qui ont été fréquentées par 50,026 enfants. Ces établissements sont dus au zèle des administrateurs ou à la générosité de bienfaiteurs. La population des salles d'asile publiques et libres est de 3,833,856 enfants.

Beaucoup d'asiles sont sous la direction des sœurs de Saint-Vincent-de-Paul, comme celui que j'ai visité; les autres sont dirigés par des institutrices d'un mérite reconnu, animées de cet esprit de charité et de dévoûment qui assure le succès. L'organisation des salles d'asile en France est l'œuvre de Madame Millet; d'autres femmes ont associé leur nom au sien. Mesdames Pape, Carpentier et tant d'autres sont l'objet de la vénération et de la reconnaissance publiques. Toutefois il est juste de dire que les filles de Saint-Vincent-de-Paul sont devenues des maîtres ès-sciences dans cette nouvelle voie de la charité. Elles forment un grand nombre de leurs sujets à cet enseignement, et partout le succès couronne leurs efforts.

Hier matin, nous sommes donc allés, munis d'une bonne recommandation de notre chère baronne, visiter la salle d'asile normale de Picpus. C'est là où toutes les sœurs destinées à pratiquer ce genre d'enseignement vont se former.

Nous avons suivi les quais par un temps magnifique, traversé le quartier de la Cité, qui n'existe plus, à vrai dire, que dans les albums du vieux Paris.

A notre arrivée nous avons été reçus par des sœurs de Saint-Vincent-de-Paul. C'est de ces saintes filles que j'ai recueilli les renseignements utiles à mon sujet; aussi m'arrivera-t-il souvent de laisser parler ces maîtresses de la charité. Vous y gagnerez beaucoup : quand l'esprit naturel se joint à cette vie de dévouement si riche en observations de tous genres, la conversation prend un tour dont le charme n'existe pas ailleurs.

La sœur Vincent, une des plus anciennes de la communauté, fut chargée de nous montrer l'établissement. La communauté est séparée de l'asile par un vaste jardin dont l'air pur est un premier bienfait. Chemin faisant j'entrepris avec une hardiesse incroyable de faire causer notre respectable guide : — « Ma chère sœur, lui dis-je, pendant que Georges lorgnait un carré d'épinards (très-beaux, il faut en convenir), je suis Anglaise, comme vous l'entendez, mais je suis catholique, et je voudrais apprendre la charité et emporter quelques-uns de vos bons secrets.

— Que c'est bien, Madame! Ayez du zèle et tout sera possible. Nous sommes arrivées ici à travers mille difficultés : pas d'argent, un propriétaire difficultueux. Les protestants étaient là, dans cette maison à gauche, offrant un asile aux enfants du quartier. Les protestants sont charitables, le pauvre court vers celui qui lui tend la main, et la charité devient complice et fauteur d'hérésie. Quand l'heure de Dieu est sonnée, tout marche, nos œuvres se fondent avec rien. C'est le caractère distinctif du catholicisme, tandis qu'au contraire, le protestantisme élève à grands frais des édifices qui s'écroulent. »

— En causant ainsi, nous avancions vers un superbe bâtiment. Sœur Vincent satisfit notre curiosité par ces renseignements :

— On devait faire pour 15,000 francs de réparation

à une vieille maison, et on en a dépensé plus de 50,000. Madame la duchesse de Narbonne est une de nos principales bienfaitrices.

— Ne croyez-vous pas, ma Sœur, que dans 50 ans l'esprit du peuple sera sensiblement amélioré par les salles d'asile?

— Bien plus tôt, Madame; cinq années ont suffi pour amener d'heureux résultats. Nos enfants convertissent leurs parents. Malheureusement nous sommes entourées d'une population flottante; certains ménages ne séjournent pas plus de six mois dans un quartier; alors vous comprenez l'insuffisance de nos efforts.

— L'asile protestant est-il toujours aussi fréquenté?

— La majorité des enfants nous sont revenus. Ils se louent beaucoup des soins qu'on leur donne, mais, me disait une jeune fille protestante, convertie depuis, ce qu'il y a d'ennuyeux, c'est que nos religieuses s'en vont pour se marier.

— Quelles sont vos ressources, ma Sœur?

— La charité, Madame; nous espérons une subvention du Gouvernement, en attendant les dons et les quêtes nous soutiennent. Nous faisons toujours des dettes, et toujours il se trouve une bonne âme pour les payer: c'est l'habitude.

Le jour était mal choisi pour notre visite. Des ouvriers travaillaient dans l'asile, de sorte que la régularité de la classe était suspendue. Mais je vous le répète, en France l'obligeance est extrême: sœur Vincent, voyant nos regrets, alla chercher la maîtresse de l'asile. Sœur Angélique ne tarda pas à venir nous rejoindre. Je ne résiste pas, chère amie, à vous faire le portrait de cette jeune sœur. Figurez-vous lady Héléna ayant quelques années de moins : grâce, beauté, physionomie fine et simple ; une démarche de reine sous la bure ; un son de voix qui, en rappelant les qualités de l'âme, fait oublier les avantages extérieurs.

Sœur Angélique nous accueillit comme des amis : elle eut raison, la charité unit vite les cœurs. — « Combien je regrette, Madame, que l'ordre de notre classe soit suspendu par la nécessité d'une réparation ; les enfants restent au préau ces jours-ci. Cependant il ne faut pas que vous et Monsieur ayez pris inutilement la peine de venir nous trouver. Je vais rassembler mon troupeau et je vous donnerai un aperçu de nos exercices.

» Jetons d'abord un coup d'œil sur le mobilier de notre classe : voici le meuble contenant tout le matériel de l'asile. — En parlant, elle rabattit le dessus d'une espèce de pupitre haut et carré, formant deux tableaux alphabétaires. — Ce tableau est vraiment très-ingénieusement construit ; une tringle dans laquelle sont enfilées des boules de couleur s'élève au-dessus du meuble ; figurez-vous les points dont nous nous servons pour marquer au jeu de billard. Ces boules servent à compter. C'est ce qu'on appelle un *boulier compteur*. Un beau tableau du système métrique des poids et mesures indique que les enfants poussent assez loin l'étude des chiffres.

» A l'intérieur du meuble, des tiroirs contiennent des figures de géométrie et des images employées à l'enseignement de l'histoire sainte. Le meuble se termine par un buffet vitré contenant des animaux empaillés qui servent pour l'histoire naturelle. Un clavier d'orgue complète le meuble.

» Vous voyez à droite les bancs des garçons et à gauche ceux des filles. On fait usage de ces ardoises suspendues à la muraille pour le dessin linéaire. Les résultats ne sont pas très-grands, comme vous pensez ; mais aussi nous ne prétendons que de donner un but au mouvement perpétuel des enfants, une occupation à leur désœuvrement, et d'harmoniser leur tumulte. L'instruction n'est qu'un moyen, Madame, l'éducation est la fin. Quand nos enfants connaissent Dieu, l'aiment et pratiquent ses commandements, nous les trouvons très-savants.

» Vous verrez dans un instant l'usage de ces tableaux alphabétaires suspendus à ces poteaux ; le bâton accroché à côté du tableau se nomme *touche*, parce que les moniteurs s'en servent pour faire lire les enfants confiés à leurs soins.

» On appelle moniteur l'enfant qui est chargé de la direction de cinq autres enfants ; ils marchent en tête de chaque bande. Il y a un général des moniteurs auquel est réservé le rôle le plus important.

» Ces petits drapeaux roses du côté des filles, et bleus du côté des garçons, sont le signe d'autorité des moniteurs lorsqu'ils se rendent à l'estrade pour faire leur rapport sur les enfants qu'ils surveillent. »

— Mais, ma sœur, est-ce que ces marmots disent la vérité?

— Le mensonge est très-rare en pareille circonstance. Quant à moi j'ai toujours trouvé ces petites consciences droites et sincères.

— Ma chère sœur, combien recevez-vous d'enfants ici?

— Dans ce moment, Madame, nous en avons trois cent soixante d'inscrits, mais nous ne pouvons pas les recevoir tous.

— Que de peines!

— Ne nous plaignez pas, Madame; sans doute il en coûte un peu pour se mettre au courant, mais une fois qu'on a acquis l'autorité en se faisant aimer, tout va bien, et la séparation amène des regrets.

— Dites-moi franchement, ma sœur, ces enfants répondent-ils à vos soins?

— Hélas! Madame, le plus grand nombre nous arrivent corrompus (elle rougit); eh bien! à force de surveillance, d'encouragements et de prières, nous parvenons à les corriger.

— Je suis étonnée, ma sœur, que vous réunissiez les garçons et les filles!

— Cette réunion n'a pas les inconvénients que vous supposez; au contraire, l'habitude de vivre ensemble sous une discipline sévère prévient le danger.

— Un mot encore, chère sœur; en quoi consistent les punitions et les récompenses?

— Nous évitons autant que possible les punitions extraordinaires; la forme est la conséquence de la faute même : ainsi, le querelleur et le bavard sont isolés, afin qu'ils n'importunent pas leurs voisins; le paresseux travaille pendant la récréation. Mais si la directrice a su se faire aimer, l'expression de son mécontentement est la plus grande punition.

« Les récompenses du samedi consistent en de petites images représentant des soldats, des paysages ou des animaux. Nous évitons de donner des images pieuses, à moins qu'elles ne soient très-belles, dans la crainte de compromettre le respect dû aux choses saintes. Il est un ordre de récompenses auxquelles les enfants se montrent très-sensibles : la confiance qu'on leur témoigne. Soigner les plus petits, mettre de l'ordre dans les joujoux, frotter une marche de l'estrade, apprendre l'alphabet au nouveau venu, toutes ces marques de faveur et d'estime sont d'un véritable prix aux yeux de l'enfant raisonnable. Nous distribuons quelquefois des bonbons; mais, chose étrange dans une réunion semblable à la nôtre, ce genre de récompense flatte peu celui qui la reçoit. Maintenant, Madame, je vais faire entrer les enfants et vous donner une idée générale de nos exercices. »

Sœur Angélique sortit.

— Délicieux, s'écria Georges, magnifique, capital! immense! surprenant! charmant!

Les pas mesurés de la foule enfantine mirent fin aux interjections de mon cher mari.

Ne croyez pas, Anna, que je sois disposée à prolonger davantage cette lettre. Je m'arrête; mais si l'auteur abandonne volontiers la plume, la sœur ne vous dit adieu qu'à regret.

Votre affectionnée,

LISY.

LETTRE VI.

LES SALLES D'ASILE (Suite).

M'y voici, chère Anna, apaisez votre courroux : la porte s'ouvre ; aussitôt les enfants s'avancent les bras tendus, chacun ayant les mains appuyées sur les épaules de celui qui le précède. Cette double guirlande se dévide à droite et à gauche de la classe, et les enfants prennent place par rang de tailles. A la tête de chaque bande, un enfant marche à reculons afin d'empêcher les autres d'aller trop vite ; précaution nécessaire, surtout, pour les plus petits qui seraient entraînés.

Alors commence un véritable exercice militaire : les sœurs sont placées au bas de l'estrade. La première maîtresse tient à la main une boîte creuse, appelée *claquoir ;* elle s'en sert comme d'une castagnette pour marquer la mesure; elle modère et augmente le son alternativement; les enfants règlent leurs pas d'après l'intention indiquée par le *claquoir*; de temps en temps un coup de sifflet indique l'arrêt; les enfants y répondent par un coup de pied sec.

Ces marches et contre-marches sont très-gracieuses et amusent les enfants tout en soutenant leur attention.

Les enfants étant arrivés devant leurs bancs, les mains toujours sur les épaules les uns des autres, la directrice dit d'un ton ferme : *Front*. Puis elle frappe trois coups. Au premier coup les enfants se tournent du côté des tableaux, au second, ils avancent le pied droit, et au troisième ils se retournent pour se faire face les uns aux autres. Cette manœuvre s'exécute avec un ensemble parfait.

La sœur procède par un examen de propreté. En arrivant à l'asile, chaque enfant doit se laver le visage et les mains. Au signal donné, on montre successivement le revers et la paume de la main; en général toutes ces menottes sont propres. Lorsque le contraire arrive, on est réprimandé.

A un autre signal, toutes les têtes se penchent à droite, puis à gauche; la sœur s'assure de la netteté des cous. Ces détails, loin d'être superflus, me paraissent essentiels.

L'examen étant achevé, la classe commence. Le chant précède et suit la plupart des exercices. Les enfants étant placés, la directrice dit : *A genoux*. Ils obéissent tous en un seul temps ; mais avant de réciter la prière en cadence on chante des couplets.

J'en cite quelques-uns :

« Comme une tendre mère,
Près d'un berceau chéri,
Pendant la nuit entière,
S'émeut au moindre cri,
Tel sur notre innocence,
Dieu, l'ami des enfants,
Étend sa Providence
Et ses soins tout-puissants.

» Au sein de la nuit sombre
Son regard me voyait :
De l'ennemi dans l'ombre
Son bras me défendait ;
Son ange en sentinelle,
Contre l'esprit maudit,
Me couvrait de son aile,
Veillait près de mon lit. »

Lorsque la prière est achevée, la directrice reprend le commandement.

— Debout. — Saluez. — Asseyez-vous. — Banc des ardoises, restez debout.

Puis s'adressant aux élèves du banc d'écriture : Regardez l'estrade, — demi-tour.

Les enfants se tournent du côté du mur.

— Préparez le pied gauche.

Ils le posent sur le banc.

— Montez. — Prenez le crayon.

Ils le prennent et l'élèvent en l'air afin que la directrice constate que chaque porte-crayon est muni de son anneau.

— Décrochez l'ardoise.

Ils la prennent et l'appuient sur un liteau qui les maintient toutes à la même hauteur.

— Regardez l'estrade. — Front. — Sautez.

— Moniteurs en tête de vos cercles.

Chaque moniteur conduit cinq enfants, et fait le tour du porte-tableau, de manière à ce que les enfants puissent se placer sur la demi-circonférence tracée en noir sur le tableau.

— Formez vos cercles. — Les moniteurs seuls font le tour du porte-tableau et rangent leurs élèves. Pendant cette manœuvre les enfants chantent des couplets dont voici le refrain :

« Au pas ! au pas ! en cercle dans la salle ;
Autour des tableaux rangeons-nous ;
Qu'une attention générale
Nous fixe les regards partout. »

Ces chants ont une grande influence sur les enfants et ils ne sont pas indifférents aux visiteurs.

La durée de la lecture est déterminée par la disposition des enfants. Chaque leçon finit par une manœuvre semblable à celle qui l'a précédée. Tous les mouvements sont précis et répondent exactement au commandement du *claquoir*; à tel point que la directrice n'emploie souvent d'autre moyen pour faire manœuvrer; elle commande seulement de temps à autre pour fortifier la mémoire des enfants.

Ces détails vous sembleront peut-être superflus, ma chère Anna, mais l'exécution en est si charmante qu'il serait difficile, après en avoir été témoin, de ne pas communiquer son impression.

Maintenant les enfants vont monter au gradin. Il faut avoir vu cet exercice pour le bien comprendre.

Je me bornerai à vous raconter de mon mieux la leçon de religion, laquelle a, non-seulement excité mon intérêt, mais aussi mon admiration. Oui, ma chère Anna, c'est merveilleux de voir comment ces femmes de Dieu réduisent leur intelligence et leur savoir à la portée de leur auditoire. La plupart des sœurs de charité sont aujourd'hui fort instruites, et l'on peut dire en toute vérité que les enfants du peuple reçoivent par elles une excellente éducation.

Tous les enfants sont assis sur le gradin; l'attention est générale; la sœur étant au bas du gradin raconte la parabole du Bon Pasteur.

« Quand le bon Dieu était sur la terre, mes petits enfants, il avait douze moniteurs; il leur racontait de belles histoires, qu'eux à leur tour racontaient ; et voilà comment moi aussi je sais ces histoires et je peux vous les raconter. »

— Savez-vous, Monsieur (elle indique un garçon), comment s'appelaient les moniteurs du bon Dieu?

— Oui, ma sœur : les Apôtres.

— Très-bien.

Écoutez-moi.

« Notre Seigneur disait un jour à ses moniteurs : Le bon pasteur, celui qui aime bien son troupeau, le garde soigneusement. Il craint toujours qu'il n'arrive quelque malheur à ses brebis ; pendant qu'elles paissent dans la prairie, il regarde de tous côtés de peur que le loup ne vienne et n'en emporte une ; il expose sa vie pour son troupeau, et il mourrait plutôt que de l'abandonner.

Mais le mercenaire, c'est-à-dire celui que le maître paie pour garder le troupeau, ne se met pas tant en peine vraiment! Si le loup vient, il se sauve bien vite et abandonne les pauvres brebis.

Je suis le bon Pasteur, disait Notre-Seigneur, je ne veux pas que vous périssiez ; et vous, mes moniteurs, vous devez, à mon exemple, garder fidèlement le troupeau confié à vos soins.

— Mais qu'est-ce que ce troupeau, mes enfants, sont-ce de vrais moutons?

— Non, ma sœur, répondent en chœur les enfants.

— Vous connaissez donc les brebis du bon Dieu?

— Oui, ma sœur, c'est nous, c'est tout le monde.

— Oui, mes enfants, et je suis votre pasteur ; vous, vous êtes mes petites brebis chéries. Oh ! que je vous aime! Voilà pourquoi je regarde de tous côtés pendant la classe. J'ai peur que le loup ne vienne dans mon troupeau. Le loup! c'est le démon qui dit à celui-ci : N'écoute pas la sœur, cause, donne des coups de pied à ton voisin, c'est trop ennuyeux de rester tranquille. N'est-ce pas, qu'il dit tout cela à mes brebis, le démon?

— Oui, ma sœur.

— Eh bien! mes enfants, il ne faut pas l'écouter, c'est un méchant qui veut vous rendre méchants pour vous empêcher d'aller au ciel. Écoutez la sœur, c'est votre bon pasteur, suivez ses conseils, et si vous êtes bien sages, bien gentils, un jour nous serons tous dans le grand troupeau du bon Pasteur, Notre Seigneur Jésus-Christ. »

Je ne vous rends que d'une manière imparfaite, ma chère Anna, cette touchante et naïve leçon. Ajoutez-y des inflexions de voix partant d'un cœur brûlant de charité; suivez ces physionomies enfantines reflétant, comme autant de miroirs, celle du bon Pasteur, et vous conviendrez que nos philosophes d'Oxford pourraient bien quelquefois envier un pareil succès.

Les moniteurs et les monitrices vont faire leur rapport. Rien de plus charmant que le sérieux avec lequel ces personnages prennent leurs drapeaux, insigne de l'autorité, et montent au gradin pour rendre compte de leurs observations.

Avec la permission de la sœur, nous nous approchâmes d'elle, et nous entendîmes une monitrice signaler, de l'air le plus désolé, deux petites filles qui avaient été fort dissipées. Quant au *général* des moniteurs, il déclara que tous les garçons étaient coupables.

La sœur partagea la confusion du général et se plût à croire que, dans une louable intention de montrer des troupes bien disciplinées à des alliés, le brave *général* avait été plus sévère qu'à l'ordinaire en passant sa revue.

Cependant, je vous dirai que l'observation du *général* ne manquait pas de justesse, la plupart de ces garçons me paraissent dissipés et ne se soumettent qu'avec peine à la discipline. Nous avons remarqué un plus grand nombre de petites filles attentives; pendant la prière elles étaient vraiment recueillies. Une surtout, à peine âgée de sept ans, fixa notre attention : ses cheveux blonds couvraient à moitié son visage, elle fermait les yeux et joignait les mains avec ferveur, tandis que sa bouche, s'entr'ouvrant comme une rose, disait lentement, exactement, les paroles de l'*Ave, Maria*.

Vous verrez le portrait de cette petite; car vous pensez bien que Sir Georges n'a pas manqué d'enrichir son album d'un si charmant modèle.

L'heure s'avançait : il fallut, quoiqu'à regret, dire adieu aux sœurs et à leur troupeau. Ce ne fut pas sans leur faire la promesse de revenir.

Au sortir de la classe, nous avons visité le préau. Les repas se prennent dans cette pièce, et lorsque le temps est mauvais, elle se convertit en salle de récréation.

C'est là aussi que les enfants déposent leurs paniers chaque matin. La sœur s'assure de la nourriture de la journée : si elle n'est pas suffisante, elle y supplée. Les enfants se rangent autour de tables longues et basses parfaitement disposées pour éviter le désordre pendant les repas : chaque écuelle s'adapte à une cavité faite dans la table. Les sœurs ont également imaginé de petits chariots disposés de la même manière que les tables ; de sorte que les jours où elles donnent la soupe aux enfants, le service se fait avec ordre et propreté. Les sœurs assistent aux repas ; reprenant les enfants et aidant les plus petits. Le *Benedicite* et les *Grâces* se récitent à haute voix ; on les chante quelquefois.

Le temps des repas, celui du repos et des récréations exigent le plus de surveillance et d'activité.

La plupart de ces enfants dorment au milieu du jour : aussitôt que le *claquoir* s'est fait entendre, ils s'asseyent sur un petit banc, posent leur tablier sur un banc plus élevé qui est placé devant eux, inclinent la tête et ferment les yeux.

Je ne me sens pas de force à argumenter avec les adversaires des salles d'asile. Je me bornerai à leur rappeler que ces enfants recueillis, instruits, soignés, distraits, et nourris pendant l'hiver, seraient pour la plupart dans la rue ou chez leurs parents, et que les mauvais traitements sont, hélas! la seule autorité *dont les parents usent* vis-à-vis de ces petits êtres.

Le bienfait de l'asile s'étend à la famille ; les sœurs

constatent chaque jour l'influence des enfants; malheureusement cette population flottante n'a pas le temps de s'élever.

On objecte contre l'asile, que l'enfant de l'ouvrier quittant la maison ne fait pas le noviciat de l'état de son père : cette objection ne vous semble-t-elle pas absolument fausse, chère Anna? Jusqu'à l'âge de sept ans, époque où il quitte l'asile, l'enfant est une charge pour le père, et, en tout cas, je crois qu'il ne médite guère sur sa vocation, tandis que la discipline et l'instruction le préparent à devenir un bon apprenti.

Il est évident que l'asile moralise le peuple; les grandes villes comme Londres et Paris ne peuvent pas s'en passer, nos villes manufacturières Liverpool, Birmingham, Manchester commencent à en sentir le bienfait, espérons que bientôt nous n'aurons plus la douleur de voir de pauvres enfants faibles, marchant à peine, être déjà comptés au nombre des machines de notre industrie.

L'asile de province a, dit-on, un tout autre aspect que celui de Paris : l'enfant de la classe bourgeoise aisée se trouve placé à côté du fils de l'ouvrier et du pauvre. J'aimerais mieux qu'on fît de l'égalité ailleurs. La mère qui ne travaille pas pour ses enfants doit trouver le temps de les élever; elle est mère pour cela. De plus, en envoyant ses enfants à l'asile, elle empiète sur les droits du pauvre.

Nos mères de famille ont, je crois, plus de discrétion et assurément plus de fierté.

Ces deux lettres ont été un véritable travail, ma chère Anna; toutefois, j'oublierai bien vite ma peine, si, comme Georges, vous me récompensez avec un *parfaitement bien, ma chère Lisy,* et avec un *grand Dieu vous bénisse!*

Votre affectionnée,

LISY.

LETTRE VII.

LES SALLES D'ASILE (Suite).

Je croyais avoir épuisé le sujet des salles d'asile, chère Anna, pas du tout : une circonstance fortuite est venue me fournir une troisième lettre sur ce sujet. Je vous en ferai d'autant moins grâce, qu'elle sera la conclusion naturelle des précédentes. En faisant nos adieux à sœur Vincent, je lui demandai de m'indiquer quelque pauvre famille de son quartier, que nous pussions visiter.

— Très-volontiers, Madame, tenez, sans aller bien loin, dans cette rue à gauche, au n° 19, vous trouverez de braves gens tout à fait dignes de votre intérêt. Il faudra monter un peu haut; mais vous êtes jeunes et charitables! Au cinquième étage, dans un corridor à main droite, vous frapperez à une porte qui se distingue de toutes les autres par l'image de l'Immaculée-Conception, sous la protection de laquelle se sont mis ces bonnes gens; ils se nomment Bernard ; le père est cordonnier : une mère, toujours au lit, et deux enfants déjà grands composent ce pauvre intérieur où je vais souvent m'édifier. Dites-leur, Madame, que vous venez les voir de ma part.

Nous quittons sœur Vincent, et après dix minutes de marche nous étions devant la maison indiquée.

En nous voyant entrer dans la cour, une vieille femme sortit la tête d'une espèce d'antre et nous demanda d'une voix criarde où nous allions.

— Chez Bernard le cordonnier.

— Un beau cordonnier pour dames, murmura-t-elle en se retirant.

A l'extrémité d'une cour humide en dépit d'un soleil magnifique, nous trouvâmes un petit escalier de bois, sombre, sale et n'ayant d'autre rampe qu'une corde à moitié usée.

— Ma chère! s'écria Georges, je suis effrayé pour vous.

— Ne craignez pas, mon cher, donnez-moi la main, allons lentement, et offrons cette ascension à notre divin Maître.

— Oh! oui, ma chère Lisy.

Nous voilà donc trébuchant, soufflant, hésitant à chaque pas ; ma robe, véritable ballon, était un embarras considérable, j'en eus un peu de confusion vis-à-vis de moi-même. Après plusieurs essais dans le mode d'ascension, Georges finit par me précéder, en faisant l'office de remorqueur, et nous arrivâmes enfin dans un corridor éclairé. Là nous fîmes un petit temps de repos avant de frapper à la porte.

Un homme d'une cinquantaine d'années vint nous ouvrir : — « Salut, Monsieur, Madame, qu'y a-t-il pour votre service ?

— Père Bernard, nous sommes des amis de sœur Vincent.

A ce nom, la physionomie du bonhomme s'épanouit ; il nous fit entrer avec de grands honneurs, épousseta une chaise pour moi, et offrit un tabouret à Georges. Je fus bien autrement embarrassée de ma crinoline dans cette chambre, que je ne l'avais été dans l'escalier ; je donnais des coups de poing à droite et à gauche dans ma robe ; mais ce système ne produisant qu'un tapage affreux, et mylord me regardant, selon sa louable habitude, pour m'engager à parler pendant qu'il ferait ses études de mœurs, je pris mon parti.

— Nous vous dérangeons, mon brave homme ?

— Dieu en soit loué, ma chère dame ; il ne m'arrive pas souvent d'ouvrir ma porte à des visites.

J'aperçus alors sur un mauvais grabat une femme pâle et défaite, se soulevant pour nous saluer. Je m'approchai aussitôt d'elle : « Vous êtes malade, ma bonne ?

— Depuis dix ans, Madame, répondit-elle simplement.

— Vous souffrez beaucoup?

— Beaucoup et toujours, c'est la volonté de Dieu. Ce qui m'afflige, c'est d'être une charge au lieu d'aider.

— Vas-tu pas recommencer, ma femme? Figurez-vous, Monsieur, Madame, que je ne peux pas lui faire entendre raison là-dessus. Elle se désole, pas de souffrir, mais de ne plus faire le ménage; puisque tout marche, faut bien prendre son parti, n'est-ce pas?

— Sans doute, votre mari a raison.

— Maintenant que je suis un bon homme..... et que je travaille au lieu de dépenser.

— Comment? dit enfin Georges, est-ce que vous n'avez pas toujours travaillé?

— Hélas! non, mon cher Monsieur, j'ai été un excellent ouvrier, gagnant six francs par jour chez les plus fameux de l'état; j'ai souvent pris mesure à des pieds mignons et délicats, allez! mais les mauvais conseils m'ont entraîné; je suis devenu un franc ivrogne, un paresseux, je battais ma pauvre femme, quand elle me demandait de l'argent. — Des larmes étaient dans sa voix.

— Et toi aussi, Pierre, tu recommences. Puisque c'est fini, n'en parlons plus.

— Je ne peux pas me taire sur cet article-là : j'en ai trop de chagrin!

— Mon ami, vous savez que Dieu oublie les fautes de ceux qui se repentent et qui changent de conduite.

— Oui, je le sais bien; mais moi, j'ai de la mémoire.

Voyant le désir que le bonhomme avait de parler de lui, je continuai :

— Comment est arrivé l'heureux changement que nous voyons en vous?

— C'est l'asile qui m'a tout retourné : ma pauvre femme ne pouvant plus y tenir, envoya notre garçon et notre fille à l'asile. Ces pauvres petits devinrent si sages et si gentils, qu'ils me faisaient honte par moment; je commençai à sentir quelque chose là dedans, qui me disait : Mauvais père, mauvais mari. J'allais quelquefois chercher les enfants, et quand la sœur Vincent pouvait m'attraper, elle m'en disait de bonnes! C'est que, voyez-vous, Madame, cette cornette des sœurs en impose joliment. On ne sait pas pourquoi; mais tout ce que je peux vous dire, c'est que j'étais devant sœur Vincent comme un petit garçon. Elle me faisait faire des promesses de ne plus boire. Je disais comme elle, et une fois parti je lui manquais de parole, et toujours comme ça pendant deux ans. Ah! elle m'a bien ennuyé cette bonne sœur; c'est tout de même, je l'aimais, et à la fin j'allais la trouver pour me faire tancer. Et puis, ma chère dame, quand ma petite Thérèse me voyait prendre de l'argent pour aller boire, elle me disait en m'embrassant : Mon petit père, il n'y a plus de pain. La sœur Vincent a soupiré ce matin en voyant que nos paniers étaient vides, et si elle ne nous avait pas donné à manger, nous n'aurions rien eu. Aie pitié de nous et de maman. Quand je serai grande, tu seras vieux, alors je travaillerai, je te soignerai bien, sois tranquille. » Madame, cette morveuse avait six ans, quand elle me prêchait de pareils discours.

— C'est que Dieu l'inspirait, mon ami.

— Oui, mais je crois que la sœur Vincent lui en soufflait pas mal. Voyez-vous, Madame, les sœurs ça vous retourne un jour ou l'autre, il n'y a pas moyen de leur échapper. Quand elles sont dans un quartier on peut s'attendre à tout. Bref, je commençai par ne plus boire que le dimanche, j'entendais raison, et une fois dans le bon chemin, je me suis habitué à y marcher si bien, qu'aujourd'hui je n'ai pas plus soif que la rivière. C'est fort! mes enfants sont sages, l'ouvrage ne manque plus, et si cette chère femme n'était pas malade, je serais heureux comme un roi.

— Moi, je suis heureuse comme une reine malade, dit en souriant la pauvre créature.

— Vos enfants sont donc à l'asile?

— Pardon, excuse, Madame, ils ont déjà passé de l'asile à l'école, tout ça se tient. Quand le soleil sera arrivé en fasse, je les entendrai frapper.

A peine Pierre avait-il dit ces mots qu'on entendit une voix d'enfant : Père, ouvre-moi.

— Thérèse! à cette heure-ci!

— Qu'est-il donc arrivé?

— Pourquoi viens-tu de si bonne heure, dit le père en baisant sa fille au front.

— Mon petit père, sœur Vincent m'a fait partir plus

tôt pour apporter ce bouillon à maman. — En disant ces mots, la petite fille nous salua sans trop de timidité et alla aussitôt embrasser sa mère; elle remua son oreiller avec beaucoup d'adresse, et lui présenta une tasse de bouillon qui me parut excellent.

— Voilà mon bon ange, dit la malade, en prenant une expression de bonheur; il faut que vous sachiez, Madame, que Thérèse fait le ménage, le dîner, les petits savonnages, raccommode les affaires de son père et de son frère, enfin elle me remplace.

Thérèse souriait en entendant sa mère; sans s'inquiéter de Milord et de Milady, elle prit un panier de pommes de terre et se mit tranquillement à les éplucher près du lit de sa mère.

— Attends donc, ma fille, dit Pierre.

— Alors papa, ce ne sera pas prêt quand petit Pierre reviendra de l'école, et tu sais comme il a faim !

— Thérèse a raison de faire son dîner : si nous croyions vous gêner, nous nous en irions bien vite.

— Quel âge avez-vous, Thérèse ?

— Onze ans et demi, Madame.

— Vous ferez bientôt votre première communion ?

— Oh! je l'ai faite l'année dernière.

— Et moi avec elle, ajouta Pierre en dissimulant une larme.

— Voilà pourquoi vous êtes heureux.

— C'est vrai : tout marche quand on aime le bon Dieu. Mais pour l'aimer, il faut le connaître, et je ne le connaissais pas. Quand ma pauvre femme voulait me dire un mot, je l'envoyais promener.

— Ecoutez, mes amis, le but de notre visite, vous le devinez est de vous faire du bien. Nous sommes venus en France pour notre plaisir, et vous y contribuerez beaucoup en nous disant ce que vous désirez.

— Mon Dieu, Madame, on ne manque de rien précisément avec l'ouvrage et les sœurs, ce serait quelques douceurs.

— Par exemple, si on vous procurait une meilleure chambre.

— Celle-ci n'est pas mauvaise, Madame, nous avons le soleil, et puis on est là depuis dix ans, bien connus, près de l'école... C'est plutôt de petites choses qu'on aurait besoin... Une bonne marmite, un peu de café et du sucre pour ma pauvre femme... des bêtises comme cela.

— Je comprends : en vous donnant une petite somme...

— Oh! pour ça non, c'est la sœur Vincent qui nous arrange. Si Madame veut lui remettre sa charité, à la bonne heure. Pour moi, l'argent ne me connaît plus. C'est Thérèse qui tient la bourse; elle l'ouvre et la ferme à sa volonté.

— Très-bien. Je veux faire un présent à Thérèse : Ma chère petite fille, venez ici, regardez-moi.

Elle leva ses grands yeux.

— Dites-moi ce que vous désirez le plus.

Elle devint pourpre.

— Une chose qui vous appartienne. Parlez, je veux vous faire plaisir.

— Un oiseau dans une cage, répondit Thérèse avec détermination, comme quelqu'un qui risque une prétention considérable.

— Très-bien. J'aime aussi beaucoup les oiseaux, moi. Mais quel oiseau voulez-vous?

— Un chardonneret, Madame.

— Vous l'aurez. Est-ce tout mon enfant?

— La petite garda le silence.

— Dites franchement, Thérèse.

— C'est qu'il y a encore deux choses, Madame.

— Tant mieux, dit Georges, car moi aussi, ma petite, je voudrais vous faire plaisir.

L'enfant sourit : Je voudrais un rosier et l'image de sainte Thérèse dans un cadre; elle appuya sur ces derniers mots.

— Vous aurez tout cela, mon enfant. Ce sont de petites récompenses que le bon Dieu nous charge de vous donner. Vous aurez votre chardonneret dans deux jours.

— Quel bonheur! comme petit Pierre sera content! lui qui voulait en attraper un.

— Quelle longue visite, mes amis! Cependant, j'ai encore une question à vous faire, père Bernard : Avez-vous beaucoup d'ouvrage?

— Je n'en manque pas; mais pour dire vrai, ça ne marche pas comme du temps de l'œuvre des vieux souliers. Madame a-t-elle entendu parler de cette œuvre-là.

— Non, vraiment. Il paraît que je ne pus m'empêcher de sourire à cette question, car le bonhomme reprit vivement :

C'était une grande œuvre; je ne dis pas cela parce que j'y ai trouvé mon compte. Madame va en juger elle-même. Nous avions dans ce quartier-ci un saint du bon Dieu, l'abbé Terlaing. Son idée, son rêve, c'était de faire du bien aux pauvres. Un beau jour, il s'imagina de fournir des souliers aux pauvres ouvriers, aux femmes et aux enfants apprentis ou écoliers; le quartier, la paroisse n'y faisaient rien. On avait besoin de souliers, tout était dit. Ce bon prêtre acheta d'abord trois cents paires de souliers d'occasion et il les donna; l'année suivante il les fit raccommoder et en donna mille paires; puis l'autre année quatorze cents paires, puis deux mille paires, et toujours en augmentant jusqu'au moment où le bon Dieu l'a pris pour orner son paradis.

M. l'abbé demandait des souliers aux personnes un peu aisées, il en achetait d'occasion dans les marchés. Nous étions trois, ma chère dame, occupés à raccommoder ces souliers, de sorte qu'il ajoutait une charité à une charité. Si je vous disais que je l'ai vu de mes propres yeux, moi, à genoux devant les pauvres pour leur essayer des chaussures! Et ce n'est pas tout! quand il voyait de ces pauvres pieds couverts de cors, de durillons gagnés à la marche pénible, il se mettait à enlever tout cela comme s'il n'avait fait autre chose toute sa vie. Ah! Madame, que c'était touchant à voir! Il y en avait qui s'en allaient tout changés, pleurant de reconnaissance. Ce saint abbé accompagnait ses actions de paroles consolantes, si bien qu'en s'en allant on oubliait sa chaussure pour ne penser qu'à l'abbé *aux souliers,* car c'était le nom qu'on lui donnait dans Paris.

— C'est admirable !

— Le cher homme ! on ne peut pas savoir tout ce qu'il aurait fait pour les pauvres : il avait des inventions comme personne ; mais le bon Dieu l'a rappelé à lui.

— Cette œuvre a fini avec la vie de ce saint homme.

— Hélas ! oui.

— Vous ne manquez pas d'ouvrage, j'espère.

— Jamais, Dieu merci ; toute mon ambition est d'aller jusqu'au moment où Thérèse gagnera.

— Quel état voulez-vous apprendre, ma petite ?

— Je veux être couturière, Madame.

— Dépêchez-vous, vous me ferez une robe.

— Il n'y en a pas de plus adroite, dit sa mère.

— Allons, mes amis, adieu, ou plutôt au revoir ; nous viendrons apporter le chardonneret et tous les trésors de Thérèse. J'ajouterai encore un trésor pour ce petit Pierre dont je veux faire la connaissance.

— Que Madame a de bonté. Si elle voulait, les enfants iraient chercher tout cela.

— Non, non, nous reviendrons.

— Soyez bénis, Monsieur, Madame, de votre visite : nous nous en souviendrons toujours, et vous pouvez être *sûrs et certains* que vous aurez de bonnes prières.

— Nous y comptons, mon mari et moi. Adieu, ayez courage.

Une heure, chère Anna, s'était passée dans cette mansarde, où nous avons appris plus de choses que dans notre guide. L'escalier ne nous semblait plus si raide en descendant, j'y voyais clair, et Georges me grondait d'aller si vite. Cette visite a été un sujet inépuisable de conversation tout le reste du jour. Nous porterons une bonne somme à sœur Vincent, afin qu'elle *arrange* ce vertueux ménage, et nous ne perdrons pas de vue ces pauvres gens. Je me réjouis de grimper de nouveau leur escalier avec mes présents; j'espère arriver à la porte sans avaries.

Georges et moi sommes convenus que cette heure passée dans cette mansarde a été la plus douce et la plus utile de notre séjour à Paris.

Si nos amis vous demandent le sujet de ma lettre, aurez-vous le courage de leur dire qu'il s'agit cette fois-ci d'une mansarde et de vieux souliers?

Adieu, ma bien chère, j'ai trouvé ici des joies que je n'étais pas venue chercher, je me plais à vous le dire.

Votre affectionnée,

LISY.

LETTRE VIII.

LES ÉCOLES.

Ma chère sœur,

Les œuvres de charité sont variées comme les fleurs qui naissent aux champs de *Flower-House* en avril; elles pullulent, sous l'action du soleil divin, toutes utiles, mais à des degrés divers, et chacune suivant son espèce, celles-ci plus nobles par leur objet, celles-là plus humbles par leurs moyens.

Toutes guérissent des plaies, satisfont des besoins de l'homme, mais il y en a qui vont droit au cœur, qui refont le sang de l'humanité déchue, qui régénèrent les nations malades, et d'un peuple ignorant, asservi et vicieux, parviennent à la longue à faire un peuple éclairé, libre et vertueux.

Vous comprenez, chère Anna, que je veux vous parler des œuvres de charité qui ont pour but l'éducation, et que nous allons entrer ensemble aujourd'hui dans l'une des mille cent soixante-huit écoles primaires qui sont répandues sur la surface et parmi la population de la grande ville.

La charité n'aurait accompli qu'une œuvre bien imparfaite, si elle se contentait de prendre l'enfant au berceau, de veiller même sur lui avant sa naissance, d'entourer ses premières années des soins que réclame un corps débile, une âme qui s'éveille, et de le suivre de la crèche à la salle d'asile.

Elle va le prendre au sortir de l'asile. Elle n'oubliera ni les aveugles, ni les sourds-muets, ni les idiots, ni les convalescents. A ceux-là comme aux enfants valides qu'elle a arrachés aux misères d'une enfance délaissée, elle transmettra la vie de l'esprit et de l'âme, la lumière de la foi et de la raison. Elle leur apprendra à parler, à penser, à raisonner, à croire, à aimer, à travailler, à vivre pour Dieu et sa famille.

Que deviendraient, ma chère sœur, y avez-vous songé depuis que je vous écris, ces petits enfants roses et blancs que vous avez admiré dans leurs crèches si proprettes, que vous avez vus sortir de l'asile plus tard, gros et gras, sains de corps et d'esprit, agiles et intelligents, prêts à tout, aptes à tout, si on les abandonnait alors. Les parents ne sont pas devenus plus riches et n'ont pas plus de loisirs. Le travail les absorbe toujours en les éloignant du foyer. Ces bambins si dociles et si aimables, ils sont trois, quatre, plus souvent, ils vont devenir, hélas! des *gamins*, et tout ce que ce mot renferme de menaçant, si on les laisse à leurs parents, c'est-à-dire à eux-mêmes. Ils passeront du foyer où personne ne les garde, dans la rue, au carrefour, sur les places du quartier, aux boulevards extérieurs, sous les arches des ponts, sous les voûtes des vieux bâtiments. Là se formera d'elle-même une école mutuelle de vice et de désordre. Oisifs et grossiers d'abord, querelleurs et joueurs bientôt, car il faut que le temps se passe, ils oublieront les heureuses impressions reçues à l'asile, les prières apprises aux genoux des bonnes Sœurs; l'esprit de l'enfant est si mobile, son âme si flexible! Tout s'y imprime et s'en efface si vite!

Mais la charité se multiplie avec les dangers. Elle est parvenue ici encore à vaincre l'indifférence, l'insouciance, la négligence fatale des parents. Comme elle avait su faire tressaillir les entrailles de la mère et lui faire remplir ses devoirs de nourrice, réveiller sa tendresse pour son poupon par celle dont il était l'objet à la crèche, lui apprendra à le vêtir proprement, à le laver tous les jours, à lui donner ces petits soins si nécessaires à la santé des enfants, et qu'elle aurait négligés sans les réglements de l'asile qui les lui imposait impérieusement; elle a réussi à parler au cœur du père, à faire comprendre à l'ouvrier honnête, que le premier et le plus utile exercice de son autorité consistait à envoyer son enfant à l'école... sans qu'il lui en coûtât rien.

De tout temps les conseils municipaux des villes se sont préoccupés de fonder des écoles primaires gratuites. Ils ont toujours donné avec largeur et des maisons pour recueillir les maîtres et les écoliers, et de l'argent pour l'entretien des uns et l'entrée gratuite des autres.

Mais à la longue ils se sont aperçus que les maîtres laïcs ne remplissaient qu'imparfaitement ce but et que, hors du personnel des congrégations religieuses, il était difficile de trouver un nombre suffisant de sujets capables et dévoués, remplissant avec zèle et intelligence les fonctions pénibles et délicates d'instituteur. Je ne veux vous énumérer qu'en quelques mots, ma chère Anna, les inconvénients qui sont attachés à la tenue des écoles primaires par des laïcs. On en a longuement parlé à Georges, parce que la guerre entre les écoles mutuelles et les ignorantins, enfin et dès longtemps terminée dans le conseil municipal de Paris, a laissé de profonds souvenirs parmi les membres de cette riche et puissante assemblée, qui dépense chaque année près d'un demi-million (497,344 fr.) pour l'instruction primaire de la ville de Paris. Voici ce que disait un de ces conseillers à Georges, l'autre jour : c'est un grand industriel, aussi religieux qu'éclairé.

1° Le maître laïc n'inspire jamais à l'enfant du peuple

le respect que fait naître de lui-même le caractère et l'habit religieux. L'enfant sent instinctivement la différence entre le maître qu'on paie pour l'instruire, et celui qui se dévoue de sa personne dans le même but. L'un est toujours à ses yeux un salarié, un ouvrier; l'autre est un vrai maître qui donne et qui a droit de commander;

2° Le maître laïc des classes pauvres n'a jamais dans sa tenue la convenance, la propreté irréprochable qu'on remarque précisément dans les frères de la doctrine chrétienne. Et l'enfant est très-sensible à tout ce qui tient à l'extérieur de ceux qui le dirigent.

3° Le maître laïc, s'il est célibataire, n'offre pas des garanties suffisantes de moralité. S'il est marié, il a des préoccupations étrangères à ses fonctions et qui les entravent : si sa femme est malade, son esprit est partagé; si ses enfants souffrent, son cœur saigne, son humeur s'aigrit. Quand sa famille se multiplie, comme ses revenus ne s'accroissent pas proportionnellement, c'est son inquiétude qui augmente et son malaise : la tristesse s'empare de lui. Or, le maître doit être grave, mais serein, ferme, mais gai et ouvert, pour réussir. Le maître mélancolique effraie : le maître colère irrite! Seul le maître doux, gai, ferme et aimable se fait aimer, respecter et obéir.

4° Le maître laïc est seul. S'il a un aide, c'est un inférieur, beaucoup plus jeune, plus inexpérimenté, plus incapable, qui use mal de l'autorité qui lui est déléguée, et qui cependant, en cas d'absence ou de maladie du maître, est appelé à le remplacer.

5° Quand le maître laïc vieillit, et la vieillesse, tout en arrivant graduellement, amène dès le principe ses inconvénients avec elle, on est longtemps à le remplacer. On respecte ses services, on a pitié de sa situation. On ne veut pas le réduire à la part minime que lui fait sa retraite. On tarde tant qu'on peut, par humanité. Mais en attendant l'école souffre, l'autorité tombe, l'instruction languit, toute une génération est sacrifiée.

6° Avec le maître laïc, il y a beaucoup de routines et jamais de tradition. Le maître nouveau est sans rapport avec le précédent. L'expérience recommence toujours aux dépens des enfants.

7° Avec le maître laïc, l'enseignement religieux a peu d'efficacité. Un catéchiste en redingote et en pantalon de nankin est toujours un personnage un peu risible. Je sais bien que l'habit ne fait pas le moine, comme on dit dans ce pays. Mais il est bon, Mylord, que le catéchiste soit un moine et qu'il en porte l'habit. »

Il va sans dire, ma chère Anna, qu'en vous rappelant les paroles du conseiller sur les inconvénients du maître laïc, je vous ai, du même coup, fait la nomenclature des avantages attachés au maître appartenant à une société religieuse, et que le conseil municipal de Paris a si bien reconnus, qu'il a fondé autant d'écoles de frères qu'il a pu.

Le respect que le caractère religieux inspire, la convenance, la gravité, la dignité, la propreté qu'on remarque parmi les frères de la doctrine chrétienne, leur dévouement par état, l'absence de tout souci, de toute préoccupation terrestre étrangère à l'école, l'appui qu'ils se donnent par le nombre, la facilité de se remplacer les uns les autres sans inconvénient pour les enfants, puisqu'ils ont tous la même méthode, l'uniformité des traditions, la nécessité des progrès incessants pour soutenir la concurrence, se tenir à la hauteur où ils sont arrivés et ne pas déchoir du premier rang qu'ils occupent, sans conteste, dans l'enseignement primaire en France, enfin l'autorité religieuse qu'ils exercent par leur seule présence, par leur costume, leurs habitudes, leur vocation, leur ministère, tout a contribué et contribue à donner aux instituteurs appartenant à l'institut des frères de la doctrine chrétienne une incontestable supériorité sur les maîtres laïcs.

De fait, les frères de la doctrine chrétienne ne peuvent à Paris et en France suffire au nombre d'écoles qu'on leur offre. Je vais, ma chère sœur, grâce à la science et à l'amitié d'un ami, vous donner une petite statistique à cet égard, après quoi, je terminerai par où j'aurais dû commencer, c'est-à-dire par quelques détails sur l'origine, le régime, l'enseignement, la tenue et les résultats des écoles des frères.

Ne vous effrayez pas, chère Anna, de mes chiffres, j'ai éloigné moi-même tout ce qui est inutile à notre sujet. Je n'ai gardé que certains résultats généraux. Seulement, comme il faut toujours du temps et même un certain savoir-faire pour réunir des chiffres, un bon frère m'a donné ceux d'une des dernières années écoulées comme exemple. Le tout étant en progrès, ces chiffres seront toujours au-dessous de la vérité actuelle.

Il y a en France 73,271 écoles tant de garçons que de filles, qui sont fréquentées par 4,855,238 enfants.

En décembre 1852, les frères de la doctrine chrétienne avaient à eux seuls, en France,

568 établissements dont . .	129 à Paris.
1,029 écoles dont.	275 à Paris.
221,010 élèves dont.	50,911 à Paris.

Ces 221,010 élèves occupaient un personnel de frères et de profès de l'institut de 6,082 personnes, dont 1,605 employés à Paris seulement. Les progrès de l'institut sont sensibles d'année en année.

Il n'avait en 1844 que 198,188 élèves. Il en compte aujourd'hui dans le monde 377,770, c'est-à-dire le douzième de toute la population enseignée dans les établissements primaires pour toute la France, et près des trois quarts de celle qui est instruite dans les écoles primaires de Paris.

Or, cet institut, aujourd'hui si florissant, et que j'ai choisi pour type de toutes les congrégations qui s'occupent d'enseignement primaire, a, comme toutes les œuvres de Dieu, commencé humblement, parmi les traverses, les oppositions et les calomnies.

En 1679, un saint prêtre de Reims, J.-B. de La Salle, fit les premiers essais d'une institution de frères destinés aux écoles chrétiennes, dans deux modestes paroisses de sa ville natale.

Après bien des peines et des contradictions de la part de sa famille et d'autres personnes qui s'élevaient contre la *nouveauté* de son institution, il la fit adopter successivement à Paris et dans plusieurs grandes villes. Alors survinrent des tracasseries de la part de ses propres frères : puis les persécutions des maîtres d'écoles qui lui intentèrent de nombreux procès : enfin la sévérité même de plusieurs supérieurs ecclésiastiques dont on surprit la bonne foi.

J.-B. de La Salle mourut à Saint-Yon, en 1719, dans la maison profès de son ordre, âgé de soixante-six ans, comblé de bénédictions, regretté de tous les honnêtes gens.

Son institut fut approuvé par le pape Benoît XIII, et depuis lors il s'est fortifié et répandu en France, en Belgique, en Savoie, en Piémont, en Prusse, en Autriche, en Turquie, en Angleterre, en Égypte, en Suisse, dans les États pontificaux, au Canada, aux États-Unis, dans le Levant, dans la Malaisie, l'Indoustan et la Cochinchine.

La maison-mère est aujourd'hui à Paris. Le supérieur général est le frère Philippe, dont la figure fine et vénérable est devenue si populaire depuis le fameux portrait exposé par Horace Vernet en 1845.

Il n'y a point de prêtres dans l'institut : il n'y a que des novices, des frères et des profès.

Le *vénérable* instituteur (déclaré tel en 1840 par le pape Grégoire XVI) laissa en mourant 27 maisons, 274 frères et 9,885 élèves.

Aujourd'hui les frères ont 1,045 établissements dont 31 à Paris. Leur nombre s'élève à 9,098 et leurs élèves à 377,770 répartis dans le monde entier.

Au moment de la révolution française, en 1790, l'institut comptait 121 maisons, 1,000 frères et 36,000 enfants.

La révolution souffla sur l'œuvre du vénérable de La Salle, comme sur tout ce que l'esprit de Dieu avait fondé en France depuis des siècles, et lorsque l'ordre se rétablit, que la religion reprit son influence, les membres dispersés de la Congrégation rentrèrent en France, ouvrirent des écoles et recommencèrent courageusement leur œuvre dans quelques villes et spécialement à Paris, au Gros-Caillou.

Ils eurent bientôt (1803) 8 écoles et 1,600 élèves.

Nous avons vu, chère Anna, que cette semence fut bénie, et que dans l'espace de cinquante ans elle est devenue cent soixante-cinq fois plus nombreuse.

Nous sommes allés, avec notre savant et intelligent conseiller municipal, dans une des écoles tenues par les frères. A notre arrivée, et à un signal du frère, toute la classe s'est levée en silence, et est demeurée respectueusement suspendue jusqu'à ce qu'à notre prière, le frère ait donné un signal nouveau, fait rasseoir son nombreux et obéissant auditoire et repris ses exercices.

Pendant ce temps nous avons eu une conversation des plus intéressantes avec un autre frère, également présent (dans chaque établissement il y a au moins trois frères, deux pour les classes, un pour le temporel, c'est-à-dire : l'ordre, la propreté, le matériel, les meubles, les livres, l'encre, le chauffage, l'éclairage, etc.)

Le frère avec lequel nous causions, fort jeune encore, mais fort intelligent et parfaitement au courant de tout ce qui concerne son institut, a répondu avec une complaisance infatigable à nos continuelles questions, et je vous communique, ma chère Anna, le résumé de ma petite enquête, que la présence et l'expérience de mon municipal a singulièrement facilitée, car j'avoue que, pour ma part, malgré mon extrême curiosité, j'eusse été bien en peine de savoir par où commencer mon questionnaire, d'autant plus que Sir Georges s'obstinait à garder le silence, sans doute pour donner plus d'importance à sa femme. Heureusement pour nous, mon conseiller tenait le fil. Tout mon embarras est de ne pas le laisser échapper en ce moment. Il me l'a bien mis dans la main, et a développé son peloton de questions avec un ordre et une simplicité admirables. Il les adaptait toutes à la certitude qu'il avait de mon ignorance. Ma chère Anna, me voyez-vous, en face de ces vénérables frères, à la robe noire, au rabat blanc, aux souliers carrés, à la mine sérieuse, au milieu de tous ces bambins auxquels j'ai bien le remords d'avoir causé quelques distractions ; mon chapeau et mon ombrelle sont, je le crains, coupables de plus d'une faute d'orthographe. Me voyez-vous mon calpin à la main, et tâchant de ne laisser échapper aucun des précieux renseignements qu'on nous donnait!

Et d'abord, chère sœur, ce qui caractérise cet institut, c'est que, d'après le premier article de ses statuts les membres font profession de tenir ces écoles *gratuitement*.

Ainsi il est défendu par les statuts aux frères de rien recevoir des enfants ni des parents.

Riches et pauvres sont admis au même titre, au nom de Jésus-Christ, « pour être instruits des principes de notre sainte religion et recevoir l'éducation qui leur convient. Les membres de l'institut ont pour mission spéciale de conserver les enfants dans l'innocence et la crainte de Dieu, et leur donner beaucoup d'éloignement et une très-grande horreur pour le mal. »

Comme ces paroles sont à la fois simples et belles! comme le but est bien marqué! que nous sommes loin de toute la phraséologie moderne! Comme c'est bien là le langage de la charité qui ne s'enfle pas, dit saint Paul!

Outre le *supérieur général*, qui est nommé à vie, l'institut a des *assistants* qui forment son conseil et l'aident à bien gouverner; puis des *visiteurs* chargés de surveiller la régularité des maisons et la bonne direction des écoles.

Aucun des frères ne peut être prêtre, ni prétendre à l'état ecclésiastique.

Ce sont donc purement des *religieux* qui se vouent à Dieu et au service de leurs frères, par les simples vœux de religion, par celui de stabilité et par celui d'enseigner gratuitement les enfants.

Il faut avoir été au moins deux ans dans l'institut, s'être éprouvé un an au noviciat et un an à l'école, pour être admis à faire les premiers vœux, qui sont temporaires.

Pour être admis définitivement, les *aspirants* doivent être âgés au moins de vingt-cinq ans, être dans l'institut depuis cinq ans consécutifs.

Les statuts de l'institut prévoient non-seulement tout ce qui concerne les frères, mais tout ce qui a rapport à l'enseignement des enfants, à la tenue des classes.

Ainsi, les écoliers des frères doivent apprendre à lire : le français, le latin, les manuscrits; à écrire; ils doivent apprendre en outre l'orthographe et l'arithmétique, l'histoire sainte et les éléments de l'histoire de France, de la géographie, de la géométrie et du dessin linéaire.

J'ai eu entre les mains les livres élémentaires destinés à ces enfants. Rien de plus simple, de plus clair, de plus net, de plus pratique : toujours des exemples à côté du précepte : toujours une histoire à côté d'une maxime : toujours des applications usuelles; la science mêlée à la vie de chaque jour. Tous ces livres composés par les membres de l'institut, d'après les meilleurs ouvrages modernes, ont été approuvés successivement par le Conseil d'instruction publique de France.

Car, me disait toujours mon aimable guide et conseiller, qui se fait une fête de cette remarque, cet institut a cela de particulier qu'avant tout et en tout il s'est mis en règle au point de vue légal, il s'est soumis à toutes les conditions imposées par la loi, a fait autoriser et approuver ses statuts, reconnaître son existence par l'État, et jouit ainsi de tous les droits civils attachés aux établissements d'utilité publique, notamment du droit de recevoir des donations entre vifs et testamentaires. Ainsi, vous ne voyez pas ici le perpétuel conflit entre l'autorité religieuse et civile, vous n'avez pas à craindre les empiétements de la Congrégation, chacun a sa limite tracée, ses attributions marquées, et depuis cinquante ans, il n'y a pas eu d'exemple de contestations nées entre ces deux autorités, d'ordinaire si jalouses et si mauvaises voisines.

« Ah! disait-il en terminant, avec un gros soupir, si on voulait toujours de bonne foi s'entendre; si on ne voulait réellement que le bien des pauvres! si on n'avait que l'ambition de la justice et de la vérité! que de luttes évitées! que de guerres intestines et sanglantes on épargnerait au monde! Pardon, Madame, de ces retours sur la nature humaine, qui semblent si loin de ces pauvres enfants, pacifiques et innocentes brebis d'un troupeau, qui malheureusement ne restera pas toujours uni comme il l'est aujourd'hui sous l'œil de ce bon frère ignorantin. »

J'ai remarqué parmi les livres qui sont entre les mains de ces heureux enfants, oui, trois fois heureux d'être arrachés à l'ignorance, au vice, au désœuvrement, et par suite à la misère ; j'ai remarqué, dis-je, parmi ces livres un traité des *Devoirs du chrétien*, qui, dans un langage simple et familier n'excluant pas l'élégance, car en français tout ce qui est simple est par là même essentiellement élégant, initie l'enfant aux plus hautes vérités du dogme et de la morale, et enseigne par la parole révélée et l'histoire, par l'autorité de l'Église et celle de l'expérience des siècles, dans ses 327 modestes pages, plus de vérités essentielles à la pratique de cette vie et à la destinée future de l'homme que Platon dans ses *Dialogues,* Aristote dans sa *Métaphysique*, Sénèque dans ses *Épîtres*, Cicéron dans son *Traité des Devoirs*. Ne riez pas, chère Anna, de ma science, j'avoue qu'elle est toute d'emprunt. A la suite de ce traité dogmatique et historique vient d'ordinaire un petit traité sur les *Règles de la bienséance et de la civilité chrétienne.*

Dans sa naïveté populaire, ce livre a consigné le résultat des efforts des nations chrétiennes, sorties de la barbarie et des mœurs grossières, policées par la vertu de l'Évangile, par la pratique de l'humilité, de la charité et du dévouement, manifestant jusque dans les dernières formes de leur langage et de leurs habitudes sociales l'esprit de Jésus-Christ, qui se fait tout à tous pour les gagner tous, et c'est là le fond unique, le fond vrai, le fond éternel de toute politesse, de toute urbanité.

Plus les âmes sont charitables, plus les mœurs sont polies.

Je vous assure, chère Anna, que ces enfants élevés par les bons frères n'ont rien de l'aspect brusque et sauvage, de l'abord grossier, à la fois craintif et impertinent, de l'enfant sans lettre et sans foi, tel qu'on le rencontre dans les centres manufacturiers, où la brutalité de l'homme natif n'a pas été vaincue par la greffe divine d'un enseignement religieux et littéraire. Oui, littéraire, car ces chers petits enfants des frères à qui, avant tout, par-dessus tout, au milieu de tout, on enseigne à connaître Dieu et à le prier, à aimer Dieu et à le servir, à adorer l'Évangile et à n'en rougir jamais, ces enfants, que soigneusement, d'après les statuts, les frères mènent à la grand'messe de la paroisse et aux vêpres, tous les dimanches et fêtes et tous les jeudis, à qui ils mettent leur premier et principal soin d'apprendre leurs prières, les commandements de Dieu et de l'Église, les devoirs du chrétien, les maximes et pratiques que Notre-Seigneur nous a laissées dans son saint Évangile, à qui ils font tous les jours le catéchisme pendant une demi-heure, pendant une heure les veilles de congé, pendant une heure et demie les dimanches et les fêtes; qu'ils ne reçoivent et ne retiennent pas dans leurs écoles s'ils n'assistent exactement au catéchisme, aussi bien les jours de dimanche et de fêtes que les jours de classe, et auxquels ils parviennent ainsi, au bout de plusieurs années, car ils les admettent dès l'âge de six ans et les gardent tant que les parents veulent les laisser, à donner un enseignement religieux complet, solide et qui met dans ces jeunes cœurs une inébranlable base de foi, de moralité, de dignité et de patriotisme; ces chers petits enfants ont une éducation littéraire!

Il faut voir quelle écriture nette, correcte, élégante ; elle ferait honte non-seulement au griffonnage des écoliers ordinaires, mais à l'écriture indéchiffrable de maint littérateur, de maint homme d'état dont les caractères calligraphiques sont aussi lâches, aussi vacillants que leur caractère politique, soit dit sans jeu de mot !

Il faut voir comme ces enfants savent l'orthographe ! ils en montreraient à mainte marquise, à maint descendant des plus illustres familles de France, qui n'ont jamais pu franchir les bornes herculéennes de l'instruction primaire !

Or, ma chère Anna, savoir l'orthographe française c'est connaître la langue que tout le monde ici parle assez correctement, et qu'on sait écrire quand on est initié aux bizarres arcanes de son orthographe sans règle, sans tradition, presque aussi capricieuse que les modes de ce pays. Il faut entendre ces enfants lire avec une intelligence, raconter avec une vivacité toute française! Il faut les voir au tableau, pleins d'assurance, résoudre les plus difficiles problèmes d'arithmétique avec la promptitude que leurs devanciers ont mise à remporter, (pourquoi ne pas le dire?) les tours de Malakoff, pour reconnaître que ces enfants non-seulement sont nourris du pain de la doctrine chrétienne, mais encore imbus des principes d'une saine littérature, dans lesquels ces futurs ouvriers, ces artisans de l'avenir puiseront ce goût si particulier à la nation française, qui les pousse à perfectionner tout ce qu'ils touchent, à ennoblir tout ce qn'ils élaborent, et à spiritualiser, autant que le peuvent la main et l'esprit de l'homme, la matière qu'il façonne.

Je ne vous ai point encore parlé d'un point bien important, à ce que me dit mon excellent ami improvisé du conseil municipal : j'ai peur vraiment de devenir pédante, et vous pourriez craindre de me voir un de ces jours enrôlée dans la milice de V. P. de La Salle, n'étaient mon mari et la discipline... discipline qui est précisément un des points capitaux de la tenue des écoles.

Tout le monde sait que le Français ne ressemble en rien à nos chers et honorables compatriotes. Il n'y a vraiment pas, chère Anna, d'indiscrétion à le dire. La raison et le calme, la dignité et le flegme de l'Anglais qui sait et veut se gouverner lui-même, et qui dès le bas âge s'habitue d'instinct à ce *self-governement*, est remplacé ici par une intelligence vive, mais désordonnée, par une pétulance impatiente du frein, et surtout incapable de se refréner elle-même, par une passion qui emporte toujours le Français au-delà du sens commun, quand la loi ne l'arrête pas, quand la règle ne le réprime pas, quand l'autorité ne le refoule pas. Il lui faut plus qu'à tout autre peuple, avec les apparences de la liberté, une autorité réelle. Les hommes ne marchent en France, qu'enrégimentés. Tout est administration, rouage, engrenage, corporation, congrégation, monopole; rien ne va de soi : mais tout va admirablement comme partie d'un ensemble, mû par un moteur commun.

Il faut donc aux petits Français qu'on élève, avant tout, une autorité qui sache se faire respecter, et une discipline qui le bride, le mate, le règle et en fait l'étonnant soldat que nous savons, et l'aimable homme que nous connaissons.

Or, c'est cette discipline douce et ferme, paternelle et sainte, flexible et sévère, qui prend l'enfant du matin au soir et lui apprend tout, à marcher comme à courir, à chanter comme à parler, à écrire comme à penser, à agir comme à obéir, que les frères de la doctrine chrétienne savent admirablement appliquer. Ils frappent dans la main, et la classe se lève : ils frappent; et l'on prie : ils frappent encore, et l'on part et l'on revient, et on exécute tous les exercices du règlement avec un ordre parfait, dans un silence admirable, avec une précision qui fait gagner énormément de temps et permet à un seul frère de mener jusqu'à cent élèves à travers les rues tu-

multueuses de Paris, sans inquiétude, sans accident;
On rencontre ces longues files précédées de leurs marmots de six ans, les plus petits de la bande, qui sentent l'honneur qui leur est fait et la responsabilité qui pèse sur eux. Ils marchent avec la gravité du chancelier de l'échiquier montant sur son sac de laine pour présider aux destinées des trois royaumes unis. Cependant le frère suit paisiblement, et la longue file arrive à l'église où elle se place modestement, ou va à la promenade, et se débande joyeusement, toujours prête au premier signal à reprendre ses rangs, sa gravité et le chemin qui amène au foyer paternel.

Ma chère Anna, je m'arrête; aussi bien aurais-je mille détails à ajouter qui donneraient à ma lettre l'air d'un mémoire. J'en suis toute effrayée. Ce qui m'effraie par-dessus le marché, c'est qu'au milieu de mon bavardage je ne vous ai parlé que des écoles des frères pour les petits garçons... Or il en faudrait dire autant, avec les nuances que comporte le sujet, des écoles de petites filles, tenues par des sœurs. — Sœurs de toute espèce, de tout habit, de tout nom : de Saint-Maur, de Sainte-Marthe, de Saint-Thomas de Villeneuve, de la Mère de Dieu, de Sainte-Clotilde, de Saint-Augustin, Bénédictines, de Notre-Dame du Calvaire, du Sacré-Cœur de Jésus, de la Présentation, de la Sagesse, de Saint-Vincent-de-Paul, de la Croix, de Saint-André, de Notre-Dame de Sion, des Oiseaux, de l'Assomption, de la Doctrine chrétienne.....

Il n'y a pas un couvent de femmes à Paris (et ils sont

nombreux) auquel ne soit attachée une école gratuite pour les petites filles pauvres du quartier.

Ces bonnes religieuses, qui élèvent en France les enfants des meilleures maisons, et qui, nées elles-mêmes, la plupart du temps, dans de puissantes familles où elles ont puisé les plus pures et les plus nobles traditions, transmettent ce qu'elles ont sucé avec le lait, et appris en se jouant, à leurs charmantes et nobles écolières; ces mêmes sœurs vont former à la piété, à la vertu, aux bienséances de leur sexe, les enfants du peuple.... Ces mains qui ont appris aux unes à peindre, à dessiner, à broder, à jouer du piano, enseignent aux autres à manier l'aiguille, à tricoter, à coudre, à faire des chemises; elles élèvent à la fois les grandes dames et les ouvrières.

Et de là vient que si souvent, du sein du peuple, sort une jeune fille à l'âme haute, à l'esprit cultivé, aux manières nobles et distinguées, qui à son tour rend à Dieu et à la société ce qu'elle en a reçu, et se montre, à la tête des œuvres ou des communautés qu'elle fonde ou dirige, l'égale, l'émule de ses anciennes maîtresses, la supérieure de toutes ses contemporaines.

Si j'ai le temps, chère amie, et si j'en ai le courage surtout, je vous écrirai peut-être une autre fois encore pour vous donner quelques détails sur trois œuvres qui, appartenant aux écoles, m'ont frappée, quoique dans un genre fort différent. Je veux parler des écoliers ou apprentis de la maison de Saint-Nicolas, formée et dirigée par M. l'abbé de Bervanger, de l'école de Neuilly, pour les petites filles, fondée et dirigée par les sœurs de Saint-Vincent-de-Paul et des petites néophytes instruites par les dames de Notre-Dame de Sion. OEuvre unique en son genre, dont on n'avait pas vu encore d'exemple dans l'Église, et dont le fondateur est le R. P. Théodore Ratisbonne, un des prêtres les plus zélés et les plus voués aux bonnes œuvres de Paris. C'est le frère aîné de celui dont la conversion miraculeuse à Rome, en 1844, lorsque Lady M... y était, fit tant de bruit et produisit tant d'édification dans l'Église.

Ces trois sujets valent la peine d'une lettre séparée, que je vous adresserai, pour peu que vous m'en exprimiez le désir.

Adieu, chère Anna : dites-moi l'effet qu'aura produit ma lettre sur notre philanthrope voisin S***. Je me donne congé pour quelques heures : nous allons demain à Versailles et à Saint-Germain. Georges dit que les auteurs ont besoin de grand air. Je me garderai bien cette fois-ci de le contredire. Je succombe sous le poids d'une science acquise dans quinze jours,

LISY.

LETTRE IX.

LES PATRONAGES.

Aujourd'hui, chère sœur, je vais vous parler d'une œuvre qu'il faut mettre en première ligne à cause de l'heureuse influence qu'elle peut avoir sur la classe ouvrière ; cette œuvre est celle *du patronage*.

La misère proprement dite est en elle-même si triste et si menaçante, qu'il est impossible d'en détourner les yeux ; mais une société chrétienne n'accomplit que la moitié de sa tâche en faisant l'aumône aux pauvres. Il y a en tout pays une classe nombreuse de gens mécontents et ambitieux qui négligent les moyens placés à leur portée pour envier ceux qu'ils ne peuvent atteindre. Cette misère morale mérite toute notre compassion, et nos efforts doivent tendre à la soulager. Les utopistes et les philosophes cherchent vainement dans leurs rêves à combler la distance qui sépare le riche du pauvre : il était réservé à la charité de trouver le secret de ce rapprochement. La guerre des riches et des pauvres est une guerre entre gens qui ne se connaissent pas; les uns et les autres se renferment dans leur camp sans chercher les moyens d'arriver à la paix.

Toutes les théories ont échoué, parce qu'elles n'ont offert que des raisonnements : la charité se donne, et elle pacifie la société.

Quel changement verrions-nous dans le monde, si les riches descendaient vers les inférieurs pour les instruire, les protéger et les aider à gagner leur vie ! Les haines et les jalousies disparaîtraient de la terre : tout homme qui prospère est bien disposé pour son semblable.

La France, souffrez que je le dise, chère Anna, a compris la première l'heureuse influence qu'aurait sur son avenir le rapprochement des hommes placés aux extrémités de la société, elle a résolu le problème de l'égalité chrétienne par l'œuvre des patronages.

Jusqu'ici, chère sœur, nous avons vu l'enfance secourue et protégée. La charité a tout fait pour soulager la misère. La France a suivi en cela les traditions d'aumône de ses ancêtres, sous une forme ou sous une autre. Mais l'œuvre des patronages est une phase nouvelle dans la charité.

Ces enfants adultes répandus dans la ville, sortant des écoles, pour aller apprendre un métier, n'ont-ils pas à redouter des dangers plus grands que ceux qui ont menacé leur berceau?

Eh bien! le patronage organise la protection des faibles par les forts, et constitue une adoption sérieuse. Chaque membre d'un patronage est un tuteur consciencieux et dévoué dont les efforts tendent à protéger l'enfant, à écarter de sa route tout obstacle nuisible à son âme ou à son corps, et à lui faciliter les moyens d'apprendre un état. Combien de fois n'avons-nous pas gémi en traversant Manchester, de voir ces bandes d'enfants sortant de l'atelier, promenant au hasard leurs pas, rentrant ou ne rentrant pas au logis? Et dans l'atelier même, que d'abus de la part d'un maître inique et grossier affligent trop souvent les regards!

L'œuvre du patronage remédie à ces maux en pénétrant dans la famille; elle prend les enfants à la sortie de l'école, les place chez des maîtres sûrs et habiles, les surveille pendant l'apprentissage, en un mot, elle les suit pas à pas pendant ces années difficiles.

Des écoles sont ouvertes le soir pour faciliter aux enfants, et même aux ouvriers, le moyen de continuer à s'instruire au sortir de l'atelier, tandis que ceux dont la première éducation a été négligée peuvent y puiser les premiers éléments de l'instruction. Le dimanche, si peu respecté en France, est sanctifié au patronage. Les enfants se réunissent sous la surveillance des frères, et la journée se partage entre l'étude, la prière et la récréation.

Les patronages sont déjà nombreux à Paris. Ils existent également pour les filles et les garçons. La plupart des paroisses de Paris offrent cette précieuse ressource à leurs enfants adoptifs. Cette pensée de protection s'applique à toute l'enfance populaire. La forme en est toujours la même; l'œuvre ne fait que se diviser sur plusieurs points. C'est ainsi qu'on distingue le patronage des apprentis et des jeunes ouvriers, le patronage des jeunes ouvrières, le patronage de Saint-Vincent-de-Paul.

Un grand nombre d'enfants sont donc surveillés par les personnes notables du quartier qu'ils habitent, leur instruction et leur moralité sont l'objet d'une tendre sollicitude. L'action de ces protecteurs est toute-puissante : les préjugés disparaissent. La jeune fille ne connaît plus seulement la grande dame pour la voir passer dans la rue; elle en reçoit la visite chez sa maîtresse; quelquefois celle-ci demeure dans un quartier fort éloigné de celui de la dame patronesse, de sorte que l'enfant est doublement flattée en voyant arriver de si loin sa protectrice pour s'informer de ses progrès, de sa conduite et de son caractère. Toutes les observations portent sur l'enfant, mais vous comprenez que la maîtresse ou le maître en prend sa part sans qu'on l'en prie.

Voilà un moyen d'action certain sur la classe ouvrière.

Cette œuvre admirable a commencé au sein de la société de Saint-Vincent-de-Paul par l'adoption de trois petits orphelins, et aujourd'hui elle étend ses rameaux dans toute la France. Mais que ne reste-t-il pas à faire?

A Paris, sur une population de vingt-deux mille apprentis au moins, dix-huit cents seulement appartiennent aux patronages.

Je veux, chère Anna, vous donner un modèle des patronages de paroisse : je choisis celui de Saint-Thomas-d'Aquin, que l'on dit être le plus parfait.

Cent trente enfants, ayant fait leur première communion, continuent à se rendre chez les sœurs le dimanche. Elles ont une heure de classe, assistent à la messe, célébrée dans la chapelle de la communauté. Dans l'après-midi, elles se réunissent de nouveau pour assister aux vêpres, et la journée se termine par une récréation que les bonnes sœurs ont toujours l'art d'animer et de varier.

Dans cette même paroisse et du sein du patronage s'est formée une autre œuvre dite *du bon conseil :* douze jeunes filles sorties d'apprentissage, ayant seize ans révolus, ont la misson de surveiller les enfants du patronage; elles s'informent des motifs qui les ont empêchées de venir au patronage; elles surveillent leur conduite au dehors. Elles apprennent encore à pratiquer la charité sous la conduite des filles de Saint-Vincent-de-Paul : elles visitent les pauvres à domicile, leur distribuent des bons de pain et de viande que leur confient les sœurs. Ces novices de la charité ne se bornent pas à porter les aumônes, à remuer le lit de la pauvre infirme, à balayer sa chambre, à faire ses commissions et à raccommoder ses vêtements, elles justifient leur titre de bonnes conseillères, par des conversations utiles, des observations sages et des lectures propres à édifier ou à distraire leurs pauvres.

Les membres *du bon conseil* se réunissent deux fois par mois pour rendre compte des pauvres et des enfants confiés à leurs soins. Ces réunions ont lieu chez les sœurs, en présence de celles qui sont chargées de la direction du patronage, assistées des dames patronesses. La caisse de cette petite association est alimentée par la souscription annuelle de douze francs des dames patronesses; lorsque les besoins dépassent les ressources, l'œuvre générale vient au secours de l'œuvre partielle. Ainsi, dans une seule paroisse, cent trente enfants sont élevés sous l'œil des sœurs et des dames patronesses; à l'instruction de l'école succède l'éducation de la vie. Les rapports d'inférieurs à supérieurs s'établissent dans le respect et la confiance, et en prodiguant elles-mêmes la charité, les jeunes conseillères sentent se développer dans leur cœur la reconnaissance qu'elles doivent à leurs bienfaitrices.

Chaque année une distribution de prix vient récompenser le zèle et encourager la bonne volonté. Les dames patronesses distribuent leurs récompenses suivant les besoins de chaque enfant.

Ce qui a lieu dans le quartier de Saint-Thomas-d'Aquin se passe dans beaucoup d'autres encore, et on espère que bientôt toutes les paroisses auront leurs patronages.

Tout ceci vous prouve, ma chère Anna, que nos idées sur le peuple parisien sont tout à fait erronées. Georges, qui court les ateliers en compagnie de quelques hommes dévoués à ces patronages, est tout surpris d'y rencontrer tant d'urbanité et même de connaissances. L'ouvrier de Paris est intelligent, il cherche à s'instruire, il aime à causer avec le grand seigneur ou le propriétaire. La foule n'est pas grossière comme à Londres. En France on veut l'égalité bien plus que la liberté : c'est tout le contraire chez nous. Si l'histoire accuse avec vérité la société française d'avoir corrompu le peuple, il est juste de dire qu'aujourd'hui tous ses efforts tendent à le réhabiliter par la religion et l'instruction.

Nos jeunes gens arrivant de Paris nous citent bien les noms de quelques fous qui font scandale dans un cercle, mais ils ne nous disent pas que, dans cette même ville, il y a des hommes riches, instruits, jeunes, jouissant de tous les priviléges de la société, qui se dévouent aux intérêts du peuple, étudient l'économie charitable avec autant d'ardeur que d'autres étudient les sciences et la politique.

L'autre jour Georges a été témoin d'une chose qui ne se voit pas en Angleterre : étant sorti le matin avec le maire du 7me arrondissement qu'il a le bonheur de connaître assez intimement, ils parcoururent un des quartiers les plus populeux : ces messieurs furent arrêtés vingt fois par des ouvriers qui saluaient et abordaient M. le Maire avec l'assurance que donne la certitude d'un bon accueil ; tous ces ouvriers causaient, parlaient librement de leurs affaires bonnes ou mauvaises, demandaient un conseil ou un renseignement avec une aisance qui n'excluait pas le respect. En me racontant ceci, Georges ajouta : Il faut convenir que cette charité-là nous manque tout à fait.

En France, chère Anna, le riche ou le grand seigneur n'est pas le seul qui participe aux bonnes œuvres et qui les fonde : le marchand, le bourgeois et même le pauvre sont fondateurs d'œuvres. Hier nous étions en compagnie autour d'une table à thé. On causait avec cette grâce française, qui reste encore au-dessus de sa réputation. On en vint par je ne sais quel chemin à considérer le point de départ, souvent si minime des plus belles œuvres de charité de la France. M. M*** nous cita à l'appui de cette observation le fait suivant :

« J'ai vu, il y a quelques années, commencer à Lyon une œuvre qui est aujourd'hui une des plus belles de cette ville si féconde en dévouement : une pauvre journalière venait travailler chez moi ; ses qualités avaient attaché à elle ma femme qui ne négligeait aucune occasion de lui faire gagner quelqu'argent. Un jour Christine nous raconta naïvement qu'elle avait passé la nuit auprès d'une vieille femme agonisante dénuée de parents et d'amis, et que, si elle n'avait eu le bonheur de l'assister, l'âme de cette pauvre femme aurait paru devant Dieu sans y être préparée. Christine fut tellement frappée du danger qu'avait couru sa voisine, qu'elle résolut de chercher dans la ville des misères semblables : elle en trouva. Cependant le travail du jour étant de nécessité absolue pour l'existence de Christine, la bonne fille n'assistait les mourants que la nuit. Longtemps elle suffit seule à la besogne; mais les indications lui arrivant de tous côtés, et son âme sentant de plus en plus combien Dieu était glorifié à ces moments suprêmes, elle se mit à chercher d'autres filles de foi et de dévouement. Ce fut dans sa condition qu'elle forma des disciples; elles furent bientôt une dizaine de braves filles allant chaque nuit s'asseoir au chevet des moribonds délaissés, éclairant la mansarde pour présenter la croix du Sauveur aux yeux du mourant. Par leurs soins le prêtre arrivait avec ses trésors de miséricorde, et lorsque ces âmes réconciliées avaient abordé le seuil de l'éternité, nos saintes filles ensevelissaient ces pauvres corps, et les accompagnaient avec respect et amour à leur dernière demeure.

Ces femmes exercèrent longtemps ce pieux sacerdoce sans autres liens que ceux de la charité; mais aujourd'hui l'œuvre est constituée à Lyon, les membres en sont nombreux, elle a son réglement et ses ressources.

La France fournit beaucoup d'exemples de ce genre : les petites sœurs des pauvres occupent une des plus belles places, comme vous le verrez.

Ce que je viens de vous écrire des patronages ne

répond qu'imparfaitement à l'idée que je veux vous en donner, chère Anna; j'ai donc choisi entre beaucoup d'autres une des œuvres qui en font l'application avec le plus de zèle : La *Société des Amis de l'enfance* sera le sujet de plusieurs lettres. Accordez-moi d'avance, comme toujours, votre suffrage. C'est dans cet espoir que je vous dis le plus cordial adieu.

Votre affectionnée,
LISY.

LETTRE X.

LES AMIS DE L'ENFANCE.

En 1827 quelques jeunes gens à peine sortis des bancs, jouissant de tous les avantages de la fortune et de ce bien-être de famille si précieux à cet âge, s'émurent de compassion pour les enfants abandonnés ou placés sous l'autorité indigne de mauvais parents. Ces jeunes gens formèrent entre eux une petite société et commencèrent timidement, modestement, une œuvre à laquelle ils donnèrent le nom si heureux de *Société des Amis de l'enfance*.

Ce nom a été complétement justifié jusqu'à ce jour : le dévouement, le zèle et l'affection n'ont jamais manqué aux pauvres enfants. La société les adopte sérieusement, et le bienfait de cette adoption se fera sentir toute la vie. A force de soins, de persévérance et d'industries charitables, plus de 250 enfants sont élevés et protégés par cette société. N'est-il pas vrai, chère Anna, que partout où souffle l'esprit de Dieu nous voyons s'accomplir la parabole du grain de sénevé ?

L'œuvre est particulièrement destinée aux enfants sans ressource, à ceux qui sont dénués de toute espèce de soins pour le corps et pour l'âme. Le plus malheureux a le plus de droits. Ce choix est d'une extrême difficulté. Figurez-vous l'horrible tableau que nous fournirait Londres ! Celui de Paris n'est guère plus beau, dit-on.

La plupart de ces enfants appartiennent à des gens qui ont abandonné le village où ils avaient au moins de l'air et un coin de terre toujours prêt à produire ce que des bras laborieux lui demandent. La grande ville a trompé leurs espérances, et la misère a été l'affreuse réalité qu'ils y ont trouvée.

Ces émigrations sont la cause première de l'embarras qu'éprouvent tous les fondateurs d'œuvres charitables dans leur choix. Les orphelins, chère Anna, que Jésus-Christ a bénis et nommés dans son saint Évangile, sembleraient devoir être l'objet d'une préférence, et pourtant, — le croirait-on ! — il y a pour l'enfant une condition plus triste en ce monde, que d'être privé d'un père et d'une mère ; c'est d'être exposé à perdre son âme par le mauvais exemple de ceux qui lui doivent amour et protection.

Les *Amis de l'enfance* ont donc placé en première ligne ces pauvres enfants; les orphelins viennent après eux; mais comme ce n'est pas une œuvre moins grande de conserver l'innocence d'une âme que de la purifier, la société va ensuite chercher les enfants dans les familles honnêtes et pauvres.

Ainsi, chère amie, le but de cette société est de rendre une famille à ceux qui en sont privés par la mort ou par l'inconduite de leurs parents, et de la conserver à ceux que la misère en aurait également privés.

Ces enfants étant adoptés, rien ne leur manquera : ils seront instruits jusqu'au moment de l'apprentissage, et le choix d'un état sera l'objet d'une nouvelle sollicitude pour leurs *amis*.

Entrons dans le détail de l'éducation :

Les orphelins ou ceux qui n'auraient que de mauvais exemples sous le toit paternel sont placés dans des établissements propres à seconder le but de la société. Ils y passent plusieurs années pendant lesquelles leurs dispositions naturelles y sont étudiées et développées avec un tact tout particulier. Les membres de la société visitent leurs protégés, causent avec eux et remplissent à leur égard l'office de bons parents. Quand par bonheur l'honnêteté et la moralité se trouvent dans une famille dénuée de ressources, la société laisse l'enfant sous la direction des parents, et se borne à le secourir. Elle pourvoit à la nourriture et à l'entretien. Les parents étant religieux coopèrent de leur côté à l'éducation de l'enfant, s'engagent à l'envoyer assidûment à l'école des frères la plus voisine.

Dans la famille comme dans l'institut qui la remplace, les membres de la société s'assurent par eux-mêmes de la conduite des enfants. La confiance et l'affection s'établissent entre les parents et les visiteurs, et il en résulte une heureuse influence sur toute la famille. La mère conduit chaque semaine son enfant à la commission de secours, et présente un livret contenant les notes de travail et de conduite. Des éloges ou des reproches sont donnés publiquement après cette lecture.

Comme vous le voyez, chère Anna, ces pauvres enfants possèdent, sans s'en douter, le bien le plus précieux en ce monde : des amis véritables, jaloux de leur bonheur et mettant tout en œuvre pour l'assurer.

Après la première communion, les enfants suffisamment instruits, élevés dans la famille ou ailleurs, sont mis en apprentissage. Le choix des patrons devient un nouveau sujet de sollicitude pour les *Amis de l'enfance*. Ils s'enquièrent de maîtres religieux, intelligents et capables de former les apprentis, tout en continuant leur éducation morale. On imagine aisément la difficulté d'un pareil choix. Cependant, quelle que soit la confiance des protecteurs envers les patrons qu'ils ont choisis, ils ne ralentissent pas leur surveillance : les apprentis sont toujours visités, suivis de manière à maintenir les relations établies.

La charité a quelquefois son luxe et sa poésie : afin

de conserver l'esprit d'union entre tous les apprentis répandus dans la ville, la société a établi, dans un des quartiers les plus aérés de Paris, une maison, appelée *maison de famille*. Chaque dimanche les apprentis se rendent à cette maison; ils y trouvent l'accueil le plus cordial de leurs protecteurs; du linge blanc, un bon repas, de l'affection, en un mot, tout ce qui est nécessaire pour encourager et distraire la jeunesse. A certains jours de fête on pousse le luxe jusqu'à prendre le thé et à jouer de petites pièces composées par les apprentis eux-mêmes.

Vous comprenez la force et le bonheur que de semblables réunions doivent donner à ces pauvres enfants.

La sanctification du dimanche n'est pas négligée : les apprentis assistent aux offices; l'aumônier fait une instruction à la portée de son auditoire. On lit les notes de la semaine.

Le reste de la journée se passe en promenade et en jeux pendant la belle saison, plus tard on oublie la rigueur de l'hiver en prenant des leçons de chant, de dessin, ou en acquérant quelqu'autre connaissance qui complète l'éducation de l'apprenti. Le soir chacun retourne à l'atelier le cœur content et l'esprit délassé.

Quelle heureuse idée que cette maison de famille avec ses délicatesses et ses attentions! Sans doute, la société des *Amis de l'enfance* accomplirait une œuvre déjà très-louable en tirant ces enfants de la misère, mais en ajoutant à tous ses bienfaits la joie de la famille, dont tout cœur a besoin, elle a, selon moi, atteint la perfection de la charité. J'admire les chrétiens qui donnent du pain aux pauvres, et j'aime ceux qui ne croient pas dénaturer l'aumône en joignant quelque douceur à ce pauvre pain. Vous souriez, chère Anna, en voyant avec quelle complaisance je fais valoir mes idées. N'oubliez pas, je vous prie, que je vous ai surprise maintes fois entrer dans les cabanes de notre village, avec votre petit panier au bras, bien fourni de friandises pour les petits enfants, ou faire sortir de la cave de votre père d'excellentes bouteilles de vin en faveur de quelque bon vieillard.

L'esprit de suite caractérise particulièrement la société des *Amis de l'enfance* : peut-être pensez-vous que les enfants ayant terminé leur apprentissage diront adieu à cette chère maison de famille? Pas du tout : les apprentis devenus ouvriers continuent à s'y rendre le dimanche ; ils y retrouvent d'anciens amis et font de nouvelles connaissances. Ces jeunes gens exercent par leur présence et leurs conseils l'influence la plus salutaire sur les nouveaux apprentis : les sentiments et les idées se fortifient en se communiquant. On apprend à se respecter, à marcher librement dans sa croyance et ses convictions.

Les membres de la société ne se bornent pas à causer le dimanche avec les ouvriers établis ; ils les surveillent, les protègent et les assistent au besoin. Toutefois ce n'est pas encore assez pour le dévouement et le zèle des

Amis de l'enfance. Une commission dite de *persévérance* est spécialement chargée des relations avec les anciens enfants de la société, elle les encourage à mettre en pratique les bons principes qu'ils ont reçus, et proportionnant les encouragements à l'âge, elle ajoute aux conseils et aux éloges des récompenses honorifiques consistant en médailles de bronze ou d'argent.

Deux cent cinquante-neuf enfants et apprentis sont élevés par les *Amis de l'enfance.* Si chacun de nous songe aux peines et aux difficultés qu'il rencontre pour secourir et maintenir une seule famille dans le bien, il aura une idée juste des efforts et du dévouement d'une société dont l'exemple devrait être suivi par tous les amis sérieux et sincères du peuple.

Une pensée généreuse née dans le cœur de quelques jeunes gens a produit ces beaux fruits, la semence ne s'en perdra pas. Quelques-uns des fondateurs ont vieilli avec l'œuvre, et ils assistent aujourd'hui à un des spectacles les plus consolants pour le cœur de l'homme : ils voient une nouvelle génération élevée par leurs soins prospérer par le travail et par une sérieuse moralité.

Quelle longue lettre, chère sœur! et je suis loin d'avoir tout dit! Recevez donc, en même temps que mon adieu, la promesse de reprendre mon sujet.

Votre affectionnée,

LISY.

LETTRE XI.

LES AMIS DE L'ENFANCE (Suite).

Vous me demandez, chère Anna, comment la société des *Amis de l'enfance* s'est constituée, comment elle pourvoit aux besoins et aux nécessités de son œuvre? Le temps et l'expérience sont les fondateurs par excellence, et c'est en agissant que cette société a tracé sa constitution. Suivez-moi : l'unique titre à la préférence est le degré de misère du postulant. Les demandes sont examinées avec une sévérité rigoureuse. Il n'y a pas d'influence possible (ceci me fâche un peu) auprès des membres de la société. Les trois catégories nommées précédemment fournissent seules les enfants. Après une enquête minutieuse, l'impartialité la plus froide met dans la balance les droits des uns et des autres, et le plus malheureux l'emporte. On oublie son cœur pour n'écouter que la justice. Six mois, un an même se passent avant que les enfants désignés soient admis, la société n'agissant que d'après des calculs certains.

Il y a trois formes de secours :

1º Les secours à domicile;

2º La pension;

3º L'apprentissage.

La commission de secours fait visiter, au moins une fois par semaine, les enfants adoptés. Ces visites régulières ont le double avantage de permettre d'exercer la surveillance sur les enfants et sur les parents, et donnent à la longue une connaissance approfondie du caractère des enfants, de leurs moyens et de leurs inclinations.

La commission des pensions surveille les établissements auxquels sont confiés les orphelins. Ces visites sont faites dans le même esprit et ont les mêmes avantages.

Après la première communion, les membres de la société doivent se servir du résultat de leurs observations pour le choix d'un état. Il n'est pas d'exemple qu'ils se soient trompés sur cette grave question, grâce au soin avec lequel ils s'appliquent à connaître le caractère des enfants.

Les apprentis passent sous l'autorité d'une nouvelle commission dite de l'apprentissage; celle-ci choisit les maîtres et les chefs d'atelier, règle le contrat et en surveille l'exécution rigoureuse ; elle tâche encore d'établir de bonnes relations entre les maîtres et les apprentis : tout est prévu et calculé pour assurer l'avenir des enfants.

La difficulté de réunir les apprentis répandus dans les divers quartiers de Paris a été levée par la création de la maison de famille. La distance la plus grande est franchie avec empressement par l'apprenti qui vient recevoir le linge blanc de la semaine et tous les objets nécessaires à son habillement. Cette mesure garantit l'exactitude des jeunes gens, et parle à leurs cœurs avec plus de force que tous les discours.

Tout bon apprenti ayant fini son temps reçoit de la société un diplôme constatant qu'il s'est rendu digne, par son zèle et sa bonne conduite, de recevoir ce témoignage de la part de ses protecteurs et de ses chefs d'atelier. Ce diplôme, revêtu de la signature du président de la société et de celle du patron, est un brevet qui ouvre à l'apprenti la porte des meilleurs ateliers.

Jusqu'ici, vous le voyez, chère Anna, la société a beaucoup fait : toutefois elle ne considère pas sa tâche comme achevée : elle prévient, en mère prudente, les dangers qui attendent ses enfants devenus libres. En s'arrêtant à l'apprentissage, l'œuvre eût été compromise. Les ouvriers restent donc toujours les enfants de la société, et, afin de continuer son heureuse action, elle nomme une commission des anciens apprentis. Les membres qui la composent mettent tout en œuvre pour procurer de l'ouvrage aux nouveaux ouvriers : courses, recommandations écrites, visites, on ne néglige rien pour venir en aide aux protégés.

Avec de pareils moyens il est facile d'entretenir l'esprit de famille : les ouvriers forment un corps. Ils ont les mêmes principes, les mêmes idées, les mêmes habitudes et aussi la même ambition : gagner leur vie honnêtement et justifier les espérances de leurs protecteurs.

L'expérience nous enseigne que tout homme a besoin d'être stimulé et encouragé au bien : la société donne des médailles aux ouvriers qui se sont distingués par une conduite exemplaire ou par quelque action digne d'éloge. Dix ans de persévérance donnent droit à une médaille d'argent. Ces distinctions sont accordées publiquement à la distribution solennelle des prix.

Tandis qu'une foule d'ouvriers fréquentent les cabarets des barrières le dimanche, ceux qui ont grandi sous l'œil des *Amis de l'enfance*, viennent chercher le repos et la distraction à la maison de famille. Ils y retrouvent leurs souvenirs d'enfance, des protecteurs, des amis auxquels ils content leurs affaires, demandent des conseils. Enfin ils ne dédaignent pas de partager les distractions des enfants dont la vue leur rappelle le temps le plus heureux de leur vie.

Admirons, chère Anna, l'ordre parfait avec lequel la *Société des Amis de l'enfance* accompagne ses protégés dans toutes les phases de l'existence. Vous pouvez vous imaginer les excellentes réflexions que fournissent de pareils exemples à Sir Georges. Il m'a favorisée ce matin d'un discours qu'il se propose de faire à la prochaine réunion de charité. C'est très-bien. Toutefois, je me suis permis d'ajouter à la péroraison de mon mari la phrase suivante : « Or donc, Mylords et Messieurs, dressons moins de chiens, faisons courir moins de chevaux et créons-nous un luxe de charité par l'œuvre des patronages. Nous ne serons pas les derniers à en recueillir les fruits. »

Le noble Lord a produit à lui seul un tonnerre d'applaudissements, et il a poussé l'enthousiasme jusqu'à embrasser sa femme.

Adieu, ma très-chère sœur, je pars pour Saint-Cloud, ma promenade favorite.

Je souris d'avance à ces bons Français qui s'imaginent, en voyant passer une *Milady*, que sa curiosité se contente d'admirer les bords de la Seine et de suivre leurs modes. Que de vanité dans cette petite réflexion !

LISY.

LETTRE XII.

LES AMIS DE L'ENFANCE (Suite).

Vos observations et vos réflexions, chère Anna, m'encouragent à compléter mon travail : je vois que vous prenez la chose au sérieux, et j'arrive à espérer que, grâce à vous et à notre chère baronne, mon voyage d'agrément pourra devenir de quelque utilité à nos compatriotes.

Je reviens encore à la *Société des Amis de l'enfance*, bien résolue à épuiser aujourd'hui mon sujet tout entier.

Dans le moment actuel la société entretient 269 enfants : 32 à domicile; 114 placés dans divers établissements ; 57 apprentis et 58 orphelins du choléra.

Ces enfants sont élevés, nourris, habillés et, plus que tout cela, ils sont tendrement aimés. C'est avec la somme de 39,169 francs qu'on atteint, année commune, de pareils résultats. Le grand secret de la charité française consiste à faire beaucoup de bien avec peu d'argent. Les ressources de cette société consistent en souscriptions annuelles de 20 francs, en dons particuliers et en allocations accordées par les ministres de l'instruction publique et de l'intérieur et par la ville de Paris. Quand ces ressources sont insuffisantes, la société a recours aux concerts, aux loteries, aux sermons, à tout ce qui constitue l'insdustrie de la charité.

Les autres œuvres usent également de ces moyens pour se soutenir, mais la *Société des Amis de l'enfance* sait les faire valoir avec un art tout particulier : ses concerts sont recherchés par l'élite du monde parisien ; ses loteries sont fournies d'objets d'art offerts par des artistes de talent ; le soin d'intéresser les chrétiens à cette œuvre capitale est toujours confié à une bouche éloquente.

La société possède une autre classe de bienfaiteurs que je ne veux pas oublier : ce sont les parents pauvres qui apportent le fruit de leurs privations, ce sont des voisins, des compatriotes, des confrères aisés tenant tous à honneur de contribuer au bien-être des enfants.

Enfin, comme dernier moyen d'action et d'influence, la société a établi des réunions solennelles dont le but n'est pas seulement d'agir sur les jeunes gens, mais aussi sur les membres de la société et sur les bienfaiteurs.

Un des moyens d'encourager à faire le bien est d'en

constater, d'en montrer les résultats, car la charité est contagieuse. Beaucoup de gens la feraient avec joie et persévérance s'ils en essayaient une fois. Une distribution de prix a donc lieu chaque année dans une des salles de l'Hôtel-de-Ville, le plus beau monument de Paris. Elle a pour témoin l'élite de la société, le président, le vice-président, les membres de la société et tous les enfants adoptifs.

Des rapports soigneusement rédigés font connaître les ressources et les nécessités de l'œuvre et les services qu'elle a rendus.

C'est dans cette réunion que des médailles d'encouragement sont distribuées. Les apprentis et les ouvriers qui se sont distingués par une conduite exemplaire ou par quelque trait de dévouement sont nommés publiquement.

Vous me réprimanderiez, chère sœur, si je ne vous disais quelques mots de l'administration de l'œuvre. Je me suis mise à l'abri d'un pareil reproche, en étudiant un rapport de l'œuvre.

Le gouvernement de la société réside dans un conseil composé de tous les sociétaires souscripteurs; elle est administrée par un comité composé comme il suit :

1° Un bureau de conseil ;

2° Les présidents des commissions suivantes :

    1° Commission d'admission ;

    2° Commission de secours et d'éducation ;

    3° Commission d'apprentissage ;

4° Commission des anciens apprentis ;

5° Commission des voies et moyens de finances.

Tous ces éléments ne manqueraient assurément pas chez nous.

Vous dites, chère Anna, que le caractère de l'ouvrier Anglais n'étant pas le même que celui de l'ouvrier Français, il serait bon d'examiner si les œuvres nées en France seront susceptibles d'être transplantées chez nous et si elles pourraient y prospérer.

Le contraste des caractères est grand, il faut en convenir : l'ouvrier Parisien est surtout obligeant, serviable et généreux. De ces qualités mêmes naissent de grands défauts : le manque d'ordre, l'absence d'économie et de prévoyance. En changeant les défauts du Français en qualités, et ses qualités en défauts, nous aurons, je crois, le caractère de l'ouvrier Anglais. N'importe : il est incontestable que la misère est grande chez nous, que l'ouvrier vit plus difficilement qu'en France, et que l'industrie répandue sur toute la surface de notre pays produit une population misérable. Ce n'est pas tout : un autre point de vue mérite notre attention. Puisque j'ai fait vœu d'impartialité, j'oserai dire que la France nous offre dans ses institutions un grand exemple à suivre. La distance qui sépare le riche du pauvre, le propriétaire de l'ouvrier, est anti-chrétienne. Il ne faut pas seulement considérer le bien qui résulte de ces institutions pour le peuple, mais celui qui en résulterait pour les riches en leur enseignant à se mêler aux pauvres. La difficulté la plus grande est là pour nous autres Anglais. Vous ne pouvez, chère Anna, vous imaginer la confiance et la cordialité qui existent entre les protecteurs et les protégés. Georges et moi sommes convenus que c'est le premier pas à faire dans notre pays.

En France, le don de soi-même est le principal élément de la charité. Le grand seigneur et le plus petit rentier sont égaux en dévouement. J'en trouve encore un exemple dans les apprentis des Amis de l'enfance : ils ont établi une petite conférence de Saint-Vincent-de-Paul : le premier et le troisième dimanche de chaque mois, ces jeunes gens vont, à l'exemple de leurs bienfaiteurs, visiter quelques pauvres familles du voisinage. Les vieillards et les petits enfants sont l'objet de leur préférence. Mais, direz-vous, comment ces pauvres enfants assistent-ils d'autres pauvres? D'abord, ils font l'aumône de leur présence, de leurs mines fraîches, de leurs paroles consolantes, et puis, chère Anna, ils se font un petit trésor de leurs épargnes sur l'argent de la semaine, reçu à titre de récompense. L'enfant riche doit envier ce trésor si petit qu'il soit, car l'or de son père n'aura jamais la valeur de cette aumône prélevée sur le premier gain de l'apprenti. Il me semble voir Notre Seigneur regardant ces petits apprentis comme il regarda la pauvre veuve qui entrait dans le temple de Jérusalem. Cette modeste conférence est connue dans le quartier de la maison de famille, les pauvres l'implorent avec confiance et jamais elle ne trompe leur espoir : elle donne, elle prête, suivant la circonstance, et toujours avec un tact parfait. Les ouvriers ont établi, de leur côté, la société de famille, dont le but est de secourir et d'aider, autant que possible, tous les confrères malheureux. C'est une sorte d'assistance mutuelle.

N'est-il pas vrai, chère Anna, que de pareilles institutions peuvent exister avec avantage sous toutes les latitudes? Les peuples divers, tout en conservant leur originalité caractéristique, doivent s'unir dans le sentiment et la pratique d'une même charité. Les œuvres comme les arbres se jugent aux fruits qu'elles produisent : La société des Amis de l'enfance est riche en traits de vertu et de dévouement. Les citations pourraient être nombreuses. Je n'en ferai qu'une pour compléter le tableau que j'ai fait passer sous vos yeux.

Achille Monneret, ouvrier relieur, dont le père, ancien militaire décoré, mourut du choléra en 1833, fut adopté, à l'âge de six ans, comme orphelin et sans ressources. La société le plaça dans une pension où il reçut une éducation morale et professionnelle, puis il fut mis en apprentissage chez Mesland, relieur habile. Monneret avait été bon écolier, il devint bon ouvrier, et gagna bientôt les journées qui auraient abondamment fourni à son entretien, s'il n'avait recueilli et pris à sa charge une sœur de son père, qui sortait de l'hospice, où elle avait été soignée pour une maladie mentale.

En 1846, la ruine de Mesland diminua les ressources

de Monneret. Mesland, réduit à fuir devant ses créanciers, alla chercher fortune à Constantinople, laissant à Paris, dans le désespoir et la misère, sa femme et deux enfants. Monneret entra dans un autre atelier de reliure, et depuis ce jour tout ce qu'il gagna fut employé à soutenir la famille de son premier maître. Il prélevait pour ses besoins quelques sous sur le prix de ses journées et portait le reste à madame Mesland, lui laissant ignorer les privations qu'il s'imposait pour venir à son secours.

Au mois de novembre 1847, Madame Mesland trouva une occasion pour aller rejoindre son mari à Constantinople; mais la famille au service de laquelle elle entrait comme femme de chambre, ne consentait à emmener qu'un de ses enfants, et la pauvre mère était dans la cruelle alternative d'abandonner un enfant de cinq ans à la charité publique, ou de rester à Paris dénuée de toutes ressources. Monneret trancha la question en offrant à Madame Mesland de se charger de son enfant. La confiance égala la générosité : la mère laissa son précieux dépôt à Monneret et partit pour Constantinople.

Le jeune homme justifia son nouveau titre de *père de famille*, en plaçant l'enfant confié à ses soins dans un honnête ménage, auquel il s'engagea à payer 20 francs par mois. Il accomplit sa tâche tout entière : il visitait fréquemment l'enfant et pour s'assurer qu'il ne manquait de rien. Cependant les protecteurs de son enfance ne tardèrent pas à découvrir que Monneret, tout en vivant avec la plus stricte économie, n'avait pas, comme tant d'autres ouvriers, un livret à la caisse d'épargne, et que même il avait contracté quelques dettes. De plus, les soins qu'il prenait d'un enfant en bas âge paraissaient suspects.

Monneret dut faire taire sa modestie en présence du danger qu'il courait de perdre ce qu'il avait de plus précieux en ce monde, l'estime de ses protecteurs : il se justifia. La chose était facile.

Cependant le travail devenait de plus en plus rare, et Monneret était accablé sous le poids d'une charge au-dessus de ses forces. Il se demandait tristement comment il pourvoirait désormais à l'existence de son enfant d'adoption, lorsque la Providence informa un des membres de la société de la détresse de Monneret. Sur le rapport touchant de M. Wilson, la société se chargea de payer la pension du fils de Madame Mesland, et elle accorda à Monneret la récompense la plus flatteuse; elle chargea l'ancien apprenti de continuer sa surveillance au pauvre enfant abandonné, et le pressa de faire partie de la société des *Amis de l'enfance*. La récompense n'est pas au-dessus du mérite, mais elle fait honneur à ceux qui l'ont donnée comme à celui qui l'a reçue.

A mon avis, cet Achille de Paris n'est pas éclipsé par celui de Troie : qu'en pensez-vous, chère sœur?

Votre affectionnée,

LISY.

LETTRE XIII.

L'ŒUVRE DES PRISONS. — SAINT-LAZARE.

J'éprouve, chère Anna, un sentiment de respect et d'admiration à part pour les œuvres de réhabilitation. Serait-il possible, sans la foi, d'envisager de près l'envers de l'humanité? Que d'inclinations vicieuses! Que d'instincts grossiers! Que de crimes!

Tous ces maux sont un attrait puissant pour les disciples de Jésus-Christ. Ils recherchent avec ardeur la créature dégradée; ils l'accueillent alors qu'elle est repoussée de la société, et l'aide à rentrer dans la voie de la justice.

Il faudrait un volume à part, chère amie, pour vous faire connaître toutes les institutions de pénitence et de réhabilitation qui existent en France. L'esprit de charité qui a organisé l'assistance publique vient au secours de l'âme avec le même zèle, le même tact et le même dévouement. Toutes les plaies morales sont touchées et pansées ; chacune d'elles est l'objet d'une sollicitude particulière.

La correction paternelle offre aux parents une maison pour placer l'enfant dont la conduite leur fait craindre le déshonneur : à la correction se joint le bienfait. L'enfant est instruit par les frères (ou les sœurs), exhorté par l'aumônier et formé au travail. D'heureux changements sont souvent le fruit de ce dévouement.

Le patronage pour les jeunes libérés a pour but de protéger ces mêmes enfants au moment où ils sortent de la maison pénitencière.

La colonie de Mettray est destinée à recevoir les malheureux jeunes gens flétris par un crime ou par un délit. Ceux-ci sont acquittés, lorsqu'il a été reconnu qu'ils ont agi sans discernement ; les autres sont condamnés à rester entre les mains de la justice jusqu'à leur majorité. Il est aisé d'apprécier le bien qui peut résulter d'une institution comme celle de Mettray pour les jeunes détenus. Leur temps est partagé, suivant la saison, entre les travaux agricoles et ceux de l'atelier.

L'œuvre des prisonniers pour dettes a été fondée à la fin du XVIe siècle par Madame de Lamoignon (Il est rare qu'une femme n'ait pas eu la première inspiration d'une bonne œuvre). Elle a pour but de délivrer les détenus que de mauvaises spéculations ou des malheurs imprévus ont jetés dans la misère : c'est un père de famille dont l'absence enlève le pain à des enfants nombreux; c'est un fils aîné, l'unique soutien de sa mère, que des créanciers impitoyables ont arraché à un petit commerce susceptible de s'accroître et de réparer les pertes. Des magistrats et des avocats éclairés se dévouent à cette œuvre; ils examinent les affaires, voient les créanciers, entament des négociations, arrivent à des arrangements, et finissent par conquérir la liberté de leurs clients. En attendant que la prison s'ouvre, les détenus sont visités, consolés, soignés, s'ils sont malades. Leurs familles sont tenues au courant des démarches qui se font et des espérances qu'on en conçoit. La charité ouvre aussi ses bras aux prévenus acquittés qu'une longue détention a privés de l'estime publique, et qui se trouvent dénués de tout moyen d'existence. Une société offre un asile à ces malheureux, jusqu'au moment où elle parvient, à force de démarches, à leur procurer de l'ouvrage : le plus souvent on les renvoie dans leur pays, qu'ils n'auraient jamais dû quitter.

Parmi les œuvres nombreuses de ce genre, j'ai choisi l'*Œuvre de Saint-Lazare, ou des dames visitant les prisons*. La prison de Saint-Lazare reçoit des prévenues, des condamnées, et les malheureuses dont le désordre et l'inconduite publique font la honte de tous les pays. Eh bien! chère Anna, toutes ces créatures flétries par la loi et par leur conscience sont fidèlement visitées, assistées par des femmes aimant la vertu, la pratiquant dans toute sa rigueur, et qui travaillent à régénérer ces âmes dégradées avec un courage vraiment héroïque.

Notre excellente amie faisant partie de cette œuvre, j'ai puisé mes renseignements à une source certaine. J'ai fait plus, j'ai visité la prison.

Saint Vincent de Paul jeta le premier un regard de compassion dans les prisons. Les filles criminelles qui avaient osé le frapper dans les rues devinrent l'objet de sa sollicitude. Il savait que ces malheureuses, n'ayant pour réprimer leurs désordres qu'un geôlier, ajoutaient chaque jour le crime au crime. Cependant il n'hésita pas à proposer à des mères de famille de pénétrer dans ce repaire d'impureté; mais cet essai n'amena rien de régulier et de solide.

Plus tard, un homme bien cher à la France, M. l'abbé Legris-Duval, porta son zèle et son attention sur cette plaie de la société; des femmes de bien secondèrent ses vues et imitèrent son dévouement. Toutefois, l'œuvre resta sans organisation, et ce ne fut qu'en 1835 qu'elle se constitua régulièrement.

Jugez, chère Anna, de la noble joie que ressentit mon cœur, en apprenant que c'est Madame de Lamartine, notre compatriote, qui a rassemblé et réalisé les éléments d'une œuvre restée imparfaite jusqu'alors!

Madame de Lamartine, parcourant l'Italie, ne se borna pas à voir ce que tous les étrangers vont chercher. Les riches campagnes, les musées, qu'elle regarda avec l'œil d'un véritable artiste, ne la détournèrent pas des pensées charitables qui étaient l'aliment habituel de son cœur. Elle visita tous les établissements de bienfaisance placés sur son chemin. En 1828, étant à Turin, la marquise de Barrol lui fit visiter une prison de femmes et des refuges pour les libérés, établis par ses soins. Madame de Lamartine conserva une vive impression de ces visites. A partir de ce jour, elle ne songea plus qu'à enrichir la France, devenue pour elle une seconde patrie, de ces établissements précieux. Toutefois, ce ne fut qu'en 1837 que la Providence lui fournit les moyens de réaliser le désir ardent de son cœur.

Madame Fry, si connue, même en France, pour la réforme des prisons d'Angleterre et d'Irlande, l'invita à une réunion de charité. Madame Fry exposa simplement le bien qu'elle avait fait, et engagea les dames présentes à se dévouer aux œuvres de ce genre qui existaient à Paris. De semblables réunions se tinrent chez Madame la duchesse de Broglie. Madame de Lamartine s'y rendait assidûment; elle y lut pour la première fois un rapport sur les prisons.

Quand Dieu veut être glorifié dans une œuvre, il inspire à plusieurs cœurs le zèle et le dévouement dont il fait les instruments de sa miséricorde. A partir de ce jour, la pensée d'améliorer l'état moral des prisons devint une préoccupation générale. Madame de Lamartine donna l'élan. Suivant le conseil de Madame Fry, elle se mit à la recherche des *Œuvres des Prisons*. Madame la marquise de Lagrange, son amie, s'associa à toutes ses pensées et à toutes ses démarches.

Deux œuvres existaient à Saint-Lazare : celle de Madame la comtesse de Vignolles, ayant pour but de visiter les infirmeries, et celle de Madame Bonnet, qui comprenait la visite de toutes les autres sections.

Ces dames continuaient l'œuvre de M. l'abbé Legris-Duval avec les sentiments qui l'avaient inspirée. Un grand nombre de femmes, dont les noms sont désormais inséparables des œuvres de Paris, se joignirent à Mesdames de Lamartine et de Lagrange, et allèrent offrir leur coopération à Madame Bonnet.

A la suite de plusieurs réunions, dans lesquelles chacune de ces dames apportait ses observations, l'œuvre se constitua. Un conseil fut nommé sous la présidence de Madame de Lamartine.

Madame de Lamartine consacra dès lors toute l'énergie de son cœur et de son intelligence à cette œuvre. Le souvenir de ce qu'elle avait vu à Turin anima son zèle. A son exemple, un nombre considérable de dames se vouèrent à la visite des prisons. L'administration, secondant les efforts de la charité, fit de grandes améliorations dans la prison : l'ordre s'établit, la surveillance devint rigoureuse ; le travail, ce remède souverain de l'âme, fut exigé et fournit bientôt un petit gain aux prisonnières. On forma des sections désignées par numéros. Les instructions furent données régulièrement ; chaque dame s'engagea à inspecter une fois par semaine la section confiée à ses soins. Il se fit alors des prodiges de charité, et même d'éloquence : la passion du Sauveur fut racontée à ces pauvres ignorantes pour la première fois ; plus d'un cœur se prit à aimer Jésus et sa mère affligée ; souvent *l'orateur* et l'auditoire confondirent leurs larmes.

La présence des dames fut d'abord désirée comme une distraction, puis ensuite comme un bienfait jusqu'alors inconnu.

Considérons, chère Anna, ces femmes du monde passant des heures entières auprès des prisonnières pour leur enseigner à faire le signe de la Croix, leur expliquer le catéchisme, leur parler de la justice de Dieu et de sa miséricorde.

Il n'est pas de cœur si dégradé qu'il ne désire la sympathie d'un autre cœur. Ces pauvres *rebutées*, comme les appelait Madame de Lamartine, furent touchées de la sollicitude qu'elles inspiraient ; un grand nombre s'attachèrent à leurs bienfaitrices et se montrèrent dociles.

Comment s'en étonner ? Le dévouement du soldat et du marin est tout naturel ; la femme qui panse leurs blessures, brave l'épidémie et soutient la tête du mourant, est dans sa vocation ; mais avoir assez d'énergie et de générosité pour fréquenter des malheureuses élevées à l'école du blasphème et de l'impureté, n'est-ce pas le sublime de la foi et du dévouement ? J'ai visité cette prison de Saint-Lazare, et je peux vous assurer, chère sœur, que l'exemple de notre divin Maître peut seul donner le courage de franchir ces guichets, de respirer cet air toujours fétide, malgré les moyens employés pour le purifier.

Les Dames de l'Œuvre des Prisons particulièrement chargées de la visite des détenues, reconnaissant l'impossibilité de ramener ces infortunées à une vie meilleure sans leur offrir, à l'expiration de leur peine, un asile contre les tentations de la misère et du vice, ont fondé dans ce but, depuis bien des années, la Maison de Notre-Dame de la Miséricorde, située à Vaugirard, Grande-Rue, 186.

Cette Maison, dirigée par des sœurs de l'Ordre de Marie-Joseph, Ordre spécialement consacré aux prisonnières, peut contenir quatre-vingts personnes qui y sont logées, nourries, blanchies, etc., etc. L'Œuvre leur fournit en outre les objets d'habillement, dont la plupart sont entièrement dépourvues au moment de leur libération.

Une fois reçues dans l'établissement, les soins, les conseils, les instructions religieuses leur sont prodigués par les sœurs et par un vénérable ecclésiastique chargé de la direction de leur conscience. On s'efforce de leur inspirer le goût et l'habitude du travail, de l'ordre et de la régularité, et pour les intéresser en quelque sorte à leur amélioration, on leur abandonne le quart du produit de leur travail.

Lorsque, après un temps plus ou moins long, cette dirrction toute religieuse et toute maternelle parvient à les ramener au bien, on s'occupe alors de ménager aux unes le retour chez leurs parents, aux autres une place dans des familles honnêtes, à d'autres enfin l'admission dans des communautés religieuses, où plusieurs persévèrent avec courage dans les pratiques les plus austères. Quelques-unes préférant ne pas quitter l'asile qui les a tout d'abord abritées, y forment une catégorie à part, désignées sous le nom de *Madeleines*, et s'y distinguent généralement par leur piété, leur bonne conduite et leur assiduité au travail.

N'est-ce pas encore une œuvre admirable que celle-ci?

Cependant, certaines gens disent : Vous ne convertirez pas ces misérables, c'est du temps perdu.

D'abord, il sied bien au monde de parler de temps perdu! Ensuite, l'expérience prouve chaque jour que l'action de moralisation exercée par cette œuvre est incontestable. Sans doute beaucoup de ces malheureuses retournent à leur vie de désordre; mais leurs âmes ont reçu la semence religieuse, à l'heure de la mort cette semence germera, et c'est alors, espérons-le, que ces infortunées iront recueillir leur part de la rédemption.

C'est ce que nous demanderons à Dieu, ma chère Anna, afin de ne pas rester étrangères à une œuvre qui sert si bien les intérêts de Jésus.

Minuit! et je cause encore avec vous! Georges revient du théâtre, où je n'ai pas voulu l'accompagner. Je tremble qu'un orage n'éclate, et je prends courage en vous disant un tendre bonsoir.

LISY.

LETTRE XIV.

L'ŒUVRE DES PRISONS (Suite).

Les dames de l'œuvre, comprenant leur tâche tout entière, s'appliquent à développer l'intelligence des prisonnières. C'est surtout dans les sections de la correction, composée d'enfants de huit à seize ans, qu'on obtient des résultats sérieux. Indépendamment de la lecture et de l'écriture, enseignées par les surveillantes, ces dames font un petit cours d'histoire sainte aux plus raisonnables. L'Évangile est appris régulièrement. J'ai entendu réciter la Passion sans une seule faute ; des enfants ne sachant pas lire l'apprennent également, grâce à l'intelligence et au zèle de leurs compagnes.

Tout cela est bien digne de récompense; aussi les

dames de l'œuvre ont-elles institué une distribution de prix, consistant en livres, images, médailles et chapelets. Ce n'est pas assez : notre excellente amie a imaginé de donner ce jour-là un déjeûner aux enfants des deux sections qu'elle visite. Le jour de Pâques a été choisi de préférence à tous les autres, comme étant le plus propre à ranimer la foi et l'espérance des pécheurs.

Cette prison a donc ses fêtes, chère Anna, et Milady a reçu une invitation qu'elle a acceptée. Voici comment la baronne me fit cette invitation l'autre soir, en nous quittant : « Milady, vous viendrez en prison, le saint jour de Pâques, avec moi. Nous assisterons à la messe, nous verrons de pauvres pécheresses se réconcilier avec le divin Maître, nous participerons aux mêmes grâces, et ensuite nous servirons à déjeûner aux prisonnières. » L'invitation n'était pas du nombre de celles que j'attendais, aussi je sus bon gré à la baronne de répondre pour moi, avant que Milord, tant soit peu ébahi, y pût mettre son *veto*. — « C'est convenu, à dimanche. Vous verrez que la religion relève les cœurs les plus abattus. »

Le jour de Pâques, à sept heures, mon amie était à ma porte. Je me glissai de mon mieux dans un fiacre rempli de pains, de jambons, de bouteilles de vin, de gâteaux et de confitures : c'était une véritable office. La baronne riait de tout son cœur en voyant mon embarras, et ne s'excusait nullement de la situation où elle m'avait placée. — Tenez ce pain, Milady, sans quoi il passera par la portière. — Éloignez votre robe de ce jambon. — Ces confitures vont se répandre; soutenez-les et protégez la tête de la brioche. »

Il est bon de vous dire, chère Anna, que j'exécutais cette manœuvre ayant les pieds pris entre deux paniers de bouteilles. Une traversée de Douvres à Calais n'est rien en comparaison des embarras de notre voyage.

Enfin nous arrivons à Saint-Lazare, au haut du faubourg Saint-Denis (cherchez sur votre plan) : les portes s'ouvrent, je montre ma carte d'admission, et nous pénétrons dans l'intérieur de la prison.

Nos vivres étant mis en sûreté, nous nous rendons à la chapelle. Ici, chère Anna, l'art n'a rien fait pour relever la pensée chrétienne. Notre Sauveur étendu sur la croix, Madeleine et saint Vincent de Paul, sont les seuls ornements de la chapelle; mais en faut-il davantage pour s'instruire et s'édifier?

La cloche sonne, les portes s'ouvrent; trois ou quatre cents femmes et quatre-vingts jeunes filles arrivent en ordre et se placent en silence. Tout en étant recueillie, comme je devais l'être, j'observais. L'uniforme consiste en une tunique de flanelle grise, une ceinture de cuir et un bonnet blanc. Les jeunes filles ont la tête couverte d'un voile.

Que de nuances différentes dans ces physionomies! Celles-ci accusent la vieillesse déshonorée par le vice et le crime; d'autres permettraient de douter si les murs de la prison n'étaient pas des accusateurs irrécusables. Certains reflets d'innocence se retrouvent encore sous quelques-uns de ces voiles blancs.

Le recueillement est général; le don des larmes est accordé à plusieurs.

Le prêtre monte à l'autel, et la Victime par excellence va être offerte pour les pécheurs.

Toutes les dames de l'œuvre sont présentes, leur émotion est visible. La voix de ces pauvres recluses n'a rien d'harmonieux, et pourtant les cantiques qu'elles chantent à la louange du Seigneur touchent l'âme. Pour ma part, profitant de ce que Sir Georges n'était pas là pour compter mes larmes, je me laissai aller à toute mon émotion. Elle redoubla, lorsque je vis les prisonnières s'avancer pour recevoir le corps et le sang du Sauveur.

Les dames de l'œuvre, se souvenant du festin de l'Evangile, affectèrent de se placer à la sainte table sans distinction de rang.

Je suivis leur exemple.

Après la messe, nous courûmes donner un coup d'œil à notre couvert. Une respectable surveillante nous ayant épargné les détails du service, nos convives purent bientôt se rendre à l'invitation.

C'est une grande joie, chère Anna, de manger du pain blanc, de la viande, de boire un peu de vin, quand on en est toujours privé; car la prison ne fournit guère que du pain noir et des légumes grossièrement préparés.

Tous les visages étaient épanouis; les regards se portaient alternativement sur la table et sur nous. A l'exemple de la baronne, je mis devant moi un tablier blanc, je distribuai les tranches de jambon et je versai le vin dans les verres. J'éprouvais une émotion gênante. Que serai-je devenue si j'avais vu notre divin Maitre laver les pieds de ses apôtres. Que la charité est belle et aimable! qu'elle donne de contentement à ceux qui la pratiquent au plus petit degré! Mon amie lisait dans mon cœur, elle m'encourageait du regard. J'en avais besoin. Croiriez-vous, Anna, que cette Lady à la démarche si ferme lorsqu'elle entre dans le palais de Saint-James, était tout interdite dans ses fonctions vis-à-vis de pauvres prisonnières? C'est la vérité. J'ai fait acte de courage en adressant quelques bonnes paroles à ces enfants.

Du premier étage nous passâmes au second pour le même office. Quatre-vingts jeunes filles appartenant à la *correction* reçurent donc de nos mains un bon déjeûner. Pauvres enfants! Sans doute il faut punir le crime, et la justice humaine n'est que le précurseur de la justice divine; n'importe je voudrais pouvoir leur assurer une bonne part des *lunch* somptueux qui couvrent nos tables toute l'année.

L'émotion et l'activité de notre service avaient singulièrement développé notre appétit; nous nous rendîmes avec empressement à une invitation de déjeûner. Oui, ma chère, j'ai déjeûné en prison.

Parmi les surveillantes de Saint-Lazare, il en est une

que la baronne considère comme son amie. Je le comprends bien : il suffit de voir cette femme, d'entendre le son de sa voix pour pressentir sa vertu. Le zèle qu'elle a pour le salut des âmes lui rend légère une tâche toujours difficile et souvent rebutante. Une somme de 1,000 francs, au plus, constitue le salaire de la surveillante. Cependant il y a des consolations dans ce triste séjour, s'il faut en croire celle qui le dit.

Je ne m'attendais pas à trouver un coin si charmant dans une prison. Le soleil, bravant les énormes grilles des fenêtres, donnait à la chambre un air de fête; l'ameublement était modeste, mais la propreté poussée jusqu'au luxe. Un bon feu brûlait; le couvert était mis; notre hôte avait tout prévu pour que nous eussions nos aises. Une belle tranche d'un de nos jambons figurait au milieu de la petite table, couverte d'une nappe très-blanche; un morceau de brioche et un café à la crème dont je ne perdrai pas le souvenir, composaient notre déjeûner assaisonné d'une aimable cordialité.

Vous avez dû remarquer, chère sœur, que je réfléchis beaucoup plus en France qu'en Angleterre. C'est un phénomène assurément étonnant. Eh bien ! en voyant l'air simple et heureux de la personne qui habite cette chambre de prison, je me disais : Vraiment, quand on aime Dieu, on le suit partout avec bonheur, et la récompense du dévouement consiste dans la paix de l'âme que possède cette femme. En dépit des verroux que nous avons entendus crier pour arriver jusqu'ici, elle porte dans son cœur cette liberté qu'envient trop souvent ceux qu'on appelle *libres*, parce que leurs désirs ne rencontrent pas d'obstacles.

Je serais demeurée longtemps à écouter notre hôte; sa conversation était fort intéressante. Huit années passées dans une prison fournissent des observations dignes d'intérêt[1].

Cependant notre tâche n'était pas achevée. Après mille remerciements échangés, nous retournâmes auprès des enfants pour faire la distribution des prix.

Le plus petit présent est un trésor pour le prisonnier. Quel bonheur de recevoir ce qu'on n'attend pas! de s'entendre appeler doucement par son nom! d'inspirer un sentiment d'intérêt! Pendant ces heures trop rapides, la prison ne conserve de toutes ses rigueurs que son nom; mais le lendemain ramène la réalité. Espérons du moins, chère Anna, que le souvenir du bienfait ranime la bonne volonté, et que tous ces pauvres cœurs trouvent la paix promise à ce prix.

Adieu, votre affectionnée,

LISY.

---

[1] Aujourd'hui les surveillantes de Saint-Lazare sont remplacées par des religieuses de l'Ordre de Marie-Joseph. Mais les dames de l'Œuvre des Prisons continuent toujours leurs visites aux prisonnières.

LETTRE XV.

LE PATRONAGE (Suite de l'Œuvre des Prisons).

L'œuvre primitive et principale ne tarda pas à se développer et à se compléter : il parut indispensable d'offrir un asile et une protection assurée aux femmes et aux enfants dont les cœurs changeaient sous l'action de la parole évangélique.

Les ressources de l'œuvre étaient si minces, que la difficulté de réaliser une si bonne pensée paraissait insurmontable; mais nous verrons une fois de plus que la charité est toute-puissante.

Trois dames commencèrent par adopter six petites filles abandonnées, qu'elles placèrent en apprentissage chez des lingères et chez des repasseuses. Cette tentative ayant parfaitement réussi, on fit de nouveaux essais, et avec un tel succès que la nécessité de l'œuvre parut évidente à tous. Le Ministre de l'Intérieur, et le Préfet de police, M. Delessert, allouèrent à ces dames des trousseaux et une subvention de 90 centimes par jour pour les enfants, pendant un temps plus ou moins long, mais suffisant pour les disposer à la première communion et leur apprendre à coudre avant qu'elles fussent à la charge de l'œuvre.

Chaque année cette pensée de patronage prit du développement et de la consistance. Madame de Lamartine ne se lassait pas d'en faire apprécier les immenses avantages au Ministre et au Préfet.

Des subventions variables selon les budgets soutenaient l'œuvre. Enfin, en 1839, le Ministre accorda une subvention notable, laquelle, étant ajoutée aux dons particuliers des dames de l'œuvre, permit d'acheter une maison payable en vingt années.

Quelle joie éprouvèrent les dames dévouées aux pauvres enfants de Saint-Lazare! Immédiatement, chère Anna, cent enfants et douze religieuses non cloîtrées furent placées dans cette maison.

Voilà comment Dieu se plaît à compléter des œuvres dont les commencements sont si faibles, et comment il récompense ses serviteurs.

J'ai eu la faveur d'accompagner une fois Madame de Lamartine à Saint-Lazare, pour ouvrir les portes de la prison à trois jeunes filles et les conduire au Patronage.

Nous étions attendues, et avec quelle impatience !

A notre arrivée, la joie se répandit sur ces trois visages d'enfant. L'uniforme du Patronage remplaça en un instant celui des détenues; les trois jeunes filles montèrent en voiture avec nous. En passant sous le portail, elles firent le signe de la Croix. L'une d'elles évita de la façon la plus modeste le regard curieux d'une sentinelle.

Imaginez, chère Anna, le bonheur de celles que nous emmenions : quitter Saint-Lazare ! respirer à la portière d'une voiture ! voir des gens aller et venir librement ! espérer de conquérir la liberté un jour ! Toutes ces pensées traversaient l'esprit des trois voyageuses, et donnaient à leur physionomie une expression nouvelle.

Arrivées à la maison du Patronage, les sœurs reçurent les enfants de nos mains. Cette maison ne rappelle nullement la prison ; car il entre dans la pensée de celles qui l'ont fondée de retremper les âmes qu'elles veulent sauver. Or, le bien-être matériel a une singulière influence sur le moral.

L'apparence du Patronage est celle d'une école d'orphelines : mêmes soins, même prévoyance, bonne nourriture et bon air. Là comme partout la religion se montre sublime : rien ne peut lasser le zèle des sœurs ; les vices les plus rebutants sont combattus tantôt avec douceur, tantôt avec énergie.

J'ai visité le Patronage. Cent vingt enfants occupent les classes et les ateliers.

La tâche s'accomplit dans le silence ou en chantant des cantiques; la surveillance est de tous les instants et la répression immédiate. La mission des dames de l'œuvre se continue; elles suivent les progrès de leurs protégées, et s'occupent de leur avenir au sortir du patronage, c'est-à-dire lorsqu'elles sont libérées. Quelques-unes de ces filles entrent en service, d'autres en apprentissage. Plusieurs, hélas! retombent dans leurs fautes, surtout les voleuses; mais un grand nombre persévèrent et restent sous l'œil de leurs protectrices; elles s'établissent et deviennent de bonnes mères de famille. Cette maison de sauvetage, si j'ose la nommer ainsi, a été témoin de plus d'une mort édifiante. C'est à ce moment suprême que les bénédictions du ciel descendent sur les dames de l'œuvre.

Je ne résiste pas, chère amie, à vous transmettre le récit de la mort d'une de ces filles; je le tiens de notre amie.

« Il y avait dans la section des condamnées une jeune fille nommée Dot, qui paraissait plus misérable que les autres. Son visage était défiguré par le vice et la maladie, mais l'intelligence y rayonnait encore. Un mystère d'iniquité entourait cette enfant de quinze ans. Son dossier était si mauvais que le Préfet de police refusa de le laisser entre les mains des dames de l'œuvre.

Quoi qu'il en soit, la baronne sentit tout d'abord pour cette malheureuse enfant un attrait de compassion irrésistible, et bientôt elle comprit que Dieu lui réservait la faveur d'avoir de l'action sur cette âme. Sa présence réjouissait Dot; la jeune fille aimait sa protectrice et celle-ci l'aimait aussi. Sans perdre de temps, mon amie parla de Jésus-Christ à la prisonnière, qui l'écouta. Alors elle prit sa main et lui fit faire le signe de la Croix; enfin elle lui apprit le chemin de sa conscience. Dot eut horreur d'elle-même. Profitant de l'influence que Dieu lui donnait sur cette âme, mon amie parla de repentir et de miséricorde.

Dot fit des promesses. — Je veux être sage pour vous faire plaisir, disait la pauvre enfant.

C'est ainsi, chère Anna, que Dieu se cache souvent dans les créatures, pour ménager la faiblesse des âmes qu'il veut sauver.

La grâce abonde où le péché a abondé. Un changement notable se fit dans la jeune fille : son zèle à s'instruire des choses de Dieu, son obéissance et son activité, faisaient l'édification de la correction. Dot devint moniteur des sujets les plus indociles, elle apprit la Passion aux enfants qui ne savaient pas lire.

Madame de Lamartine, témoin des progrès de Dot et touchée des rapports des dames de la section, n'hésita pas à demander au Ministre l'autorisation de faire passer la prisonnière au patronage.

Madame de Lamartine essuya un refus. Pendant deux années entières elle renouvela ses démarches, et pendant ces deux années la jeune fille persévéra dans le bien. Elle quitta enfin Saint-Lazare.

Ce changement d'existence accrut encore sa bonne volonté ; sa conversion était sérieuse.

Après plusieurs mois d'une conduite exemplaire, Dot tomba malade et s'affaiblit rapidement. On eût dit que cette âme purifiée par le repentir, ne pouvait plus supporter le contact d'un corps souillé par le péché. Le moment de la miséricorde approchait ; la pauvre enfant souffrait d'horribles douleurs dans tout son corps ; bientôt elle eut l'aspect d'un affreux squelette.

—Voyez, ma sœur, disait-elle en considérant ses bras décharnés, il ne restera bientôt plus rien de cette chair qui a tant péché. Que je suis heureuse qu'elle me quitte avant que je paraisse devant Dieu !

La pensée de la mort lui était familière. Le seul regret qu'elle emportât de la vie était de ne pas se purifier davantage.

Les progrès de la maladie devinrent de plus en plus rapides ; Dot comptait les jours ; bientôt elle compta les heures.

Peu de temps avant de mourir, elle disait à la sœur qui l'assistait : Allez à l'office, ne manquez pas à la Règle à cause de moi..... je vous attendrai pour mourir dans vos bras.

L'aumônier et d'autres prêtres vinrent s'édifier au lit de cette pécheresse mourante. La supérieure déclara n'avoir jamais été témoin d'un pareil spectacle.

Mon amie continuait toujours ses visites à la pauvre enfant, et un jour qu'elle la pressait de lui dire ce qui lui ferait plaisir, Dot répondit en souriant : Eh bien ! Madame, puisque vous êtes si bonne, apportez-moi de petits poissons frits. Ce fut la dernière aumône que lui fit mon amie.

Cependant une préoccupation vive et constante restait encore à Dot; c'était l'avenir de sa petite sœur, déjà initiée au mal. « Promettez-moi, ma sœur, disait-elle avec énergie à la supérieure, que vous aurez pitié de son âme. Ah ! quels exemples et quels conseils j'ai donnés à cette pauvre petite créature ! Ma sœur, sauvez-la ; par pitié, sauvez-la ! »

Ce fut dans de pareils sentiments qu'expira cette pécheresse de dix-sept ans.

La mort de Dot fut un événement considérable au Patronage; ses compagnes virent de leurs yeux cette réconciliation du pécheur avec Dieu, dont on les entretenait si souvent.

Le souvenir de la conversion de Dot se conserve fidèlement dans les annales de l'OEuvre des Prisons. La baronne m'a dit avec émotion qu'elle était heureuse d'avoir trouvé l'occasion de mettre au jour une mort sublime, qui a eu pour témoins, dans un coin de Paris, quelques religieuses, et pour honneur le char des pauvres.

Adieu, chère sœur. Disons encore une fois ensemble : Que les voies du Seigneur sont admirables !

LISY.

LETTRE XVI.

L'ŒUVRE DU BON-PASTEUR.

Depuis le jour où Notre-Seigneur a laissé Madeleine répandre des larmes et des parfums sur ses pieds, les pécheurs sont devenus l'objet d'une tendre sollicitude pour les amis de Jésus-Christ. Les chrétiens ne se sont plus contentés d'être vertueux, ils ont voulu apprendre à leurs frères à le devenir. Les femmes les plus dignes de respect traitent avec indulgence celles que le monde condamne; elles les aident à se relever et leur enseignent la vertu.

L'Œuvre du Bon-Pasteur, chère Anna, est un beau témoignage de cette esprit de charité que le divin Maître a transmis à ses apôtres.

La pensée d'une maison de refuge comme celle-ci remonte à Louis XIV. La révolution renversa cette œuvre de moralisation, et ce ne fut qu'en 1819 que le vénérable abbé Legris-Duval, aidé de Madame la marquise de Croisy, la reconstitua, particulièrement pour les jeunes prisonnières des infirmeries de Saint-Lazare.

Jusqu'alors les asiles de charité avaient été fermés à ces malheureuses, de sorte que le repentir ne trouvant nul appui, le désespoir conduisait à de nouveaux crimes.

C'est la parabole si touchante du bon Pasteur qui a inspiré une œuvre spéciale pour les filles de mauvaise vie. On vint à elles, on leur offrit un asile, une éducation nouvelle, une protection charitable et persévérante.

Cette œuvre se lie, comme le Patronage, à celle de la Visite des prisons. Douze dames sont chargées de visiter et d'instruire les prisonnières; elles épient les premières lueurs de la grâce, et au plus petit signe de bonne volonté, elles proposent à ces pauvres filles de profiter des moyens de salut que leur offre l'asile du *Bon-Pasteur*.

L'œuvre, comme toutes celles qui commencent, ne possédait rien; mais vous savez qu'en pareil cas la pauvreté est un moyen plutôt qu'un obstacle. On n'avait pas encore de maison lorsque plusieurs filles montrèrent de bons sentiments; on les plaça à Saint-Michel [1], moyennant une pension de 200 francs payée par la ville. Les soins et le zèle des dames eurent de si heureux résultats,

---

[1] Refuge pour les filles repenties.

que la ville de Paris accorda, en 1821, la jouissance d'une maison confiée aux dames hospitalières de Saint-Thomas-de-Villeneuve, sous la surveillance d'un comité extérieur. A partir de ce jour l'œuvre fut constituée.

Beaucoup de maisons de refuge existent en France; toutefois celle du *Bon-Pasteur* est généralement citée comme modèle, non-seulement pour l'administration et la direction, mais encore pour le zèle qui en est l'âme.

Puisque malheureusement tout pays possède dans son sein des brebis égarées, et que le bon Pasteur désire n'avoir qu'un troupeau, il ne sera pas inutile, chère amie, d'ajouter quelques détails.

Vous avez vu que le but du patronage est de retirer de la prison de Saint-Lazare les enfants chez lesquels s'annoncent de bonnes dispositions. L'œuvre du *Bon-Pasteur* s'adresse aux prisonnières convaincues de mauvaises mœurs. Vingt dames au plus et douze au moins visitent les infirmeries et les ateliers destinés à ces malheureuses. L'administration est confiée à un bureau composé de la présidente, d'une trésorière, d'une secrétaire et de quatre conseillers.

Les personnes auxquelles cet asile est destiné sont si nombreuses, qu'il a fallu nécessairement poser des limites à leur admission. On reçoit en général les prisonnières de seize à vingt-trois ans, sans toutefois s'interdire la faculté d'en accueillir de plus ou moins âgées, suivant les circonstances. Les femmes mariées ne sont point admises, et toute personne atteinte d'une maladie contagieuse est irrévocablement refusée.

Les dames chargées de visiter et d'instruire les prisonnières ont souvent de grandes répugnances à vaincre et de nombreuses déceptions à supporter. Cependant les filles dont elles s'occupent ne sont pas toujours insensibles à l'intérêt qu'on leur témoigne. Après s'être longtemps montrées légères ou indifférentes aux bonnes paroles que la charité ne se lasse pas de leur adresser, elles finissent souvent par être touchées de la grâce. Avec quelle attention, chère Anna, ces dames en suivent les progrès! Lorsqu'elles jugent le moment opportun, elles aident la jeune fille à prendre la résolution de changer de vie. Il faut quelquefois des mois entiers pour arriver à cette heureuse fin. Vous figurez-vous une femme vertueuse discutant avec une femme pécheresse dans un coin de prison? Que de sublimes entretiens, que d'actes de foi, de charité et d'amour, pendant ces jours de lutte! La prison en garde le secret, mais Dieu les inscrit au livre de vie.

Lorsque la repentante parvient à triompher de ses mauvais penchants et qu'elle a donné son plein et entier consentement pour entrer au *Bon-Pasteur,* la dame inscrit le nom de sa protégée sur un registre qui reste aux mains de la surveillante de l'infirmerie ou de l'atelier, et huit jours après la Présidente interroge la jeune fille. Si elle lui reconnaît un véritable désir de conversion, elle inscrit son nom sur un registre particulier.

Le terme du séjour à Saint-Lazare étant expiré, la postulante subit un nouvel examen, puis elle est admise au *Bon-Pasteur* sur l'autorisation du Préfet de police, et du consentement des parents de la jeune fille, si elle est mineure.

La pénitente déclare en entrant que c'est sur sa demande formelle qu'elle vient dans la maison; elle s'engage à observer le règlement et à être soumise à ses maîtresses; elle signe cette déclaration sur un registre d'entrée où sont inscrits ses nom et prénoms, son âge et la demeure de ses parents.

Après un mois d'épreuve, la Supérieure des religieuses donne l'uniforme à la nouvelle pénitente. Cet uniforme consiste en une robe noire, un bonnet noir et un tablier bleu.

On dresse un état des vêtements apportés par la jeune fille, elle le signe, et il est joint à ses vêtements, qui lui sont rendus lorsqu'elle quitte la maison.

Le nom des pénitentes est tenu secret (la charité ne manque à rien); elles en reçoivent un de la Supérieure et ne sont connues que sous celui-là. Toutes sorties sont interdites pendant le séjour au *Bon-Pasteur*. Les parents viennent voir leurs enfants, mais toujours en présence d'une maîtresse. La correspondance est absolument défendue; s'il y a nécessité pour les pénitentes d'écrire, les religieuses se chargent de ce soin.

Quelles que soient les fautes dont ces filles se rendent coupables, elles ne sont jamais punies corporellement;

on se contente de renvoyer celles qui refusent d'obéir au règlement. Ce renvoi n'a lieu toutefois qu'avec le consentement exprès de la Présidente.

Nulle contrainte n'est exercée envers les pénitentes : sur leur demande on leur ouvre la porte, et elles sont rendues aux parents ou aux protecteurs qui les ont placées dans la maison. A défaut de famille et de protecteurs, elles sont remises au Préfet de police.

L'oisiveté étant reconnue la cause principale des vices qui amènent la misère et conduisent au crime, la maison du *Bon-Pasteur* s'est toujours attachée à donner le goût du travail, aussi bien que l'éducation morale et religieuse à ses pénitentes. L'ouvrage à l'aiguille est soigneusement enseigné, et on arrive à former des ouvrières d'une habileté rare. Le produit des journées laborieuses de ces pauvres enfants est un des principaux revenus de la maison, quoique l'établissement n'en profite qu'en partie. On prélève une somme pour les trousseaux des jeunes filles qui s'en vont après avoir été mises en état de gagner honnêtement leur vie. Ce fonds de réserve est assez grand pour qu'on puisse faire les premières dépenses d'un petit établissement. Ce sont toujours les dames de l'œuvre qui placent leurs protégées, soit dans des maisons sûres ou dans des ouvroirs, et la Présidente ne leur refuse jamais un conseil lorsqu'elles viennent le réclamer.

Des obligations réelles, chère Anna, sont attachées au titre de Présidente. Chaque semaine celle qui le porte visite la maison et les classes. Une réunion générale des dames a lieu deux fois par an à l'établissement; le conseil s'assemble une fois par mois, chez la Présidente, pour assister à une instruction religieuse et s'occuper des intérêts de l'œuvre. Toutes les dépenses sont autorisées par la Présidente et signées par la Trésorière; le registre des comptes est confié à la Supérieure.

Un aumônier attaché à la maison y donne l'instruction religieuse, et se dévoue avec un zèle touchant au salut de ces âmes. Tandis que ses frères travaillent dans les missions lointaines, il consacre son talent et son expérience à ce pauvre troupeau. Il en est récompensé dès ce monde, car la moisson est abondante.

Depuis 1819, la maison du *Bon-Pasteur* a offert le double modèle de la pénitence et du dévoûment. Les noms des fondateurs de cette maison sont devenus des noms historiques dans les annales de la charité. Le souvenir de la marquise de Croisy est lié à celui de M. Legris-Duval. Madame la comtesse de Vignolles a succédé comme Présidente à madame de Croisy; pendant trente années elle a visité chaque semaine les infirmeries de *Saint-Lazare* et la maison du *Bon-Pasteur*. Elle avait acquis un tact particulier pour lire dans les cœurs. Elle oubliait, vers la fin de sa vie, le poids des années pour aller, comme le divin Maître, à la recherche des brebis perdues. Il serait impossible de dire le nombre de celles qui sont rentrées au bercail par ses soins. La maison du *Bon-Pasteur* était un lieu de délices pour cette respectable femme.

Madame la marquise de Loménie n'a pas acquis moins de droits à la reconnaissance des pénitentes. Les années se succèdent, de nouvelles présidentes prennent la direction de l'œuvre, que n'altérèrent pas ces changements inévitables.

Quel accueil Dieu réserve à ces femmes vertueuses! Pour elles la justice éternelle perdra de ses rigueurs, Dieu ne se souviendra *plus des péchés de leur jeunesse;* et d'ailleurs, quelles avocates puissantes n'auront-elles pas dans ces âmes sauvées par leurs soins et leur tendresse!

Il me reste, chère Anna, à vous entretenir encore de l'impression particulière que j'ai éprouvée en visitant la maison du *Bon-Pasteur* : ce sera le sujet de ma prochaine lettre,

Votre sœur,

LISY.

LETTRE XVII.

L'ŒUVRE DU BON-PASTEUR (Suite).

Le jour était mal choisi pour aller frapper à la porte du *Bon-Pasteur* : une des mères avait terminé sa carrière la veille. Les yeux de la Supérieure étaient encore gonflés de larmes ; cependant l'accueil fut cordial comme toujours, et mon amie ayant fait connaître le motif de notre visite à la Supérieure, celle-ci sembla mettre de côté les préoccupations de son cœur pour être tout à nous. Sans tarder, elle nous offrit de visiter la maison. L'aspect en est agréable. On sent en y entrant que celles qui l'habitent ont rompu avec le monde, et qu'elles viennent chercher la paix qu'elles n'ont peut-être jamais connue.

Suivez-nous, chère Anna, dans notre inspection. La chapelle est remarquable, la charité a pourvu peu à peu à l'embellir. Tout le luxe de la maison est là. Des vitraux, en ménageant le jour, disposent l'âme à la prière, l'autel est orné, la lampe est brillante, et la flamme qui s'en échappe accuse le soin avec lequel une main pieuse l'entretient. Deux pénitentes et une religieuse faisaient une visite au Saint-Sacrement. Je me prosternai avec autant d'émotion que de respect dans ce sanctuaire du repentir et de la miséricorde. La vue de ces Madeleines m'intimida : Le monde s'est fait des priviléges pour offenser Dieu, et il a supprimé l'expiation.

La chapelle est le lieu de prédilection des pénitentes. Jamais le Saint-Sacrement ne manque d'adorateurs; il y a toujours des mains jointes et des fronts inclinés devant le tabernacle. L'autel paré de tous ses ornements aux jours de fête fait la joie de ces pauvres enfants.

Les pénitentes, au nombre de cent trente-sept, occupent deux ateliers séparés que nous avons visités. Deux religieuses président chaque division. A notre entrée, les ouvrières nous ont saluées avec respect. On voit qu'une visite du dehors les intéresse. Nous avons examiné et admiré leur ouvrage. On exige la perfection de la couture. Le *Bon-Pasteur* ne se charge pas de ces confections faciles qui ne demandent aucun soin de la part de l'ouvrière et ne la mettent pas à même d'acquérir un certain talent propre à lui constituer une ressource pour l'avenir. Les maisons les mieux achalandées fournissent de l'ouvrage à ces habiles ouvrières : elles n'en manquent jamais.

Indépendamment de l'intérêt que chacune apporte à sa couture, le recueillement est soutenu par une lecture de piété et la récitation en commun du Rosaire. Le silence absolu serait un danger pour ces filles. On s'applique à les isoler d'elles-mêmes.

La règle de la maison n'a rien de très-rigoureux ; mais si l'on songe à la vie passée des personnes qui s'y soumettent, on reconnaît l'action de la grâce qui les rend seule capables de l'accomplir.

En été, l'heure du lever est à cinq heures moins un quart, en hiver à cinq heures un quart. La prière prépare les bonnes résolutions de la journée. A sept heures, le saint Sacrifice de la messe est offert pour toutes les pénitentes. On déjeûne, puis on se met au travail jusqu'à midi. Le dîner sonne; la récréation suit, et à une heure et demie on reprend le travail jusqu'à sept heures du soir.

Les trois repas de la journée sont abondants. Le pain blanc, la viande et les légumes composent l'ordinaire. Les pénitentes entrent généralement dans l'esprit d'économie de la maison : une année de disette, elles ont réclamé la suppression du goûter, et cette privation, loin de diminuer leur zèle, semblait un nouvel aiguillon à leur ardeur. Le produit du travail s'élève chaque année à 20 ou 25,000 francs. Il n'y a pas ce qu'on appelle de *saison morte*, et la tâche donnée s'accomplit régulièrement chaque jour.

En entendant le récit de journées si bien remplies, j'éprouvais, chère Anna, un sentiment de respect pour ces pauvres filles; car, quelle que soit la nécessité de l'expiation, il y a toujours de la vertu à expier. Toutes les paroles de miséricorde de mon Sauveur me revenaient à l'esprit.

Ce serait un calcul intéressant et consolant à la fois, de relever le nombre des pénitentes qui ont frappé à la porte de cette maison depuis 1818 jusqu'à ce jour.

Le souvenir de Madame la comtesse de Vignolles vit toujours au *Bon-Pasteur*. En traversant la salle de communauté, nous avons vu avec attendrissement le portrait de cette femme de bien. On a eu l'heureuse idée de lui mettre dans la main le registre sur lequel tant de noms ont été inscrits. Une place d'honneur dans un palais ne vaut pas, selon moi, ce petit coin de la maison de refuge.

Chaque année, le dimanche où l'Église relit la touchante parabole du Bon Pasteur, les dames de l'œuvre viennent s'unir aux pénitentes, pour rendre grâces au divin Maître et implorer de nouvelles bénédictions. Ces dames passent une partie de la journée à la communauté; elles s'occupent des intérêts de la maison, et font un modeste repas qui est comme l'agape de leur charité.

Les dortoirs sont vastes; tout est prévu pour l'ordre et la propreté. Le réfectoire, la cuisine, les moindres coins témoignent de la bonne administration de cette maison, confiée aux soins de douze sœurs, dont sept de chœur.

En traversant l'infirmerie, où était une malade, la Supérieure nous proposa de nous arrêter quelques instants devant le lit de mort d'une jeune fille. Sur notre consentement, la porte s'ouvrit. Celle qui venait d'achever sa carrière de pénitence n'avait que vingt-quatre ans; sa physionomie était parfaitement calme; on avait mis entre ses mains un crucifix qu'elle semblait encore presser sur son cœur. Près d'elle, sur une table, brûlait une veilleuse; un rameau trempait dans l'eau bénite, et invitait la main du visiteur à donner un témoignage de respect et d'affection à sa sœur en Jésus-Christ. Après avoir obéi à cette invitation, je m'agenouillai devant ce pauvre lit, et je priai avec ferveur pour l'âme de la défunte.

La Supérieure nous raconta quelques traits touchants de la vie de cette enfant, mais voulant graver d'une manière sérieuse l'impression de cette visite dans notre esprit elle nous a confié quelques notes, écrites de sa main, sur la vie pénitente d'une fille dont le souvenir est l'objet du respect et de l'admiration de toutes celles qui l'ont connue.

« Au mois d'août 1832, une jeune fille âgée de dix-huit ans entra au *Bon-Pasteur*.

» Elle reçut le nom de Thaïs en prenant l'habit de pénitente.

» Il ne fallut pas une longue étude pour connaître le caractère de la nouvelle venue : la violence en était le fonds, et se manifesta aussitôt que Thaïs fut en contact avec ses compagnes. Elle avait des emportements continuels, jurait à tout propos ; la moindre contradiction produisait des scènes déplorables. Thaïs frappait et menaçait de tuer quiconque osait n'être pas de son avis.

» Elle usait également de violence envers elle-même, se frappant rudement la bouche lorsqu'il lui échappait une parole répréhensible. D'autres maîtres que les humbles et patientes servantes de Jésus-Christ eussent désespéré de dompter un caractère semblable ; mais l'œil exercé de la charité sut découvrir, au milieu de ce désordre, le germe de deux vertus qui font les saints : l'obéissance et l'humilité.

» Le calme succédant à la violence produisait dans l'âme de Thaïs une vive douleur de sa faute. Elle trouvait toujours trop douce la pénitence qu'on lui imposait, et intercédait pour obtenir la rigueur comme une autre eût demandé grâce. Il fallait alors lui démontrer que le jugement de la pénitente n'est d'aucune valeur, et que le principal mérite de l'expiation consiste dans l'obéissance.

» Cependant les passions ne tardaient pas à se soulever de nouveau ; la vie réglée devenait insupportable à Thaïs ; elle étouffait dans cette maison d'ordre et de paix. La liberté lui semblait la première condition de l'existence ; alors oubliant ses bonnes résolutions, elle essayait de s'évader. Plusieurs tentatives échouèrent; Dieu avait des vues de miséricorde sur cette enfant.

» L'obéissance est le caractère distinctif de toutes les âmes qui sont appelées à la perfection; on pouvait donc tout espérer de Thaïs en la voyant agir comme dans la circonstance suivante.

» Elle avait passé une journée tellement orageuse, que la Mère supérieure redoutant la récréation du soir, lui ordonna de monter au dortoir immédiatement après le souper, espérant que le repos du corps amènerait le calme de l'esprit. Elle crut inutile d'ajouter : Vous vous coucherez.

» Thaïs monte au dortoir, elle se place auprès de son lit, croise ses bras sur sa poitrine et attend l'heure du coucher général.

» Il y a sans doute de l'exagération dans cet acte d'obéissance, mais en songeant au caractère et à l'ignorance de celle qui l'accomplit, on ne peut se défendre d'un sentiment d'admiration.

» Thaïs fit une confession générale. A partir de ce moment elle entra visiblement dans une nouvelle phase qui devait la conduire à la perfection. L'usage des sacrements lui donnait une force et une tranquillité dont elle s'étonnait. A l'étonnement succéda la reconnaissance, vertu si puissante sur le cœur pénitent!

» Les violences revenaient bien encore de temps à autre, mais sans produire le découragement, qui est le plus grand ennemi qu'aient à combattre ces pauvres filles,

» Thaïs s'humiliait avec avantage de ses fautes. En tout elle se laissait conduire avec la douceur d'un enfant ; elle poussa même l'abnégation jusqu'à renoncer à l'ardeur qu'elle sentait croître pour la pénitence ; et par un sentiment de générosité digne d'un grand cœur, elle se promit de garder une fidélité entière à Dieu et à ses supérieures dans les moindres choses. Pour le monde cette fidélité n'est qu'une petitesse ; Dieu seul est assez grand pour recueillir ces riens : il les transforme en rayons de gloire.

» L'amour de l'humiliation avait remplacé dans le cœur de Thaïs toutes les passions qui l'avaient souillé. Une louange, un témoignage d'estime lui causaient une douleur véritable. Elle, si discrète, se plaignait à la Mère supérieure de l'indulgence de ses compagnes. La Supérieure montrait à Thaïs l'utilité de ces jugements favorables pour la gloire de Dieu et l'édification du prochain. De toutes les raisons qu'on lui donnait, la plus convaincante pour elle était : qu'une louange non méritée est un sujet de s'humilier profondément devant Dieu. « Ma fille, ajoutait la Supérieure, laissez dire vos compagnes, et lorsqu'elles vous louent ou vous adressent des paroles d'estime, unissez votre esprit aux mépris, aux moqueries et aux affronts que le Fils de Dieu a soufferts. » Nul doute que Thaïs ne pratiquât cette maxime qui devrait être celle de tous les chrétiens.

» Le désir de la communion et les heureux effets du divin Sacrement dans l'âme de Thaïs n'étaient pas des motifs suffisants pour lui inspirer la confiance de s'en approcher. L'obéissance fut encore la vertu qui l'y conduisit. Insensiblement toutes ses terreurs se dissipèrent ; elle communiait plusieurs fois par semaine. En constatant les effets merveilleux de la présence de Jésus-Christ dans son âme, Thaïs se désolait de s'être privée, par une fausse humilité, de recevoir plus souvent un si grand bienfait.

» Les pécheurs ne sont pas les seuls qui se trompent sur le véritable but de l'institution de l'Eucharistie. Il y a des chrétiens parcimonieux de la grâce de Jésus-Christ ; ils oublient les paroles du divin Maître : *Ce n'est pas pour ceux qui se portent bien que je suis venu sur la terre*. De même que le mystère de la Rédemption a sauvé le monde entier, de même l'Eucharistie répare l'âme déchue. La pureté du Saint des saints ferme toutes les plaies de l'impureté ; un cœur nouveau, des pensées nouvelles rendent le calme à l'âme troublée par le souvenir de ses égarements. Il n'est pas jusqu'à l'extérieur qui n'accuse les progrès de la guérison.

» Thaïs fut un exemple frappant de ces transformations miraculeuses. Elle se sentait merveilleusement consolée par la communion, mais ses craintes et ses angoisses revenaient les jours où elle ne communiait pas. Notre-Seigneur commande toujours aux vents et à la tempête, et lorsque le pécheur doute de la miséricorde divine il lui dit comme à Pierre : *Homme de peu de foi, pourquoi doutez-vous ?*

» Thaïs entra généreusement dans la voie de la perfection; bientôt on vit briller en elle les vertus les plus chères au cœur du divin Maître : la pureté, l'humilité et la charité. Cependant, tout en édifiant ses compagnes par une conduite irréprochable, elle leur causait quelquefois de la peine par l'exagération de ces mêmes vertus. L'amour de l'obéissance lui faisait négliger la charité, et lorsqu'on lui disait que la vertu doit être aimable, elle répondait avec une tristesse aussi humble que sincère : Hélas! ma Mère, comment pourrais-je bien user d'une chose que je ne possède pas!

» A l'atelier, au dortoir, à la récréation, Thaïs faisait l'édification de ses compagnes. Elle comprenait la pénitence dans toute sa rigueur, et dans tout ce qu'elle a de consolant pour l'âme qui sent le besoin d'expier ses fautes.

» Elle brisa jusqu'aux liens de la nature pour n'être qu'à Dieu. Ses parents l'aimaient et elle les aimait, le nom de sa mère faisait couler ses larmes; cependant les visites de famille, quoique rares, étaient un sujet de distraction qu'elle ne s'accordait qu'à regret.

» Elle était d'une constitution délicate; on peut même penser que Dieu se plut à prolonger une vie dont l'exemple profitait à tant d'âmes. L'ardeur que cette pauvre enfant apportait au travail, l'observation rigoureuse du règlement, constituaient une tâche au-dessus de ses forces; le désir d'expier était le mobile de toutes ses actions.

» Cependant la santé de Thaïs devint si mauvaise, qu'il fallut la déterminer à quitter le travail; mais l'esprit de pénitence ne s'affaiblit point en elle. L'obéissance lui était aussi chère à l'infirmerie qu'à l'atelier : elle suivait le règlement. Son état ne laissa bientôt plus d'espoir; son amour pour Jésus-Christ se développa dans la souffrance. Le bonheur de pouvoir assister de l'infirmerie au saint Sacrifice de la messe était une consolation de chaque jour; elle supporta souvent la soif de la fièvre plutôt que de perdre l'espérance de communier le lendemain. Malgré ce désir ardent de recevoir son Sauveur, elle s'efforçait, même sur ce point, de pratiquer la sainte indifférence.

» Deux heures avant d'expirer, les souffrances de la malade étaient devenues si vives; que la pauvre enfant demanda à la Mère qui l'assistait de l'aider à changer de position. La prudente garde-malade, craignant que la moindre secousse ne hâtât la séparation du corps et de l'âme, lui dit : *Ma fille, vous êtes sur la croix; la nature ne peut s'y trouver à l'aise. Offrez encore cette souffrance à Dieu.*

» Thaïs répondit avec douceur : C'est vrai, ma Mère.

» On soutenait le courage de la mourante en lui parlant du bonheur qu'elle éprouverait bientôt en voyant Dieu, la sainte Vierge et tous les saints. Cette espérance la ranima, et malgré une faiblesse excessive, elle dit avec une expression de foi et d'amour dont on ne la croyait plus capable : Oh! oui : et la sainte Trinité, et la sainte humanité de Notre Seigneur ! Ce furent ses dernières paroles.

» On commença les prières des agonisants. Les personnes présentes remarquèrent avec attendrissement que la mort de Thaïs fut encore un acte d'obéissance, car elle expira pendant ces mots : *Partez, âme chrétienne!*

» Le lendemain, le silence fut ordonné jusqu'après l'enterrement; mais le premier usage qu'on fit de la liberté de parler, fut de s'entretenir des vertus de Thaïs. Sa piété, son obéissance, son amour pour Jésus et pour la très-sainte Vierge, étaient autant de motifs de confiance. Plus d'un cœur se ranima au récit de tant de vertus acquises par la pénitence.

» Thaïs a montré le chemin du ciel à ses compagnes; qu'elles la suivent donc courageusement, en répétant chaque jour les paroles de Jésus-Christ : *Il y a plus de joie au ciel pour la conversion d'un pécheur que pour la persévérance de quatre-vingt-dix-neuf justes.*

» Puisque cette parfaite pénitente jouit des priviléges que Notre-Seigneur a promis au pécheur converti, elles doivent réclamer son assistance pour persévérer et arriver au but de leurs pieux efforts. »

Je n'ajoute rien à ce récit, chère Anna, je vous laisse à vos réflexions.

LISY.

LETTRE XVIII.

LA SOCIÉTÉ DE SAINT-FRANÇOIS-RÉGIS.

S'il y a des grâces dont le secret reste entre Dieu et l'âme qui les a reçues, quelquefois aussi le secret est divulgué pour la plus grande gloire de Dieu et le salut de plusieurs.

La société de Saint-François-Régis, chère Anna, est l'œuvre d'un cœur reconnaissant. Voici comment elle s'est établie, il y a environ trente ans.

Un magistrat d'une vertu élevée, M. Gossin, considérait l'autorité comme un moyen de mieux servir Dieu et les pauvres. Ayant été nommé procureur du roi à Troyes, en 1816, il découvrit une plaie morale à laquelle sa charité résolut de porter remède. La plupart des unions, parmi les ouvriers et les pauvres, étaient illégitimes. Les uns restaient dans cet état de scandale par ignorance ou par indifférence; les autres cherchaient à se rassurer, en considérant leurs désordres comme une conséquence inévitable de la misère et sans importance dans un pays qui n'était pas le leur.

M. Gossin, ne séparant pas les devoirs du magistrat de ceux du chrétien, offrit à plusieurs de ces pauvres gens de les aider à rentrer sous la loi civile et religieuse en faisant venir, sans frais pour eux, les papiers nécessaires à l'acte de mariage. Cette proposition fut acceptée, et bientôt le bon exemple entraîna un grand nombre de ménages illicites à rentrer dans le devoir.

Les difficultés étaient levées par le magistrat, et une femme charitable, madame Dalbane-Lebœuf, coopérait à l'œuvre de M. Gossin en fournissant des vêtements aux familles qui rentraient sous la loi civile et religieuse.

M. Gossin, après s'être appliqué pendant deux années, avec une charité et un zèle constants à réformer les mœurs des pauvres de Troyes, fut rappelé à Paris pour remplir les fonctions de substitut du procureur du roi. Il pensa que le dessein de la Providence, en le plaçant dans une ville comme Paris, était de lui offrir une moisson plus abondante, et il résolut de continuer l'œuvre commencée à Troyes.

M. Gossin trouva dans les sœurs de Saint-Vincent des guides expérimentés. C'est la congrégation de ces saintes filles, chère Anna, qui donne aux Français cette sûreté et cette prudence si nécessaires dans les œuvres. Tout le monde admire le dévouement de la sœur de charité, mais il faut le voir de près pour le connaître tout entier.

M. Gossin sentait qu'une organisation régulière était indispensable au succès de son entreprise; toutefois il reculait devant les difficultés, malgré l'invitation intérieure que Dieu lui en faisait.

Ces hésitations et ces craintes n'étaient cependant point un refus formel à la grâce, et en 1824, M. Gossin, devenu vice-président du tribunal de première instance de la Seine, fit vœu de tenter la formation d'une société de charité dont le but serait de favoriser le mariage civil et religieux des pauvres vivant dans le désordre.

Je n'omettrai pas, chère Anna, de reproduire le texte même de ce vœu : tout rapport entre Dieu et la créature est un document précieux. Voici la teneur de ce vœu.

« S'il plaît à Dieu de me rendre la plénitude de mes anciennes forces et de mon ancienne santé, je fais le vœu d'entreprendre aussitôt et de continuer jusqu'à ma mort, pour la célébration des mariages religieux dans la capitale de ce royaume, l'exécution des projets que Dieu sait que je médite à cette fin depuis nombre d'années, sans que j'aie eu jusqu'à ce jour le courage d'essayer de les réaliser. Cette œuvre sera le but principal de mes pensées, de mes travaux et de mes efforts. Je m'y consacrerai *tout entier,* sous la direction de l'autorité ecclésiastique, dans les moments dont mes autres et plus anciens devoirs me permettront de disposer. Tout ce qui, dans le moment actuel, serait sous ce rapport considéré comme inexécutable, je le tenterai de nouveau dans des temps meilleurs. Si je ne puis réussir à fonder pour toujours l'œuvre dont la conception est depuis tant d'années présente à mon esprit, je m'occuperai sans cesse (pour me consoler de ce défaut de succès) de la réhabilitation isolée d'un certain nombre d'unions illicites, par le moyen du sacrement de mariage. Si je cesse d'habiter Paris, je porterai cette œuvre et toutes ses conséquences dans le lieu de ma nouvelle résidence. En un mot, si je reviens à la santé, je ne vivrai plus que pour procurer, selon mes faibles moyens, la gloire de Dieu et l'édification du prochain, notamment sous le rapport de l'amélioration des mœurs et de la cessation des scandales, ainsi qu'il est ci-dessus expliqué. Plaise à la divine Bonté m'accorder dans ce cas l'intelligence, la force, la persévérance, l'humilité et la confiance dont j'aurai besoin pour l'accomplissement du présent vœu, et agréer que cette œuvre (placée immédiatement sous la protection de la sainte Vierge et de saint Joseph) reçoive le nom de Saint-François-Régis. S'il entre dans les desseins de Dieu de rejeter ce vœu, de me laisser dans mon état de souffrance et de maladie, ou même de mettre un terme à mes jours, plaise à sa miséricorde infinie m'accorder surtout l'esprit de patience, de repentir, de mortification et de résignation qui m'est et qui me sera si nécessaire pour sanctifier le reste de ma vie, et le redoutable passage de la vie à l'éternité. Ainsi soit-il. »

Ce fut à Louvesc, petit village de l'Ardèche, qui possède le tombeau de saint François-Régis, que M. Gossin fit ce vœu touchant. Dieu l'exauça : la santé fut rendue au magistrat, qui dès lors médita sur les moyens à prendre pour accomplir son engagement.

Au mois de mars 1822, il adressa à l'archevêque de Paris un plan détaillé sur la manière dont il envisageait la fondation de l'œuvre. Ce plan reçut l'approbation de l'archevêque, et aussitôt M. Gossin entra dans cette carrière de dévouement à laquelle il resta fidèle le reste de sa vie.

L'œuvre nouvelle fut accueillie par cette raillerie française que je crois inépuisable. Pendant une année entière M. Gossin fut seul à porter le fardeau de son entreprise. Il savait trouver du temps pour recevoir les pauvres et faire leur correspondance, et, malgré la faiblesse de ses ressources, il pourvut à toutes les dépenses.

La Providence bénissait visiblement le zèle de son fidèle serviteur; toutefois on voulut intéresser à l'œuvre le saint qui avait évangélisé le Velay et le Vivarais au XVIIe siècle, en s'attachant particulièrement à réformer les mœurs et à détruire le scandale par l'influence de la religion. L'œuvre fut donc désignée sous le nom de la Société de Saint-François-Régis.

Depuis 1826, elle n'a pas cessé d'exercer une action puissante sur la classe ouvrière et sur les pauvres; ses détracteurs ont été remplacés par des admirateurs sincères. Plusieurs villes, en France et à l'étranger, ont établi chez elles la société de Saint-François-Régis, et partout le succès couronne le zèle de ceux qui s'y dévouent. Dans le seul département de la Seine, depuis 1826 jusqu'en 1866, 43,256 mariages ont été réalisés et par suite 86,512 personnes sont rentrées dans le devoir. En présence de pareils chiffres, chère Anna, on gémit de l'ignorance du peuple, et on est pénétré de reconnaissance envers les hommes qui s'appliquent à faire revivre la foi au prix de tant de fatigues.

La société de Saint-François-Régis a compris que l'autorité ecclésiastique est l'auxiliaire indispensable de toute œuvre conduite par des laïques, et c'est avec le concours des curés et des filles de Saint-Vincent qu'elle parvient à rétablir l'ordre dans tant de familles.

Cette œuvre est une des plus difficiles et des plus délicates qui soient proposées à la charité; il faut pratiquer la persévérance, la patience et la douceur, qui étaient les armes de saint François-Régis pendant ses laborieuses missions. Mais ces vertus ne suffiraient pas encore pour arriver au but; il faut faire largement l'aumône de son temps, et, de plus, avoir une connaissance approfondie des lois pour arranger les affaires de pauvres gens fort embarrassés pour fournir les plus simples renseignements; il en est même qui ignorent jusqu'au nom de leur religion.

La correspondance qu'exigent les services à rendre

est fort compliquée. Un seul mariage nécessite quelquefois dix lettres avant d'obtenir des renseignements exacts. En outre, chère amie, les pauvres sont exigeants et ils ne s'expriment pas toujours poliment, ils s'impatientent des délais occasionnés le plus souvent par leur faute. Enfin, pour être dans la vérité, je dois dire, tout en rendant justice au zèle avec lequel est conduite cette œuvre, qu'on regrette parfois une certaine lenteur dans les démarches, quoiqu'elle ne soit autre que celle qui provient de renseignements inexactement donnés, c'est pourquoi il arrive souvent que les dames de charité ne peuvent pas avoir recours à la société, et sont obligées de faire venir à leurs frais les papiers nécessaires au mariage de leurs pauvres.

La société de Saint-François-Régis agit avec un désintéressement complet; les services qu'elle rend sont gratuits; elle refuse tout, à titre de remboursement et n'accepte d'argent, qu'à titre d'aumône. Le caractère de gratuité est un des plus grands éléments de succès auprès des gens du peuple, qui confondraient aisément la charité avec un bureau d'agence, s'ils avaient la plus petite indemnité à donner.

Il n'est pas nécessaire d'aller en Chine pour trouver des enfants auxquels le bienfait du baptême soit refusé; il y a dans toute grande ville un certain nombre de pauvres petits êtres qui conservent la tache du péché originel. La société de Saint-François-Régis pouvait-elle les oublier? Grâce à sa sollicitude, chaque année soixante de ces pauvres enfants reçoivent le sacrement régénérateur, et une fois rentrés dans le sein de l'Eglise, la société continue à les protéger et à les instruire de leurs devoirs de chrétiens.

Vous comprenez, chère Anna, combien le concours des autres œuvres est nécessaire à celle de Saint-François-Régis pour découvrir les plaies morales, souvent cachées sous des apparences honnêtes. La société de Saint-Vincent-de-Paul est à même, plus que toute autre, de fournir des renseignements; aussi ces deux œuvres ont-elles fait une alliance étroite.

La difficulté qu'on éprouve à vaincre l'indifférence religieuse de ces ménages illicites est la plus grande de toutes. Il y a des gens qui sont restés en publication pendant cinq ans, dix ans et même quatorze ans, avant de se déterminer à s'approcher du tribunal de la pénitence. De quelle patience et de quelle longanimité ne faut-il pas faire preuve pour vaincre une pareille résistance? L'aumône de l'argent est vraiment bien facile en comparaison de celle du temps et de l'infatigable persévérance qu'il faut apporter dans une pareille mission. L'esprit du Maître peut seul donner la force de l'accomplir. La grossièreté, l'ingratitude et l'injure sont, quelquefois, les premiers fruits que recueillent les disciples de Saint-François-Régis; mais il n'est peut-être pas d'exemple plus frappant de la puisssance des sacrements de l'Eglise que le changement qui s'opère chez ces pauvres gens après le mariage. Alors toutes les difficultés élevées par eux s'aplanissent; la misère est la même, et pourtant ils s'empressent de réclamer leurs enfants et de leur procurer le baptême. Cette moisson souvent tardive réjouit amplement le cœur de ceux qui n'ont cessé d'y travailler pendant des années.

La société de Saint-François-Régis s'occupe de tous les indigents.

Quoiqu'elle ait pour but principal la réhabilitation des unions illicites et la légitimation des enfants, elle n'en accueille pas moins les personnes qui ne vivent pas dans le désordre et qui viennent réclamer son assistance.

Toutefois elle exige l'accomplissement de deux conditions préalables : 1° une lettre de recommandation d'une personne respectable dont la protection s'ajoutera à celle des membres de l'œuvre.

2° La preuve que les parents des futurs ont été consultés et consentent au mariage.

Le bienfait de cette société, chère Anna, est exclusivement réservé aux ouvriers et aux pauvres. Mais il y a dans toute grande ville des gens déchus d'une ancienne position sociale : les arts et les lettres en fournissent bien des exemples. Or, la charité qui se fait à tous s'écarte de son réglement ordinaire en certaines circonstances. A toutes ses aumônes, elle ajoute celle de la discrétion et de la délicatesse, lorsqu'elle traite avec des personnes que le talent ou l'éducation avaient élevées à un certain degré. Elle les reçoit à part, aucune trace du service rendu ne subsiste. Les démarches nécessaires à la réhabilitation du mariage sont faites par les personnes intéressées ; la société se borne à leur fournir l'argent qu'elles ne pourraient donner.

Peut-être, chère Anna, trouverez-vous étrange que je vous parle de la société de Saint-François-Régis. Selon moi, les femmes ne sauraient connaître trop tôt toutes les misères qu'elles ont à secourir. Ma réflexion répond d'avance à notre tante Agnès, qui ne manquera pas de dire qu'un pareil sujet ne devrait pas être traité avec une jeune personne.

Les délicatesses du monde ne me touchent guère. Telle femme soupirera un long *shocking* en lisant certains mots pris dans la charité ou dans l'histoire, et ne craindra pas d'aller s'asseoir dans les petits théâtres et de lire des romans.

Cette petite sortie étant faite, je rentre paisiblement dans mon sujet.

Il y aurait encore beaucoup de détails à vous donner sur la société de Saint-François-Régis. Ces détails ne peuvent trouver place ici, et j'arrive volontiers à la conclusion.

Le bonheur d'avoir rendu la paix à ceux qui l'avaient perdue est une récompense donnée par Dieu lui-même. Pénétrons ensemble, chère amie, dans un de ces intérieurs bénis par l'Église : le remords en est banni ; une vie nouvelle commence pour les époux; ils s'aiment avec des cœurs nouveaux : aux reproches amers ont succédé les paroles de consolation. Pour la première fois ils osent parler d'avenir. Cette femme, qui cachait sa honte, est redevenue libre; son âme, déprimée par le trouble de la conscience, prend l'essor sous l'action de la grâce. Que de larmes n'a-t-elle pas répandues pendant ces jours de péché; car la foi ne s'éteint pas dans le cœur qui l'a reçue. Quel heureux changement! Elle estime son mari et se sent protégée par lui. Les difficultés de la famille sont grandes; mais, en sanctifiant les âmes, la grâce double aussi les forces, et la tâche de chaque jour s'accomplit avec amour.

Je ne prétends pas, chère Anna, que la société de Saint-Régis obtienne toujours des résultats aussi heureux. Toutefois il est permis de croire et d'espérer que parmi les 43,256 ménages qu'elle a réhabilités jusqu'à ce jour, quelques-uns au moins justifient l'exemple que je me suis plue à tracer.

Adieu, chère sœur, soutenez par vos lettres le courage de votre

LISY.

LETTRE XIX.

L'ŒUVRE DES PAUVRES MALADES.

Le titre seul de cette lettre parle à votre cœur, ma bien chère Anna. Quand vous aviez la santé, vos soins appartenaient aux pauvres de notre village. Combien de plaies vos mains n'ont-elles pas pansées? Je me souviens de ce bon vieillard entêté qui ne voulait prendre de nourriture qu'en votre présence. Que d'enfants n'avez-vous pas conservés à leurs mères, en pratiquant cette médecine qui s'inspire du cœur et qui s'appuie sur l'expérience?

Aujourd'hui, plus que jamais, je suis donc bien certaine de vous intéresser.

Il me semble que le meilleur moyen de vous faire

connaître l'œuvre des pauvres malades, fondée par saint Vincent de Paul, est d'emprunter dans sa vie écrite par Abelly, le récit des commencements de cette œuvre.

Reportons-nous donc au temps où M. Vincent, exerçant une heureuse influence sur la société française, lui enseignait la charité.

« Pendant le séjour que M. Vincent fit à Châtillon, il arriva qu'un jour de fête, comme il montait en chaire pour faire une exhortation au peuple, la dame d'une maison de noblesse voisine qui était venue pour l'entendre, l'arrêta pour le prier de recommander aux charités de la paroisse une famille dont la plupart des enfants et serviteurs étaient tombés malades dans une ferme, à une demi-lieue de Châtillon, où ils avaient grand besoin d'assistance; ce qui l'obligea de parler en son sermon de l'assistance et du secours qu'on devait donner aux pauvres, et particulièrement à ceux qui étaient malades tels qu'étaient ceux qu'il recommandait.

» Il plut à Dieu de donner une telle efficacité à ses paroles, qu'après la prédication, un grand nombre de personnes sortirent pour aller visiter ces pauvres malades, leur portant du pain, du vin, de la viande et plusieurs autres commodités semblables : et lui-même, après l'office de Vêpres, s'y étant acheminé avec quelques habitants du lieu, et ne sachant pas que tant d'autres y fussent déjà allés, il fut fort étonné de les rencontrer dans le chemin, qui revenaient par troupes, et d'en voir même plusieurs qui se reposaient sous des arbres, à cause de la chaleur qu'il faisait. Au sujet de quoi ces paroles de l'Evangile lui vinrent en pensée, que ces bonnes gens étaient comme des brebis qui n'étaient conduites par aucun pasteur. « Voilà, dit-il, une grande charité qu'ils exercent, mais elle n'est pas bien réglée ; ces pauvres malades auront trop de provision tout à la fois, dont une partie sera gâtée et perdue, et puis après ils retomberont en leur première nécessité.

» Cela l'obligea, les jours suivants, de conférer avec quelques femmes des plus zélées et des mieux recommandées de la paroisse, des moyens de mettre quelque ordre dans l'assistance qu'on rendait à ces pauvres malades, et aux autres qui, à l'avenir, se trouveraient dans une semblable nécessité, en telle sorte qu'ils pussent être secourus pendant tout le temps de leurs maladies. Les ayant donc disposées à cette charitable entreprise, et étant convenu avec elles de la manière qu'il y faudrait agir, il dressa un projet de quelques réglements qu'elles essaieraient d'observer, pour les faire ensuite arrêter et établir par l'autorité des supérieurs, et convia ces vertueuses femmes de se donner à Dieu pour les mettre en pratique ; et ainsi commença la confrérie de la charité pour l'assistance spirituelle et corporelle des pauvres malades, et ayant fait choix entre elles de quelques officières, elles s'assemblaient tous les mois devant lui et rapportaient tout ce qui s'était passé.

» Cette première confrérie doit être considérée comme la mère de toutes les autres. A partir de cette époque,

1617, saint Vincent s'appliqua à constituer les mêmes ressources aux pauvres qu'il évangélisait dans les campagnes.

» Mais cette œuvre ne devait pas seulement porter des fruits dans les campagnes. Plusieurs dames, amies des pauvres, ayant passé la belle saison dans leurs châteaux, remarquèrent le bien qui résultait de cette association, et parvinrent à faire établir cette confrérie à Paris, dans leur paroisse : ceci se passait en 1625. L'année suivante, une femme dont le nom est désormais inséparable de celui de saint Vincent de Paul, mademoiselle Legras, s'entendit avec quelques dames de sa paroisse pour organiser la même confrérie.

» L'essai ne pouvait manquer d'aller à bien, car mademoiselle Legras s'étant donnée à Dieu et aux pauvres, apprenait, sous la direction de saint Vincent, à exercer la charité. Elle s'était même dévouée particulièrement à cette confrérie, allant dans les villages, comme un missionnaire, s'assurer que les règlements étaient bien observés.

» Les curés de Paris reconnurent le bienfait d'une telle œuvre, et un grand nombre d'entre eux prièrent saint Vincent d'établir sur leurs paroisses la confrérie de la charité. Le cœur de saint Vincent se réjouit, en voyant les pauvres secourus et la gloire qui en revenait à Dieu. Il croyait son œuvre achevée, mais la Providence bénit le zèle de son humble serviteur, en faisant naître de cette œuvre une autre œuvre qui devait porter la consolation dans le monde entier. »

La France devait avoir la gloire d'être la mère des filles de charité. Elles font donc partie de mon sujet, et trouvent ici naturellement leur place.

Les cœurs français, je le dis sans qu'il m'en coûte, chère Anna, sont remarquablement sympathiques. Une personne parle d'un pauvre, elle décrit sa position, aussitôt les assistants aiment ce malheureux et veulent le secourir. Cette disposition a été de tous les temps chez la nation française. C'est pourquoi la confrérie de la charité fit des progrès rapides à Paris, dans tous les rangs de la société. Beaucoup de grandes dames, suivant l'inclination généreuse de leur cœur, s'y engagèrent. Toutefois elles ne tardèrent pas à expérimenter combien les biens du monde gênent pour le service de Dieu. Les devoirs de leur condition les forçaient souvent de renoncer à visiter les pauvres; alors elles se faisaient remplacer par des serviteurs; mais le cœur ne se remplace pas : ces serviteurs ne servaient pas les pauvres aussi bien que les femmes au service desquelles ils étaient engagés. Le lit du pauvre n'était plus si bien remué. Ces serviteurs trouvaient le service de la mansarde indigne d'eux, parce qu'ils n'y apportaient pas d'affection.

Les dames de la confrérie sentirent alors la nécessité d'avoir des servantes particulièrement attachées au service de leurs pauvres. Elles soumirent leur pensée à saint Vincent, qui la goûta beaucoup et la médita devant Dieu.

Il reconnut la nécessité de ce secours et se souvint que dans les missions des villages on rencontrait quelquefois de bonnes filles, qui n'avaient pas de disposition pour le mariage, ni le moyen d'être religieuses, et qu'il s'en pourrait trouver de ce nombre qui seraient bien aises de se donner, pour l'amour de Dieu, au service des pauvres malades.

La Providence de Dieu disposa les choses, en sorte qu'aux missions suivantes il s'en trouva deux qui acceptèrent la proposition qui leur en fut faite, et qui furent mises, l'une en la paroisse de Saint-Sauveur, et l'autre en la paroisse de Saint-Benoît.

D'autres filles ne tardèrent pas à s'offrir pour cette œuvre. Mademoiselle Legras fut la maîtresse en charité de ces novices ; elle les réunit dans sa maison et les forma, non sans quelque difficulté, au service des pauvres. Cet essai, qui date de 1633, fut béni par la Providence. Le nombre de ces filles dévouées augmentait chaque jour. Bientôt elles furent appelées dans vingt-cinq ou trente endroits de Paris, puis dans les villes et les bourgs de province, et enfin jusque dans le royaume de Pologne.

En 1642, saint Vincent de Paul leur prescrivit des Règles et Constitutions qui furent approuvées par l'Archevêque de Paris, qui les érigea en congrégation ou compagnie, sous le titre de *Filles de la charité*, servantes des pauvres, et sous la direction du Supérieur général de la congrégation de la mission.

`Aujourd'hui les filles de charité sont au nombre de 10,000 au moins, elles se partagent le service des hôpitaux, les soins de la crèche et des asiles. A la crèche, elles suppléent et souvent surpassent le dévouement maternel. A l'asile, elles offrent le modèle de l'institutrice chrétienne : l'instruction primaire y est enseignée avec une supériorité remarquable, en même temps que l'âme de l'enfant est l'objet de la plus tendre sollicitude : tout pays désireux d'organiser la charité appelle les sœurs de Saint-Vincent-de-Paul à son secours. Le pauvre n'est plus seul : là où se trouve une sœur, l'âme et le corps sont assistés.

Cette cornette blanche a vaincu l'impiété : tel homme ne croit à rien : fils ingrat, il abandonne l'Eglise, sa mère ; il appelle préjugé la religion de ses pères ; il vit au hasard et sans souci de son âme, mais il se sent saisi d'un respect involontaire à la vue d'une sœur de charité ; ce respect est comme un point d'honneur.

Ces saintes filles, chère Anna, ont vraiment hérité de l'esprit de saint Vincent de Paul : leur zèle et leur dévouement n'ont pas de bornes : elles courent à l'encontre de tous les fléaux.

Aujourd'hui le monde les voit sur un nouveau terrain où elles se surpassent en générosité; la physionomie du camp français n'est plus la même : à toute heure du jour et de la nuit, les filles de la charité sont au chevet des malades et des mourants. On dirait que leurs oreilles ont fait le noviciat du bruit du canon, des cris et du tumulte de la guerre : elles sont calmes et tranquilles comme elles le seraient dans la mansarde d'une pauvre femme.

Quelle consolation doit éprouver le soldat français, chère Anna, lorsque, en proie à la souffrance, la venue de la sœur lui est annoncée par le bruit du rosaire qu'elle porte à son côté! La présence de cette femme est à elle seule le pays, l'Eglise et la famille du soldat français. Saint Vincent de Paul a tout donné aux malheureux en leur donnant les filles de la charité.

Les soins de la sœur de charité appartiennent à tous ceux qu'elle rencontre sur son chemin : les larmes de lady Arthur sont moins amères quand elle se dit : Une fille de charité a recueilli le dernier soupir de mon fils.

Vous le voyez, chère Anna, les filles de la charité sont essentiellement liées à l'œuvre des pauvres malades; et comme elles offrent au monde entier l'exemple des vertus qu'il faut pratiquer pour bien servir les pauvres de Jésus-Christ, je devais vous en parler dans cette première lettre. Maintenant il me reste à vous faire connaître l'œuvre, telle qu'elle existe aujourd'hui.

Votre sœur très-affectionnée,

LISY.

LETTRE XX.

L'ŒUVRE DES PAUVRES MALADES (Suite).

J'ignore, chère Anna, combien de temps la France fut privée de l'œuvre des pauvres malades; mais comme la charité ne meurt jamais, l'esprit qui l'avait inspirée s'en conserva, et, en 1840, Monseigneur Affre engagea quelques femmes de bien à entrer dans cette carrière de charité tracée à leurs aïeules par Monseigneur de Gondy, au temps de saint Vincent de Paul. Ne pensez-vous pas comme moi, chère Anna, que la reconnaissance doit se partager également entre le fondateur d'une œuvre et ceux qui la font revivre?

Les dignes successeurs de M. Vincent ont négligé leurs inspirations pour suivre les siennes; ils ont étudié l'œuvre dans ses plus petits détails, et ils enseignent, par l'exemple, les vertus qui en sont comme les statuts.

Au temps de Charlemagne, les femmes furent privées de tout emploi de charité; leur influence fut méconnue ou dédaignée. C'est à mon avis une tache dans le règne de ce grand homme, empereur et roi. Heureusement pour les pauvres, les choses ont bien changé : le dévouement de la femme assure la prospérité de toutes les institutions charitables. L'œuvre des pauvres malades en est un exemple qu'il faut ajouter à tant d'autres.

Votre modestie se fâche, chère sœur! Alors ne prenez pas ma réflexion pour un éloge, mais seulement pour un encouragement.

Quoi qu'il en soit, en 1840, douze femmes bien pénétrées de leur mission en ce monde, et dociles à la voix de leur pasteur, se réunirent et demandèrent à Dieu de renouveler pour elles la bénédiction qu'il avait accordée à l'œuvre des pauvres malades établie par son fidèle serviteur, Vincent de Paul.

Leur prière fut exaucée; les visites qu'elles firent d'abord dans deux paroisses, produisirent des fruits abondants de grâce. Chaque année le nombre des dames augmenta. Aujourd'hui elles sont plus de 600, visitant vingt-neuf paroisses, tant dans Paris que dans la banlieue. Beaucoup de villes de province ont établi cette œuvre, en union avec celle de Paris. Et à l'étranger, Nice et Posen rivalisent de zèle avec la capitale de la France. Peut-être, chère Anna, dites-vous comme quelques personnes : Cette œuvre n'a rien de nouveau : de tout temps les femmes pieuses ont été dévouées aux pauvres, et particulièrement aux pauvres malades.

Il est vrai que la charité s'exerce en dehors des œuvres. Cependant vous conviendrez qu'il y a avantage pour les chrétiens à s'associer dans le bien et à se soumettre à une règle commune, puisque l'Eglise accorde des privilèges à tous ceux qui font partie de ces associations.

D'ailleurs, chère Anna, quel besoin d'engagement n'avons-nous pas avec nous-mêmes? Nous aimons Dieu, et pourtant la lutte est constante pour le servir.

Vous rappelez-vous le mot de notre cousine Héléna? Si je ne croyais pas à l'immortalité de l'âme, je ne me lèverais pas les jours de brouillard.

Sans doute, nous aimons les pauvres; il n'est pas une de nous qui ne trouve du bonheur à aller les visiter; toutefois le moindre de ces obstacles, si communs chez les gens qui n'ont rien à faire, vient trop souvent nous arrêter. Un règlement assure la régularité des dames visitantes et soutient le zèle.

L'œuvre des pauvres malades existe en vertu d'un bref de Benoît XIV; elle est approuvée par l'Archevêque de Paris; le Supérieur général des Lazaristes et des filles de charité en est le supérieur. Elle se divise en autant de sections qu'il y a de paroisses où elle est établie; chaque section a pour président le curé de la paroisse; la supérieure des sœurs du quartier, une dame représentante, une secrétaire, une trésorière et les dames visitantes forment la section. Chaque section ou paroisse d'après le nouveau règlement doit se suffire à elle-même pour les ressources pécuniaires à l'aide des cotisations des dames de l'œuvre et de la quête du sermon. Les paroisses pauvres seules, reçoivent une allocation de l'œuvre générale.

Le curé de chaque section réunit une fois par mois les dames de l'œuvre. Tous les mois aussi, le saint Sacrifice est offert pour le repos de l'âme des pauvres décédés qui ont été soignés par les dames, de sorte qu'on peut dire que leur sollicitude pour leurs pauvres va au delà du tombeau.

Une quête se fait chaque année dans la paroisse pour subvenir aux besoins de l'œuvre.

La supérieure des sœurs de chaque paroisse désigne les malades qui doivent être visités ; elle inscrit sur un registre les noms et les demeures des malades visités, le nombre des visites faites par les dames et par les sœurs, l'état de la caisse, les baptêmes, les premières communions et tous les fruits spirituels dus aux dames visitantes. Elle reçoit une somme allouée par l'œuvre, et convertit cette somme en bons de pain, de viande et de bois. Ces bons, signés par le curé de la paroisse, sont exclusivement destinés aux pauvres malades.

La supérieure choisit les fournisseurs et règle les comptes.

Les dames de l'œuvre sont les auxiliaires des sœurs

de la charité ; elles ne doivent jamais agir sans leur direction. Elles se divisent en dames trésorières et en dames visitantes. Les dames trésorières versent annuellement la somme de 60 francs. Les dames admises dans l'œuvre se mettent en rapport avec le curé de la paroisse et avec la supérieure des sœurs. Elles reçoivent de la supérieure un livret sur lequel elles doivent inscrire le nombre des visites faites par elles, les secours distribués et tous les résultats heureux qu'elles obtiennent.

Chaque semaine ces dames prennent chez les sœurs une note qui leur indique leurs obligations. Les bons qu'elles reçoivent ne peuvent être confiés à aucune personne étrangère, et ne peuvent être remis qu'aux malades désignés par les sœurs.

Avant de commencer leurs visites aux pauvres, les dames en font une au Saint-Sacrement, non-seulement pour rendre hommage au Dieu des pauvres et des petits, mais aussi pour lui demander la science de consoler et de secourir les malades ; elles portent un crucifix dont elles se servent auprès des malades, et le leur laissent s'ils le désirent.

Quand ces dames ne peuvent faire la visite, elles en avertissent la supérieure qui les fait remplacer. Elles assistent aux réunions paroissiales et aux assemblées générales. Enfin elles reçoivent du Directeur un diplôme qui indique les devoirs des membres de l'œuvre et les indulgences qu'elles peuvent gagner.

Lorsqu'une dame vient à se retirer, elle avertit la

Présidente en lui remettant son livret et son diplôme. Tels sont, chère Anna, les points principaux du règlement. Mais cet aperçu serait incomplet, si je ne vous disais rien des résultats obtenus.

J'emprunte au compte-rendu de 1865 les chiffres suivants :

1º Nombre des dames qui ont visité les pauvres malades.	141
2º Nombre des malades	52,748
3º Nombre des visites	158,368
4º Malades administrés.	4,044
5º Morts.	3,661
6º Baptêmes	199
7º Confirmations.	956
8º Premières communions.	350
9º Communions à dévotion.	5,260
10º Abjurations	12
11º Conversions.	956
12º Mariages.	426

L'œuvre des pauvres malades est établie en Italie, en Pologne, en Portugal, en Silésie, à Lima et à Smyrne, et partout son heureuse influence se fait sentir.

Toute œuvre inspirée de Dieu dépasse toujours le but de l'esprit humain : la pensée de saint Vincent de Paul avait été d'assister les pauvres empêchés par la maladie de gagner ou de mendier leur pain, et voilà comment les secours spirituels s'ajoutent aux secours corporels.

Nous savons par expérience à quel point le malade s'absorbe en lui-même. Figurez-vous donc, chère amie, dans quelle langueur d'âme doit être le pauvre malade. Combien il doit lui être difficile d'endurer la privation, non-seulement des aliments les plus ordinaires, mais celle de ce superflu qui se change en nécessité pour tout homme malade. C'est ce qui explique l'action puissante de ces garde-malades volontaires.

Un autre bienfait de l'œuvre, selon moi, chère Anna, est de mettre les femmes du monde en rapport avec les filles de la charité.

Après l'exemple d'une vie parfaite, il faut compter pour beaucoup l'avantage d'apprendre à faire le bien : c'est une science, chère amie. Il ne suffit pas d'avoir un bon cœur pour exercer la charité ; il faut savoir la régler : ne rien refuser au pauvre dont les défauts nous froissent, et ne pas trop accorder à celui dont les qualités nous attirent. Il faut apprendre surtout à vaincre cette sensibilité naturelle qui n'est pas toujours un juge équitable.

Si ma théorie vous fait sourire, chère Anna, ma conclusion vous convaincra, j'espère. Je fais partie de l'œuvre des pauvres malades : la plupart des chrétiens passent leur vie à écrire des règlements sans les suivre ; ils font des projets qu'ils ne réalisent pas. J'ai craint de tomber dans ce piége. Indépendamment de ces excellentes raisons, mes souvenirs de famille ont fortifié ma résolution. Puis-je oublier que ma grand'mère, cette catholique au cœur ardent, était la servante des pauvres, à ce point, qu'on venait la chercher la nuit pour assister les mourants en attendant le prêtre. Mon père, de si douce mémoire, avait pour patron saint Vincent de Paul, et toute sa vie il a honoré ce grand saint en s'appliquant à imiter ses vertus ; enfin, chère sœur, je songe à toutes les grâces que Dieu se plaît à répandre sur notre famille, et je veux lui en témoigner ma reconnaissance en aimant et en soignant ses pauvres, puisqu'il a dit en parlant d'eux : *Toutes les fois que vous avez fait du bien au moindre de mes frères, c'est à moi que vous l'avez fait !*

Le zèle qui pousse les femmes à soigner et à visiter les pauvres malades leur a fait franchir les murs de la capitale : elles ont compris qu'il fallait aussi assister dans leurs misères, corporelles et spirituelles, les pauvres de la banlieue. De cette pensée est née l'œuvre de Sainte-Geneviève. Elle a pour but de former dans chacune des paroisses de la banlieue un établissement religieux et charitable, qui assure des secours et des soins aux malades indigents. De plus des écoles chrétiennes sont ouvertes aux enfants.

Le bien que cette œuvre nouvelle a déjà fait est notable, et Paris espère avec raison que son humble et illustre patronne lui obtiendra les grâces nécessaires pour moraliser les populations placées à ses portes.

Adieu, chère Anna, ne nous bornons pas à admirer le bien qui se fait en France, agissons avec cette foi à laquelle Dieu a tout promis.

Votre affectionnée sœur,

LISY.

LETTRE XXI.

LA VISITE DES PAUVRES MALADES DANS LES HOPITAUX.

Nous lisons dans la Vie de saint Vincent, qu'une pieuse veuve, madame la présidente de Goursault, honorait et sanctifiait son veuvage par les soins qu'elle donnait aux pauvres et aux malades. Elle allait souvent visiter ceux-ci à l'Hôtel-Dieu.

Bientôt d'autres femmes de distinction se joignirent à Madame de Goursault; l'archevêque de Paris autorisa M. Vincent à prendre la direction de cette réunion. Telle est l'origine de la visite des pauvres malades dans les hôpitaux.

Tout le bien qui se fait aujourd'hui en France a été inspiré par saint Vincent de Paul. Il trouvait dans son cœur le secret de soulager toutes les misères. On revient à tout ce qu'il a fondé ou essayé de fonder.

L'œuvre des pauvres malades et l'œuvre de la visite dans les hôpitaux sont donc sœurs, et je ne pouvais pas les séparer. Notre admiration ne diminuera pas, chère amie, en voyant ces femmes dévouées aux pauvres pénétrer dans les hôpitaux. Ce n'est plus la visite intime de la mansarde, toujours consolante pour le visiteur, malgré les obstacles et les répugnances qu'il y rencontre parfois. A l'hôpital, la parole que vous adressez à un malade est entendue par deux voisins; vous êtes jugé plus ou moins favorablement. On vit sur le théâtre des misères humaines, et quoique l'existence en soit bien connue, le cœur n'est pas toujours ferme en les abordant. « Mais l'amour entreprend plus qu'il ne peut, il est capable de tout; » voilà pourquoi des femmes timides et délicates trouvent le courage nécessaire pour visiter les malades dans les hôpitaux.

Comme au temps de saint Vincent, ces dames prennent le tablier de service; elles présentent à boire aux malades, leur portent à la bouche la nourriture, soulèvent au besoin leur tête appesantie, respirent leur haleine suffocante et contagieuse, remuent leur lit et pansent leurs plaies.

Les malheureux éprouvent toujours un sentiment de consolation, lorsqu'on leur fournit l'occasion de se plaindre. N'est-ce pas une belle aumône de parler à un pauvre ouvrier livré à ses tristes réflexions? Sans doute sa femme, sa sœur ou un bon voisin, viendra le dimanche lui apporter *quelques douceurs* et des nouvelles de la famille; toutefois les heures sont longues avant que celle qu'il désire ait sonné. Cette étrangère, dont il ne s'explique pas l'intérêt, devient bientôt une amie; sa présence adoucit ses souffrances et charme son ennui. Le jour de cette bonne visite est un jour de bénédiction.

A l'hôpital comme au domicile, le visiteur acquiert des droits sur l'âme du pauvre. Le malade indifférent ne refuse pas d'entendre parler de Dieu par un bienfaiteur; mais avec quel bonheur le chrétien affligé par la maladie reçoit les consolations de la religion! Si vous entriez dans ces salles d'hôpital, vous verriez, chère Anna, des femmes de qualité s'asseoir près de leurs malades d'adoption, pour faire la lecture, causer, consoler, écouter.

La visite ne se termine jamais sans quelque don pour l'âme et pour le corps : c'est une bonne image qui inspire une pensée salutaire; c'est une médaille, un chapelet, un livre; puis viennent ensuite les petites friandises, que l'homme le plus sobre accueille avec un plaisir d'enfant.

Tel est, chère amie, le caractère de dévouement et d'amabilité qu'apportent dans leurs visites les dames de l'œuvre. Il y a parmi elles des habituées de quinze ou vingt ans, de sorte qu'elles ont toujours un fonds de connaissances qui leur assurent l'affection des inconnus qu'elles viennent chercher. Leur action se prolonge pendant leur convalescence, et la santé ne rompt pas des liens formés pendant la maladie.

Vous pensez bien, chère sœur, que c'est toujours à mon amie française que je suis redevable de ces renseignements. Il est vrai que j'ai visité un hôpital avec elle, mais les secrets de la charité sont le fruit de l'expérience. J'ajouterai donc beaucoup d'intérêt, je crois, à cette lettre, en vous racontant la première visite de mon amie à l'hôpital de la Charité.

Je laisse parler la baronne.

« Vous connaissez déjà assez la France, Milady, et l'allure de notre population, pour vous figurer Paris dans un moment de fermentation.

» C'était en 1848. Une amie, dans l'intimité de laquelle je vivais alors, partageait mon effroi. Nous priions ensemble, nous nous abandonnions à la volonté de Dieu avec sincérité, assurément; toutefois les cris de la foule passant sous nos fenêtres, les coups de fusil, nous rendaient aussitôt la crainte, dont nous avions cru nous délivrer en disant notre *Pater*.

» Dieu m'envoya une bonne pensée. Nous sommes trop malheureuses, dis-je à mon amie; l'inquiétude et l'inaction nous enlèvent toute énergie. Allons à l'hôpital soigner les blessés. Je suis sûre que notre trouble cessera à la vue de tant de misères; nous nous oublierons, et notre sûreté sera parfaite.

» Ma proposition étant goûtée de mon amie et de son digne mari, nous sortons le cœur déjà rassuré, et nous allons à l'hôpital de la Charité, nous entrons dans une salle encombrée de blessés et de mourants. C'était affreux. Ce ne fut pas sans une certaine timidité que nous offrîmes nos services à la sœur de la salle. Elle les accueillit et nous revêtit aussitôt du tablier de service. La sœur nous donnait ses ordres, dont l'exécution consistait à faire boire les malades, à porter des aliments à ceux qui étaient en état d'en prendre.

» Un charriot rempli de marmites circulait dans la salle; la sœur faisait des portions dans des écuelles d'étain, et nous indiquait par numéros les malades auxquels nous devions les porter. Plus d'une fois la faiblesse de mon poignet m'obligea à déposer par terre ces écuelles lourdes et brûlantes pendant le trajet. (J'avais ôté mes gants, par respect pour les infortunés que je servais.) J'étais amplement récompensée de ma peine en m'entendant dire: *Merci, ma sœur.*

» Le peuple français est beaucoup plus civilisé, je crois, que le peuple anglais: vous avez peut-être été à même d'en juger comme étrangère; mais, toute Parisienne que je suis, je ne fus pas moins surprise en m'entendant dire, par le voisin d'un blessé que je me disposais à faire boire: « Laissez, ma petite sœur, je vais l'aider; c'est trop répugnant, aussi, pour vous. » Cet homme charitable vit sans doute l'effroi que m'inspirait le malheureux, dont le visage était labouré par la poudre.

» Tout ce que j'avais éprouvé jusque-là, Milady, s'effaça

en lisant l'inscription suivante : *Capitaine M****, *au* 14ᵉ *de ligne*. Le souvenir d'un frère bien-aimé, mort à l'hôpital militaire de Constantine, m'attendrit jusqu'aux larmes, et me poussa instinctivement vers le lit de l'officier.

» — Vous souffrez, Capitaine ; puis-je vous rendre quelque service ?

» Le jeune homme leva les yeux, et témoigna une surprise dont je ne me sentis nullement intimidée.

» — Vous êtes bien bonne, Madame ; je voudrais boire, je n'en ai pas la force : on m'a coupé le bras hier.

» Alors, d'une main je soulevai doucement la tête du malade et de l'autre je lui présentai à boire. La force me manqua, et je dus m'y prendre à plusieurs reprises.

» — Que je souffre, Madame ! Le bruit qui se fait autour de moi ajoute encore à ma souffrance..... Je n'en reviendrai pas... je le sens.

» — Je pense le contraire, Capitaine. Ayez courage ; vous verrez que j'ai un bon pronostic. Avez-vous des parents absents ? désirez-vous que j'écrive à votre mère ? (Je ne pus pas prononcer le nom de sœur.) Je serais si heureuse de vous obliger.

» — Merci, Madame ; mes camarades ont écrit à ma famille.

» Le lendemain et les jours suivants, je retournai avec empressement offrir mes services au capitaine. Il paraissait les accueillir avec plaisir ; mais sa place, comme militaire, était marquée au Val-de-Grâce, et un matin j'appris que l'intéressant malade était allé la prendre. Je n'eus donc pas la consolation de lui dire qu'en offrant mes soins à un frère d'armes de mon frère, j'avais eu l'illusion de saisir pour quelques instants les droits qu'une distance infranchissable m'avait ravis.

» Le capitaine M*** guérit; au bout de quinze jours il savait écrire de la main gauche.

» Le souvenir de l'étrangère peut bien être effacé de la mémoire du capitaine; mais vous croirez sans peine, Milady, ajouta la baronne, que cette visite d'hôpital m'a laissé une impression durable. »

Maintenant, chère Anna, je reprends mon sujet.

Beaucoup de femmes et de jeunes filles, travaillant au-dessus de leurs forces, se voient souvent réduites à entrer à l'hôpital. L'affluence est si grande que l'administration ne peut pas, dit-on, conserver les convalescents. Aussitôt qu'une alimentation un peu substantielle devient nécessaire, il faut quitter l'hôpital, c'est-à-dire au moment même où l'on a le plus grand besoin d'être secouru pour recouvrer ses forces.

Mais la charité a remédié à cet inconvénient en fondant des asiles de convalescence. Ces mêmes femmes qui ont assisté la jeune ouvrière à l'hôpital lui ouvrent l'entrée d'une maison de convalescence. Aussitôt que ses forces le lui permettront, elle reprendra un travail modéré, en attendant que ses protectrices lui assurent des ressources.

L'asile du Saint-Cœur-de-Marie, fondé en 1840, est le

modèle des établissements de ce genre. Déjà plus de 17,000 jeunes filles y ont été admises par les dames de l'*Œuvre des Hôpitaux*.

Cette maison justifie complètement le nom qui lui a été donné, comme pour attirer les pauvres. Les jeunes convalescentes y reçoivent les soins qu'elles ne peuvent trouver dans leurs familles; les vertus du Cœur de Marie y sont enseignées par l'exemple. La piété, le silence, l'amour du travail et la résignation assurent le bonheur des hôtes et la paix de la maison; une bibliothèque de choix procure l'instruction et le délassement aux jeunes filles.

Un ouvroir auquel on a donné le nom de *Saint-Joseph,* sans doute pour rappeler le ménage de Nazareth, est fréquenté tous les vendredis par des dames charitables; elles consacrent plusieurs heures de la journée à confectionner des vêtements pour les pauvres malades et leurs enfants. Enfin, chère Anna, la fondation de douze berceaux, pour les petites filles qui sortent de l'hôpital de l'Enfant-Jésus, complète cette œuvre, digne du Cœur de Marie. Les souscripteurs de ces berceaux sont des enfants au-dessous de quinze ans; ils donnent 3 francs par an.

En France, on a l'heureuse coutume d'associer l'enfance aux bonnes œuvres, et même d'en créer sous son patronage. C'est bien fait: on ne peut combattre trop tôt l'égoïsme qui se trouve dans le cœur le plus innocent.

Je ne peux pas, chère sœur, mentionner dans cette lettre tous les établissements qui mériteraient de l'être, mais je veux encore vous parler de l'*asile Saint-Hilaire*.

Un jeune homme portant un des plus grands noms de France se fit remarquer de bonne heure à la Société de Saint-Vincent-de-Paul ; nul n'était plus assidu aux réunions et ne montrait plus d'entente pour la charité que M. Georges de L.... Il fut chargé d'un patronage de jeunes garçons. Les dimanches et les jours de fêtes, les enfants allaient prendre leurs ébats hors de Paris; le jeune seigneur suivait ses protégés, prenait part à leurs jeux, et poussait la charité jusqu'à simplifier sa mise, afin de mieux se confondre avec eux. La véritable charité, comme la véritable grandeur, a ses raffinements de délicatesse. La piété de ce jeune homme ravissait le ciel et effrayait le monde.

Les années se succédèrent; de nouveaux liens apportèrent un changement dans la vie du jeune homme sans changer son cœur. D'ailleurs, la femme qu'il avait choisie ne pouvait que l'aider à croître dans la vertu.

Le duc de L..., conservant le souvenir des heureux moments qu'il avait passés au milieu des enfants pauvres, voulut assurer un asile à ceux qu'il ne pourrait plus visiter aussi assidûment qu'autrefois. Il forma une société de patronage pour les enfants convalescents, et assura le succès de l'entreprise en donnant une maison de campagne dans toutes les conditions propres à fortifier les convalescents. Ce don est une charité plus qu'ordinaire. L'air pur est un luxe inconnu aux enfants pauvres de la ville ; il faut être né aux champs pour hériter d'un pareil bienfait. Mais à l'asile Saint-Hilaire, les fils de l'ouvrier jouissent de ce privilége. Indépendamment de tous les soins qu'ils reçoivent, les jeunes convalescents ont le cœur réjoui par l'aspect d'une belle nature faite pour charmer les regards de l'homme. C'est la Providence répandant ses bienfaits sur les pauvres et les petits.

L'instruction religieuse et l'instrution primaire y sont données aux enfants; un atelier contribue à rétablir les forces autant qu'à prévenir le danger de l'oisiveté. En 1851, plus de 200 enfants ont été reçus à l'asile Saint-Hilaire.

Georges a visité cet asile dans les plus petits détails. Il est silencieux depuis trois jours comme si nous étions enveloppés d'un brouillard britannique; son carnet est couvert de notes. Je conclus de tout cela qu'un asile semblable à celui de Saint-Hilaire pourrait bien être établi un de ces jours à Hammersmith. Il est inutile de vous dire combien j'en serais fière et heureuse.

J'espère au moins, chère amie, que cet aperçu sur l'*Œuvre des pauvres malades* réveillera votre zèle et celui de nos amis.

Adieu, chère Anna; aimons-nous bien dans l'amour de Jésus-Christ et de ses pauvres.

Votre affectionnée,

LISY.

LETTRE XXII.

LES PETITES-SŒURS DES PAUVRES.

C'est une jolie histoire que celle des Petites-Sœurs des pauvres : on ne peut trop la raconter.

Si vous avez une bonne carte de France, chère Anna, vous devez trouver sur les côtes de Bretagne, en face de Saint-Mâlo, la petite ville de Saint-Servan. Deux fois par jour la marée basse permet aux habitants des deux villes de communiquer à pied sec ou au moins en charriot.

La population de Saint-Servan se compose de pauvres pêcheurs ayant pour toute fortune leurs barques et leurs filets. La mer se montre souvent terrible pour ces frêles embarcations, beaucoup se perdent avec leur équipage;

aussi les regards sont-ils attristés par la présence d'une foule de vieilles veuves devenues vagabondes à force de misère, et dont la plupart meurent sans secours, faute d'hôpital.

Ces désordres attristaient depuis longtemps tous les gens de bien, sans que personne entrevît la possibilité d'y remédier.

M. l'abbé Le Pailleur, vicaire de Saint-Servan, ne rencontrait jamais une de ces pauvres créatures sans que son cœur en fût profondément ému. Que pouvait le saint prêtre? La ville était sans ressources, et lui ne possédait rien. Il priait : et la prière d'un pauvre prêtre ignoré de tous, mais bien connu de Dieu, fut exaucée.

Le vicaire rencontra dans l'exercice de son ministère une jeune ouvrière ayant la vocation religieuse et ne pouvant, faute de moyens pécuniaires, être fidèle à la voix qui l'appelait. Le confesseur écoutait avec ravissement les soupirs de cette âme embrasée de l'amour divin. Dieu l'éclaira en ce moment : l'humble ouvrière devint l'objet de toutes ses espérances pour l'accomplissement de ses vues charitables. Il l'encouragea, lui conseilla d'attendre avec patience l'heure que la Providence avait marquée pour accepter son dévouement.

A quelque temps de là, une autre ouvrière fit connaître au vicaire les mêmes dispositions contrariées par les mêmes obstacles : la lumière croissait.

L'abbé fit faire alliance à ces deux jeunes filles, leur promettant qu'elles serviraient Dieu un jour. Il satisfit à leur zèle en leur donnant un petit règlement à suivre. Marie-Augustine, âgée de 16 ans, devait considérer comme sa supérieure Marie-Thérèse, qui avait à peine 18 ans.

L'amour de Dieu unit bien vite ces deux enfants. Elles passaient ensemble tous leurs moments de loisir, s'entretenant du bonheur de servir Dieu sans se séparer, suivant la promesse de l'abbé. Assises au bord de la mer, elles étudiaient consciencieusement le règlement proposé à leur zèle. Un seul point restait obscur dans leur esprit : pourquoi la recommandation de pratiquer la douceur et la patience envers les vieillards infirmes? Le chrétien ne doit-il pas toujours les traiter ainsi, quel que soit le chemin où il les rencontre?

Pendant deux ans, Marie-Augustine et Marie-Thérèse respectèrent l'obscurité de ce règlement, et se disposèrent, par une vie exemplaire, à se rendre dignes du sacrifice promis à leur amour.

Dans les derniers mois de cet étrange noviciat, le vicaire recommanda aux deux ouvrières de prendre soin d'une vieille aveugle. Elles obéirent avec joie, faisant le ménage de la pauvre infirme, la conduisant à l'église, à la promenade, et sachant trouver, à force d'économie, le moyen de l'assister dans tous ses besoins.

Jeanne Jugan, servante retirée, âgée de 48 ans, prêta sa petite maison à Augustine et à Thérèse, et finit par partager leur dévouement, apportant une petite fortune d'environ 600 francs. Marie-Thérèse, étant orpheline, alla demeurer avec Jeanne, et Marie-Augustine ne passait que la journée avec ses deux compagnes parce qu'elle avait sa famille.

Cependant les trois sœurs étaient toujours dans l'ignorance du but vers lequel l'abbé les dirigeait. Il se bornait à renouveler ses recommandations : « Aimez Dieu, dévouez-vous au salut et au soulagement du prochain et des vieillards, et ne vous inquiétez pas du reste. »

Le 19 octobre 1840, Jeanne et Marie-Thérèse apportèrent sur leurs bras la vieille aveugle dans leur chambre, et la place d'un lit s'y trouvant encore, on ne tarda pas à y installer une autre bonne femme.

Représentons-nous, chère Anna, cet intérieur béni de Dieu : les deux indigentes délivrées de toute inquiétude pour leur existence, recevant les soins respectueux et tendres des deux jeunes ouvrières, tandis que Jeanne file sans relâche pour assurer le pain de la maison.

Le monde ignore ce qui se passe dans ce petit coin de Bretagne, le ciel seul le voit et s'en réjouit.

Une autre servante se disposait à entrer dans la petite société, lorsqu'une maladie la mit aux portes du tombeau. La crainte de mourir sans être consacrée à Dieu inspira à cette sainte fille le désir d'être transportée dans la mansarde pour faire acte de bonne volonté et de présence.

A peine fut-elle arrivée dans ce réduit de la pauvreté, que le danger disparut. La généreuse servante se donna à Dieu et à ses pauvres avec un cœur plein de reconnaissance.

Dix mois s'écoulèrent sans aucun changement. Les quatre sœurs accomplissaient tous les devoirs de la piété filiale auprès de leurs hôtes, ne se bornant pas à soigner le corps, mais cultivant aussi leur âme, qui avait vieilli dans l'ignorance et dans le vice. Cette tâche est toujours la plus difficile.

Un tel dévouement excitait l'admiration, sans que personne songeât à procurer aux saintes filles le moyen de l'étendre. N'importe; comme elles ne comptaient que sur Dieu, elles ne reculèrent pas devant la pensée de s'agrandir lorsque l'abbé Le Pailleur leur en fit la proposition.

On se contenta toutefois de louer une seule pièce de peu d'apparence, et même assez humide. Douze lits y furent placés, et aussitôt des vieillards indigents se présentèrent : ils furent accueillis avec joie. A partir de ce moment, les sœurs donnant tout leur temps au soin de leurs hôtes, le travail devint absolument impossible ; les habiles ouvrières ne prenaient plus l'aiguille que pour raccommoder les haillons de leurs pauvres.

Ne dites pas, chère Anna, comme beaucoup de gens : Pourquoi faire de pareilles entreprises quand on n'a pas la plus petite ressource?

La charité n'a jamais eu de prévoyance, et elle conservera son caractère de folie jusqu'à la fin des siècles.

Je vous avoue donc, et sans le plus petit embarras, que la misère ne tarda pas à se montrer chez les sœurs. Le pain que la ville continuait d'accorder aux pauvres recueillis était insuffisant. Quelques-unes des vieilles femmes avaient bien repris leurs fonctions de mendiantes, mais comme vous le pensez bien, cet expédient avait plus d'inconvénients que d'avantages, et il fallut y renoncer.

Que faire? Une demande au préfet? Une quête à l'église? On avait usé plus ou moins de tous ces moyens, et d'ailleurs, chère Anna, si le dévouement de quatre pauvres filles excitait l'admiration de quelques personnes, beaucoup d'autres le critiquaient : ces filles ne pouvaient-elles pas se borner à secourir les pauvres selon leurs moyens? Appartient-il à des servantes et à des ouvrières de faire des fondations?

Tout est contre le bon sens quand on n'a pas le secret de Dieu. M. Le Pailleur qui connaissait bien le cœur de ces filles, vint un jour leur proposer un moyen tout nouveau de se créer des ressources : Vous avez été jusqu'ici, leur dit-il, les servantes des pauvres, maintenant faites-vous mendiantes pour les nourrir. Allez, comme elles autrefois, implorer la charité de vos frères.

Il me semble, chère Anna, assister à ce conseil : pendant que le négociant calcule ses intérêts, que l'ambitieux soupire après les honneurs, que l'homme du monde accorde tout à ses sens, un prêtre et quatre pauvres filles décident que pour le bien du corps et de l'âme de douze vagabonds il faut mendier.

Ce qui fait notre étonnement et notre admiration parut très-simple aux servantes des pauvres. Jeanne Jugan, vu le privilége de son âge, prit un panier et alla se présenter aux portes où les vieilles femmes avaient coutume de mendier.

Je vous laisse juge de la surprise que causa une telle apparition : c'était à se frotter les yeux en plein midi.

Aussi non-seulement les croûtes et les liards abondèrent, mais encore toutes sortes de dons de diverses natures. La quête se fit alternativement par chacune des sœurs. Toutefois Jeanne resta la quêteuse principale. Cette bonne sœur est aujourd'hui supérieure de la maison de Rennes.

Cependant, malgré toutes les pieuses industries des saintes filles et de leur directeur, la lutte était incessante pour se procurer le nécessaire.

Trois années s'étaient déjà écoulées depuis que la petite communauté était placée sous la protection de Marie immaculée, de saint Joseph et de saint Augustin, et aucune vocation de mendiante ne se manifestait. Les quatre sœurs étaient seulement assistées de temps à autre par deux ouvrières qui consacraient leur journée à l'entretien des vieillards. Ce noviciat porta ses fruits. Les sœurs assistantes ne résistèrent pas à l'exemple du dévouement : la charité les amena et les retint dans cette maison de pauvreté. C'est ainsi que plusieurs vocations se déclarèrent.

Maintenant, chère Anna, nous allons voir se renouveler les imprudences ordinaires de la charité.

En 1842, on acheta une grande maison. On l'acheta

sans la payer; l'abbé Le Pailleur dut vendre sa montre et quelques autres objets pour faire face aux frais du contrat. Cette maison, qui avait coûté 22,000 francs, se trouva payée au bout d'un an. Depuis ce temps, la Providence en a payé bien d'autres!

A cette époque, les sœurs prirent le nom de *Petites-Sœurs des pauvres*. Le fondateur et père de cette congrégation nouvelle fixa le règlement, tel qu'il est observé aujourd'hui. Aux vœux d'obéissance, de pauvreté et de chasteté, il ajouta celui d'hospitalité. Tandis que les Petites-Sœurs accomplissent dans le secret de leur cœur les premiers de ces vœux, le monde est témoin de leur fidélité à accomplir le dernier.

Au bout de dix mois, la grande maison était remplie de vieillards, hommes et femmes, et la quête était l'unique ressource pour vivre. Il y avait des moments durs à passer. Les *Petites-Sœurs* racontent volontiers que souvent la maison était absolument dénuée de provisions. Elles priaient : alors un bienfaiteur inattendu arrivait comme le gage certain que la Providence se plaît à éprouver la foi de ses enfants, mais qu'elle ne les abandonne pas.

Pour être fidèle historien des *Petites-Sœurs*, je serai obligée, chère Anna, de reproduire souvent les mêmes faits. Ainsi, la maison étant complètement remplie, il fallut songer à en établir une autre. Cette fois-ci, les *Petites-Sœurs* ne doutent plus de rien. Elles vont se faire architectes et maçons. Faute d'ourlets et de reprises, elles se mettent à déblayer un terrain qui leur appartient, elles se disposent même à creuser les fondations. A cette vue, les ouvriers de Saint-Servan sont émus; ils offrent leurs services aux *Petites-Sœurs*, qui s'en trouvent bien. Plus d'un de ces hommes pensa sans doute qu'en consacrant quelques heures de son temps à ce travail, il préparait une place à son vieux père.

Un legs de 7,000 francs et 3,000 fr. donnés à Jeanne Jugan par l'Académie française, facilitèrent considérablement l'exécution de la bâtisse.

Avec quelle reconnaissance les Petites-Sœurs recevaient ces secours inattendus, mais toujours espérés! Voyant enfin leur nombre s'accroître, elles résolurent de sortir de Saint-Servan.

J'entrerai dans le détail de quelques-unes des fondations qui se succédèrent : elles ont toutes un caractère miraculeux. Sœur Marie-Augustine se rendit à Rennes, et se mit à chercher un local avec l'empressement et l'aisance d'un acquéreur muni d'une bourse en bon état. Sœur Marie-Augustine, que nous appellerons désormais la Supérieure générale, s'établit plus que modestement dans un faubourg, au milieu de masures et de cabarets. Les *locataires* ne tardèrent pas à se présenter; et au bout de quelques jours, les pauvres savaient à qui ils avaient à faire.

La Supérieure voyant l'affluence des vieillards, n'hésita pas à acheter une maison, laissant à la Providence le soin de la payer, selon l'usage. On transporta les vieillards dans la maison. Une personne, témoin de ce déménagement, nous a dit que les soldats, habitués des cabarets voisins, avaient porté les bonnes femmes des *Petites-Sœurs* dans leur nouveau domicile : la charité appelle la charité.

La fondation de Rennes étant assurée, la Supérieure laissa quatre sœurs et retourna à Saint-Servan. Puis s'établirent les maisons de Dinan, de Saint-Brieuc et de Tours. Cette dernière fondation a été entourée de plus de difficultés que toutes les autres. Des cœurs moins résolus auraient renoncé à cette nouvelle entreprise. Néanmoins la foi et la persévérance triomphèrent de tous les obstacles. Ce fut même à partir de ce moment que toutes les autres fondations se succédèrent rapidement. On dirait que la Providence, touchée de tant de sacrifices, a voulu ouvrir aux *Petites-Sœurs* un large chemin pour courir vers les pauvres de Jésus-Christ.

En 1848, on acheta à Tours une belle maison avec jardin, au prix de 80,000 francs. Aujourd'hui 125 vieillards y sont logés, nourris, instruits et consolés.

Trois pauvres ouvrières ont posé les fondements de ce magnifique établissement : sœur Félicité a succombé; la mère Marie-Thérèse ne sert plus les pauvres que par la souffrance et la prière, et la Mère-générale continue à dépenser le peu de forces qui lui restent pour l'accroissement de l'œuvre.

Les *Petites-Sœurs* sont aimées et chéries de tous. Leur

œuvre est éminemment populaire. Pour s'en convaincre, il faut les suivre sur les places des marchés où elles vont quêter. C'est à peine si les quêteuses peuvent emporter tout ce qu'on leur donne. Les marchandes se disputent l'honneur de leur faire l'aumône. On cite des villes où la police a été obligée d'intervenir pour rétablir l'ordre sur la place. Leur vue stimule l'ouvrier à faire la charité. En un mot, on donne aux *Petites-Sœurs* tout ce qu'elles demandent. Une foule d'exemples en font foi.

Quelle longue lettre, chère Anna! et pourtant je suis loin d'avoir tout dit! Mon sujet est merveilleux, et si je me reconnais incapable de le traiter comme il mérite de l'être, j'ai au moins la certitude que mon cœur l'a compris.

Adieu, chère amie, je ne quitte nos *Petites-Sœurs* que pour les retrouver bientôt.

Votre affectionnée,

LISY.

LETTRE XXIII.

LES PETITES-SŒURS DES PAUVRES
A PARIS (Suite).

Paris devait nécessairement être le point de mire des *Petites-Sœurs :* toute grande ville est un centre de misère et de souffrance.

Au printemps de 1849, la Mère-générale et la Mère Marie-Thérèse vinrent à Paris.

Vous plaignez sans doute, chère Anna, ces deux Bretonnes habituées à une vie calme et ne connaissant d'autre bruit que celui des flots de la mer. Ne craignez rien pour elles. A la vérité, la grande ville leur cause bien quelque surprise, mais voilà tout.

Les *Petites-Sœurs* reçoivent à leur tour l'hospitalité :

l'asile de Nazareth, destiné aux vieillards, les abrite. Ainsi elles ne perdent pas de vue les pauvres. Quand il s'agit de se mettre à l'œuvre, elles sortent ayant pour tout guide un plan.

Cependant les bonnes sœurs parcouraient les quartiers populeux sans trouver un local favorable à leurs desseins. Elles ne tardèrent pas à ressentir la misère qu'elles venaient soulager : pendant un certain temps, les *Petites-Sœurs* furent nourries par le couvent de la Visitation, et finirent par aller se présenter aux fourneaux économiques, dernière ressource des indigents. Sur la présentation d'un bon de la valeur de cinq ou dix centimes, les *Mères* recevaient une portion de soupe ou de légumes. Nul doute que les saintes filles n'envisagèrent comme une faveur du ciel d'être réduites à cette extrémité. La vue de ces malheureux dont elles se voyaient entourées accrut encore le désir de les assister.

Les deux supérieures furent obligées de se séparer. La Mère Marie resta seule à Paris, cherchant une maison et soupirant après le moment où elle pourrait servir les pauvres.

Le choléra vint faire diversion aux préoccupations de la Mère Marie. Sans égard à la faiblesse de sa santé, elle se mit à soigner les cholériques. Elle-même fut atteinte du fléau : Dieu permit qu'elle y résistât. Enfin la Mère Marie, soutenue et protégée par les membres de la Société de Saint-Vincent-de-Paul, finit par trouver une maison dans le faubourg Saint-Jacques. Cette maison, comme toutes les autres, fut bientôt remplie d'indigents. Aujourd'hui 160 vieillards y sont parfaitement établis.

Nous avons visité cet asile, et nous avons contemplé une fois de plus encore les merveilles de la charité. Tous les récits, chère Anna, sont au-dessous de la réalité.

C'était le matin. Après avoir terminé le ménage, une sœur parcourait les dortoirs et les corridors en brûlant de l'encens pour purifier l'air. Quelques bonnes femmes assises sur leurs lits nous saluèrent comme on salue des gens qu'on n'est pas fâché de voir.

Pendant que la sœur allait et venait, une bonne femme l'appela : Ma petite sœur!

— Qu'est-ce que c'est?

— Je voudrais descendre.

— Comment! vous m'aviez promis d'être raisonnable, et vous recommencez!

— C'est vrai! eh bien! embrassez-moi, petite sœur.

La paix est faite.

Une autre voix se fait entendre.

— Ma petite sœur, j'ai bien faim.

— Patience, mère Charlot; vous aurez quelque chose de bon si vous êtes sage. Nous sommes en carême, pensez à Notre Seigneur.

La bonne femme sourit en entendant cette douce exhortation; elle joignit les mains et ferma les yeux.

Des dortoirs nous sommes descendus à la cuisine :

c'est une grande pièce claire et propre. Sur un immense fourneau bouillait une chaudière de café au lait et de la soupe au riz. La quêteuse venait de rentrer, de sorte que nous pûmes voir les grands seaux de fer-blanc dans lesquels sont soigneusement déposés les marcs de café et les autres dons.

L'office mit le comble à notre admiration : tous les restes sont assortis avec un soin et une propreté qui ne laissent rien à désirer. Il y a de tout dans ce garde-manger : poisson, viandes diversement préparées, légumes de toutes sortes. Les croûtes sont déposées dans un meuble à tiroirs fait exprès. Ces croûtes, très-abondantes, ne suffisent cependant qu'à la soupe.

La *petite-sœur* nous témoigna le regret que ces croûtes fussent insuffisantes pour nourrir la communauté : « Nous sommes obligées, dit-elle simplement, de manger du pain faute de croûtes. »

Je vous avoue, chère Anna, que ce renseignement me charme. Je suis enchantée que les *Petites-Sœurs* aient au moins de ce bon pain de Paris.

Les établissements de charité fournissent aussi leur contingent d'aumônes : nous avons vu des provisions venant de la maison des aveugles.

Si les *Petites Sœurs* croient n'assister que les pauvres, elles se trompent : selon moi, elles détruisent l'anathème que Notre Seigneur a porté contre les riches, en leur offrant l'occasion de donner aux pauvres les miettes de leur table.

Il est difficile, même avec de bonnes intentions, de faire chaque jour la part du pauvre. On donne un secours de temps à autre, mais l'économie de l'aumône n'existe pas. Les *Petites-Sœurs* lèvent l'obstacle en se présentant à jour fixe. Les serviteurs peuvent participer aux bienfaits de leurs maîtres. Pour cela il leur suffit de penser aux pauvres, de mettre la desserte de la table en réserve et de faire bon accueil à la quêteuse.

La sœur nous dit en effet que le résultat de la quête dans chaque maison dépend du cœur des domestiques. Parmi eux il y en a d'assez charitables pour apporter le surplus de la table de leurs maîtres.

Un cuisinier d'une grande maison de province, arrivant à Paris, entendit parler des *Petites-Sœurs*. Aussitôt il demanda et obtint de ses maîtres la permission de prévenir les quêteuses.

Bénie soit à jamais une œuvre qui sauve les maîtres et les serviteurs !

Les relations des *Petites-Sœurs* s'étant étendues, le curé de Saint-Sulpice, heureux de voir ses pauvres si bien secourus, a fait don à chacune des maisons établies sur sa paroisse d'une petite cariole et d'un âne. Ce moyen de transport simplifie beaucoup la quête et permet aux sœurs de rapporter un butin plus considérable.

Paris possède déjà cinq maisons de Petites-Sœurs. Ce qui veut dire que des centaines de vieillards sont à l'abri de toute misère. Quarante sœurs se partagent le soin de ces maisons.

Chaque quartier de la ville ambitionne l'honneur de posséder les *Petites-Sœurs*. Il n'est pas douteux que le temps ne réalise cette espérance qui doit être celle de tout cœur charitable. La congrégation compte déjà 1700 sœurs, et 10 à 11,000 vieillards sont recueillis.

La 10e légion de la garde nationale a fait connaître à Paris ses sentiments de charité en offrant aux *Petites-Sœurs* une somme de 14,000 francs pour s'établir dans le 10e arrondissement (aujonrd'hui le 7me). Je vous laisse à penser si l'offre fut acceptée avec empressement. On loua bien vite une maison. Les ressources avec lesquelles commençait cette fondation ne changèrent rien à la manière de s'établir : les *Petites-Sœurs* ne se séparent jamais de la pauvreté. Elles veulent tout devoir à la charité.

La maison n'était pas encore balayée lorsqu'un vieillard, averti de la bonne nouvelle du quartier, vint frapper à la porte. Fidèles à leur vœu d'hospitalité, les servantes des pauvres accueillirent le vieillard, quoique la maison fût dénuée de tout. Ce ne fut que le soir qu'on apporta un lit pour l'hôte inattendu et deux paillasses pour les sœurs.

Cet établissement a été transféré avenue de Breteuil. 230 vieillards y sont admis. La 7me légion a conservé ses droits pour faire recevoir des vieillards. Chaque compagnie peut disposer de deux lits en payant une certaine somme. L'ordre, la paix et le bonheur y règnent. Les pauvres et les riches bénissent le voisinage des

Petites-Sœurs. La charité paie un loyer de 4,500 francs, sans compter tout ce qu'elle fournit encore. Comment ne pas voir un miracle dans une pareille prospérité?

La maison de l'avenue de Breteuil ne le cède en rien, pour la bonne tenue, à celle de la rue Saint-Jacques. Les visages qu'on y rencontre sont empreints de la même sérénité.

Lorsque je demandai la permission de visiter la maison, m'informant de l'heure qui convenait le mieux, la sœur placée à la porte me répondit d'une voix qu'il me semble encore entendre : Madame, l'heure des *Petites-Sœurs* est celle de tout le monde.

Les *Petites-Sœurs* ne se bornent pas à soigner le corps et l'âme de leurs pauvres, elles s'appliquent encore à les distraire : la fête de la Supérieure, l'anniversaire d'une fondation sont des jours de grand *extra*.

Les croûtes et les restes sont mis de côté pour le lendemain; les dames amies des *Petites-Sœurs* s'entendent pour fournir un dîner neuf. L'une donne le pot-au-feu (*a french soup*), l'autre le rôti de veau, celle-ci la salade, et une autre le café.

Une de mes connaissances, étrangère comme moi, m'a procuré le grand plaisir d'assister à une de ces agapes.

J'ai vu, chère Anna, ces bonnes gens assis autour d'une table abondamment servie. Tout le monde avait fait un brin de toilette; la gaîté et la joie étaient répandues sur les visages; on voyait clairement que tous ces gens-là avaient *un cœur nouveau*. L'esprit de notre divin Maître revit dans ces fêtes : les pauvres sont servis par les riches. Je réclamai la faveur de me rendre utile. On me permit de servir le café.

A la fin du repas la gaîté avait monté, si bien que quelques ex-musiciens se mirent à chanter de bons vieux airs d'autrefois.

Les plus habiles femmes du monde ne peuvent se flatter de réussir dans leurs fêtes autant que les *Petites-Sœurs* : là tout le monde est content.

Mais c'est au lit de mort de ces vieillards que les *Petites-Sœurs* m'apparaissent dans toute la sublimité de leur vocation ! On peut dire, sans crainte d'exagérer, que, loin des *Petites-Sœurs*, le plus grand nombre de ces bonnes gens mourraient dans le délaissement et l'abandon : leurs âmes partiraient sans savoir où elles vont.

Chez les *Petites-Sœurs*, Anna, la mort est douce et solennelle. Le mourant est l'objet de la plus tendre sollicitude : les dégoûts se changent en délices pour les saintes filles ; rien n'est au-dessus de leurs forces. Elles rassurent l'âme tremblante ; leur main ne quitte la main du vieillard expirant que pour fermer ses yeux, et, remplissant les devoirs de la piété filiale dans toute son étendue, elles accompagnent ce pauvre corps, objet de leur respect et de leurs soins, jusqu'au tombeau.

Voilà, chère amie, les prodiges de charité qui s'accomplissent par les *Petites-Sœurs*. Elles sont déjà parvenues à établir cent et une maisons : La France, l'Allemagne, la Belgique et, grâces à Dieu, l'Angleterre aussi, recueillent les fruits d'un si grand dévouement. Nous savons qu'à Londres les *Petites-Sœurs* sont aimées et respectées. La douceur et la simplicité qui les caractérisent attirent vers elles tous les pauvres sans distinction de religion.

Quel courage n'a-t-il pas fallu à ces saintes filles pour vaincre les difficultés de cette fondation! Si nous songeons à la tristesse que ressent parfois le voyageur étranger à la langue et aux mœurs du pays qu'il parcourt, nous éprouverons un véritable sentiment de compassion en songeant aux *Petites-Sœurs* débarquées à Londres pour mendier.

Adieu, chère Anna, ne nous lassons pas de parler des *Petites-Sœurs*. Tâchons de faire ouvrir les portes de nos grandes villes à ces femmes héroïques, dont toute l'ambition est de mendier pour les pauvres de Jésus-Christ.

Votre affectionnée,

LISY.

LETTRE XXIV.

LE COUVENT DES SŒURS AVEUGLES DE SAINT-PAUL.

Je compare l'œuvre dont je vais vous entretenir aujourd'hui, chère Anna, à une âme ignorée du monde, sur laquelle Dieu répand ses grâces, et qui, après s'être fortifiée dans la solitude par la prière et le sacrifice, est mise tout à coup en lumière pour accomplir de grandes choses.

La charité eût été incapable à elle seule de fonder une œuvre dont les éléments sont partout ailleurs des obstacles. Les aveugles ont toujours, il est vrai, excité la compassion : des établissements leur sont spécialement consacrés; le respect qu'ils inspirent s'observe même devant le chien qui conduit son infortuné maître à travers la ville.

Cependant personne n'avait encore songé à procurer à des filles aveugles plus que le nécessaire. La part était pour ainsi dire faite à leur âme. Une religieuse, devenue aveugle, reste au milieu de ses sœurs comme une fille bien-aimée demeure au sein de sa famille; mais jusqu'ici on n'admettait pas que l'aveugle pût avoir la vocation religieuse. Dieu réservait cette mission à une âme d'élite qu'il plaça de bonne heure dans la voie du sacrifice et du dévouement.

Une femme, tenant par la main sa petite fille âgée de trois ans, entra un jour dans l'église de Saint-Merry et lui fit prononcer l'acte de consécration à la très-sainte Vierge.

La Mère de Dieu bénit cette démarche; la piété se développa dans le cœur de l'enfant, et, bien avant qu'on la crût capable d'une réflexion sérieuse, elle résolut de se donner à Dieu tout entière.

L'obstacle à cette pensée généreuse fut la mère elle-même. L'autorité maternelle déploya toute l'énergie de ses droits. Les difficultés se multiplièrent pendant plusieurs années à un tel point, que la jeune personne les considéra comme une manifestation de la volonté divine: elle céda à la force des circonstances sans changer de sentiment. Mais le bon Maître n'oublie pas ceux qui veulent le servir.

En 1837 la jeune personne quitta sa famille pour fonder un ouvroir : c'était un moyen de se dévouer.

A Paris, chère Anna, on recherche beaucoup les femmes pieuses et capables qui veulent bien se charger, pendant une suite d'années, de jeunes filles pour en faire de bonnes ouvrières. Le nouvel ouvroir fut donc bientôt fréquenté. Le nombre des apprenties s'éleva successivement jusqu'à quatre-vingts, et pendant dix-sept années, celle qui trouvait son bonheur à répandre le règne de Jésus-Christ dans les âmes, instruisit, maintint dans la vertu les jeunes filles confiées à ses soins.

En 1840, la directrice de l'institution des aveugles proposa à la maîtresse de l'ouvroir de se charger de plusieurs enfants pour les instruire et les préparer à la première communion; elle refusa. En 1848, une personne lui fit la même proposition pour des jeunes filles adultes ayant passé l'âge d'être admises à l'institution, et réduites, par suite de cet obstacle, à vivre dans une grande misère du corps et de l'âme. Elle refusa encore, considérant cette nouvelle tâche au-dessus de ses forces. Cependant ces refus réitérés de se charger d'enfants aveugles la troublaient; quoiqu'elle appuyât sa résistance sur des motifs plausibles, il lui semblait qu'elle résistait à Dieu. Les circonstances d'ailleurs augmentaient de plus en plus son incertitude : en même temps que d'un coté on venait lui proposer des petites filles sourdes-muettes, de l'autre on la pressait de se charger, pendant trois ans, de filles aveugles.

Cette coïncidence détermina la maîtresse de l'ouvroir à consulter le R. P. Varin, de si douce mémoire, sur le parti qu'elle devait prendre.

Le vénérable Père hésita entre deux si grandes misères; toutefois les filles aveugles le touchaient encore plus que les sourdes-muettes. Il promit son conseil à sa fille spirituelle, après que lui-même aurait imploré celui de l'Esprit-Saint.

La mort devait retirer de ce monde le P. Varin, avant qu'il eût prononcé. Mais, fidèle à sa promesse, il dit, quelque temps avant de mourir, à celle qu'il avait si bien consolée dans ses épreuves : « Ma fille, je parlerai de nos aveugles au bon Dieu. »

Cependant la maîtresse était toujours incertaine, lorsqu'un jour on vint lui annoncer deux aveugles arrivant de province : elle les reçut sans hésiter, ayant l'intime conviction que leur présence était la réponse du R. P. Varin.

C'est à partir de ce moment que commença le noviciat de patience et d'abnégation de celle qui devait être un jour *la Mère des aveugles*. Le souvenir du R. P. Varin releva plus d'une fois son courage : *Souvenez-vous*, avait dit le Père à sa fille spirituelle, *que les œuvres de Dieu se fondent sur les croix, mais ayez confiance et courage.*

Dix-sept années de travail et de direction avaient bien certainement fourni d'amples épreuves à une personne chargée d'un ouvroir; toutefois ces épreuves s'accrurent en raison de son dévouement.

Les nouvelles hôtes se montrèrent exigeantes; l'esprit religieux de la maison les surprit; aucun germe de foi n'ayant été jeté dans leur âme, elles tournaient en dérision la piété, qui pouvait seule donner à leur bienfaitrice le courage de les supporter.

L'œuvre de Dieu avait été confiée à une servante bien petite, mais elle était incapable de l'abandonner. D'ailleurs la grâce inspire toujours les disciples du Maître. Après avoir longtemps réfléchi au moyen le plus propre à relever le moral de ces pauvres filles, la maîtresse résolut, quelle qu'en dût être la difficulté, de leur confier des occupations d'une certaine importance. Cette charité ingénieuse produisit son effet. Un commencement de bonne volonté et de reconnaissance ne tarda pas à se montrer. Est-il possible, chère Anna, de ne pas sentir un jour ou l'autre le dévouement dont on est l'objet?

Ces filles aveugles avaient été jusque-là humiliées de leur incapacité; ce sentiment les réduisait à un état voisin de l'ineptie; elles se considéraient presque comme des *choses*, ou au moins comme de malheureuses esclaves dépendantes de tous, et poussaient le désespoir jusqu'à douter qu'elles eussent une âme.

La directrice encouragée par ce premier progrès, s'attacha de plus en plus à inspirer à ses filles le désir de se rendre utiles, en même temps qu'elle leur en donnait l'occasion.

Dix-huit petites Allemandes fréquentaient alors l'ouvroir; la religion entrait nécessairement en première ligne dans leur éducation. La maîtresse profitant de la présence de ces enfants pour animer le zèle de ses aveugles, leur dit un jour : « Si vous vouliez apprendre le catéchisme, vous instruiriez ces petites Allemandes; ce serait un grand allégement pour moi, un grand bien pour elles et pour vous-mêmes. » La proposition fut acceptée et mise à exécution avec un succès inespéré.

L'esprit s'améliorait parce que le cœur se dilatait.

Le R. P. Châble donna une retraite dans la maison. On laissa aux aveugles la liberté d'en suivre les exercices, sans leur en faire une obligation : elles assistèrent à cette retraite toutes les quatre.

Cependant une de ces filles se montrait toujours très-indocile. C'était une lutte incessante. La persévérance finit par triompher, et cette même fille, très-capable, devint d'un secours puissant pour sa bienfaitrice.

Six aveugles indomptables, renvoyées de l'institution, vinrent se réunir aux quatre premières. Ces nouvelles hôtes furent bien accueillies malgré leur mauvaise réputation.

Il faudrait, chère Anna, trahir les secrets de la charité pour vous donner une idée des peines et des luttes qu'il y eut à supporter pendant deux années entières pour réduire ces pensionnaires. Dieu seul en était témoin.

Cependant un jour, une de ces filles, mûe par un sentiment de reconnaissance, laissa échapper de son cœur quelques paroles généreuses, en présence de ses compagnes, et cherchant les mains de la femme charitable qui souffrait en silence depuis si longtemps, elle les baisa respectueusement en l'appelant sa mère : la charité avait conquis un cœur.

La grâce agissait fortement sur ces pauvres enfants : sans doute il y avait toujours des luttes à soutenir, des sévérités à exercer; la bonne semence était jetée dans leurs âmes, il fallait encore qu'elle portât des fruits.

L'expérience de chaque jour confirmait l'utilité d'une vie active pour les aveugles. Tous les efforts de la directrice tendaient vers ce but. Elle obtint des résultats étonnants. Leur ayant persuadé que la bonne volonté était un sixième sens capable de remplacer celui qu'elles avaient perdu, elle leur partagea les soins du ménage et la surveillance de l'ouvroir. Ainsi encouragées, ces filles se mirent à l'œuvre et prouvèrent qu'on n'avait pas trop présumé de leur intelligence et de leur zèle.

Oui, chère Anna, ces aveugles donnaient l'instruction religieuse aux enfants, présidaient l'ouvroir, voyaient sans yeux, à ce point qu'il leur était devenu facile de distinguer, au bruit de l'aiguille, le degré de savoir et l'activité des ouvrières. La Supérieure m'a dit que jamais le service de la maison n'avait été mieux fait que par les aveugles : propreté, vigilance, attention, dévouement, rien n'y manquait.

Un changement complet s'était opéré. Faut-il s'en étonner? Ces pauvres filles, qui avaient toujours reçu, connaissaient enfin le bonheur de donner!

Elles firent de notables progrès dans la piété ; la méditation et l'oraison leur devinrent familières : elles entraient dans la lumière.

Cependant on songeait quelquefois à l'avenir (*comme si le passé ne le garantissait pas*). La Mère se demandait que deviendraient ses filles en la quittant. Un jour elles lisaient ensemble la vie de mademoiselle de Lamouroux ; étant arrivée à ce passage, où la sainte personne assure qu'avec 6 francs dans sa poche, une semaine d'ouvrage et trois chambres, on peut fonder une communauté, la directrice dit en riant : Que vous en semble, mes filles, si nous fondions une communauté? Cette proposition égaya la réunion ; toutefois personne ne dit non.

Un trait de lumière avait pénétré dans l'âme de *la Mère*. Cette idée de communauté s'empara d'elle et ne la quitta plus. Elle en parla au R. P. Châble, qui l'engagea à ne pas abandonner cette pensée. Le même encouragement ne lui fut cependant pas donné par d'autres personnes : *C'était une folie d'un genre nouveau*, et rien de plus. Mais la voix de Dieu dominait celle des hommes, et la *Mère des aveugles* gardait l'espoir de consacrer un jour ses filles au Seigneur.

M. l'abbé de la Bouillerie[1] vint visiter l'établissement et il donna la plus grande attention aux paroles de la directrice ; la piété et l'industrie des aveugles le tou-

---

[1] Aujourd'hui évêque de Carcassonne.

chèrent profondément. Le sens particulier qu'il a pour les œuvres de Dieu lui fit aussitôt entrevoir une nouvelle voie miséricordieuse de la Providence, dont le secret serait encore confié à la France.

M. de la Bouillerie parla à Monseigneur l'Archevêque de ce qu'il avait vu dans une pauvre maison de la rue des Postes. Le prélat, touché à son tour du récit de son grand vicaire, s'empressa d'aller voir l'ouvroir des filles aveugles. Il fut édifié à ce point, que sans tarder davantage, il déclara à la directrice et à ses filles qu'elles pouvaient se considérer comme formant une congrégation religieuse. Monseigneur leur donna pour supérieur M. l'abbé Dedoue, et, à partir de ce moment, les sœurs furent soumises à un règlement et prirent un costume religieux.

Convenez, chère Anna, que mademoiselle de Lamouroux connaissait parfaitement l'économie de la Providence.

A peine l'existence de cette communauté fut-elle connue, que plusieurs évêques témoignèrent leur admiration en demandant des sujets pour établir des congrégations semblables dans leurs diocèses.

De jeunes filles jouissant de la vue se présentèrent au noviciat. Leur concours est indispensable dans une pareille communauté. La maison devint bientôt trop étroite, et on alla s'établir à Vaugirard.

Le 12 mai 1853, M. l'abbé de la Bouillerie vint donner l'habit religieux à treize sœurs, dont sept étaient aveugles. La femme dévouée qui avait si fidèlement répondu à la voix de Dieu était de ce nombre; elle conserva le titre de Mère et de Supérieure.

Cette communauté est désignée sous le nom des *Sœurs aveugles de Saint-Paul*, en mémoire sans doute des paroles que le grand Apôtre adressait aux Éphésiens; car elles portent une croix sur laquelle sont gravées ces paroles : *Nunc autem lux in Domino*.

Malgré les obstacles et les difficultés d'une semblable fondation, l'établissement des sœurs aveugles de Saint-Paul se consolide. De Vaugirard les sœurs sont allées au Bourg-la-Reine, dans l'ancien château de Henri IV. Beaucoup de choses leur manquent assurément; mais elles ont les consolations de la communauté, une Mère attentive à tous leurs besoins, et un aumônier dévoué qui s'associe à leur pauvreté en consacrant ses talents et son zèle à les faire voir dans la lumière du Seigneur.

J'ai visité les sœurs aveugles au Bourg-la-Reine, chère Anna. Cette visite sera le sujet de ma prochaine lettre. Je me flatte que vous l'attendez avec impatience (c'est le cœur qui dit cela).

Adieu, je ne me lasse pas de vous appeler ma plus chère amie, et de me dire votre plus fidèle

LISY.

LETTRE XXV.

SUITE DE L'ŒUVRE DES SŒURS AVEUGLES DE SAINT-PAUL.

Le caractère royal du château de Bourg-la-Reine se retrouve encore dans le parc et dans certains détails de l'habitation. En voyant des aveugles errer dans ces vastes avenues à la suite des pas de Henri IV, de Louis XIII et d'Anne d'Autriche, il est impossible d'oublier l'instabilité des choses humaines. Le soleil ne reflète plus ses rayons sur de riches vêtements d'or et de soie, la bure les absorbe, et l'astre du jour ne s'y lève que pour quelques habitants privilégiés du château de nos rois.

Un chemin de fer conduit en quelques minutes au

Bourg-la-Reine. Le château est bien situé, la porte est un objet d'antiquité assez rare dans un pays où tout se renouvelle avec une si grande facilité.

Une novice à la vue incertaine remplit l'office de portière. On peut dire qu'elle est l'enseigne de la maison.

La bonne petite sœur nous reçut avec cordialité et nous conduisit près de la supérieure vers laquelle je me sentis attirée tout d'abord. A quoi vous répondez, chère Anna, avec un sourire tant soit peu malin, que la cornette produit toujours cet heureux effet sur mon cœur. Je n'en disconviens pas : je suis prévenue en faveur des âmes généreuses qui se donnent entièrement à Dieu. Mon amie fit part à la Mère Saint-Paul du motif de notre visite, comme étrangers et catholiques. Aussitôt la supérieure s'offrit elle-même pour nous montrer la maison.

Au bruit que nous fîmes en entrant dans le noviciat, toutes les sœurs se levèrent et suspendirent leur travail; car, chère Anna, s'il y a dans le monde beaucoup de mains oisives, il n'en est pas de même ici.

Le noviciat est dirigé par une sœur Visitandine. Les filles de saint François de Sales ont prêté leur concours à la Mère Saint-Paul. On n'est pas surpris de les trouver dans cette communauté : l'esprit de douceur et de charité que leur a légué leur Père saint François, les rend aptes à soulager toutes les misères.

Notre attention se porta aussitôt vers les aveugles : elles étaient au nombre de quinze; toutes travaillaient.

Le tricot et le filet ne sont pas leurs seules industries, elles ourlent des serviettes, et enfilent leur aiguille sans aucun secours. La maîtresse d'ouvrage est elle-même aveugle. Nous avons admiré des mitaines de tricot de soie qu'elle terminait; le dessin en était vraiment élégant.

Ces bonnes filles répondirent à nos questions avec une simplicité charmante. A l'approche de la Mère Saint-Paul, elles lui prirent les mains et les baisèrent avec un tendre respect.

Le spleen, chère amie, est banni de ce séjour. Toutes les physionomies sont calmes et douces, et l'on serait tenté de croire au bonheur sur la terre lorsque ces pauvres aveugles prononcent ce mot, qui laisse tant à désirer à nous autres gens du monde, qui avons des yeux.

J'étais tout absorbée par l'émotion que me causaient les merveilles dont j'étais témoin. Georges seul faisait la conversation.

— N'avez-vous pas des moments de tristesse, ou au moins d'ennui, ma Sœur?

— Non, Monsieur, ici c'est le paradis terrestre : on est toujours content.

— Vous devez être bien recueillie; c'est un avantage de votre infirmité.

— Recueillie! reprit la religieuse en riant; les aveugles, Monsieur, sont les personnes les plus curieuses du monde, en France, du moins. Nous sommes sans cesse tentées de lever le nez et de tourner la tête pour savoir ce qui se passe autour de nous.

— Dites-moi, vous souvenez-vous de tout ce que vous avez vu avant d'être aveugle?

— Oh! oui, Monsieur, il est si doux de voir la lumière du jour, les étoiles..... la campagne en été..... Je me souviens de tout ce que j'ai vu, dit-elle d'un ton sérieux.

— Croyez-vous, ma Sœur, qu'il soit moins triste d'avoir toujours été aveugle?

— C'est selon, Monsieur; il y a des aveugles qui aiment à se rappeler ce qu'elles ont vu, et puis les souvenirs aident l'intelligence. Cependant ces souvenirs attristent certaines personnes. Le matin quand le chant des oiseaux annonce le retour du printemps, on aimerait à sortir comme eux de la nuit. Les aveugles de naissance sont en général plus recueillies.

— Pouvez-vous apprécier l'espace?

— Très-bien; la voix nous aide à le mesurer.

— Vous habituez-vous facilement à un changement de localité?

— Il suffit de nous faire passer plusieurs fois par les mêmes endroits. Lorsqu'il arrive de nouvelles sœurs aveugles, les anciennes leur font les honneurs de la maison.

Il fallut mettre un terme aux questions de Sir Georges.

Du noviciat nous sommes allés à la chapelle. Je pensais que la méditation et l'oraison remplissaient seules le temps que les aveugles passent devant Dieu. Quel fut donc mon étonnement en entendant la supérieure nous dire que ses filles lisaient chaque jour, au moyen de livres spéciaux, le grand office de la Vierge, et qu'elles suivent exactement le règlement d'une communauté ordinaire!

En sortant de la chapelle, je lus une inscription qui rappelle l'entrevue du Dauphin de France avec l'Infante d'Espagne.

Le contraste de ce passé royal avec ce présent indigent a constamment alimenté ce que vous appelez ma philosophie.

Une classe d'enfants aveugles, pour la plupart rachitiques, a mis le comble à mon admiration. Ces pauvres enfants apprennent, avec le secours de monitrices aveugles, la lecture, l'écriture et le travail manuel.

On leur apprend surtout à voir!

Ces monitrices sont d'une habileté remarquable : elles lisent sur des cartons pointés avec autant de rapidité que nous lisons dans nos livres. Leur manière d'écrire n'est pas moins curieuse. Elles obéissent aux moindres ordres avec une précision qui ne laisse rien à désirer.

On enseigne la musique aux enfants. Une petite fille de huit ans se mit au piano. Ses doigts hésitèrent sur le clavier jusqu'au moment où son oreille très-sûre la guida.

L'établissement des sœurs de Saint-Paul diffère de tous les autres en ce qu'il n'y a pas de terme à l'hospitalité qu'on y accorde. On reçoit les enfants dès l'âge de six ans, moyennant une petite somme. On pourvoit à leur instruction et à leur entretien; on les forme aux travaux dont elles sont le plus capables. Elles peuvent rester dans la maison, si leurs parents ou leurs bienfaiteurs le désirent. Celles qui ont la vocation religieuse entrent dans la communauté. C'est alors que les fruits de l'œuvre se multiplient puisque ces mêmes enfants communiquent à d'autres l'instruction qu'elles ont reçue.

Après une semblable visite, l'admiration succède à la compassion : sans doute les aveugles sont fort à plaindre, mais que dire des femmes qui se vouent à une éducation aussi difficile? La mère porte courageusement son enfant dans ses bras; elle sait qu'un jour il marchera seul, et que mille jouissances sont réservées à son cœur maternel; le silence est quelquefois un moyen dont elle use pour l'éducation de sa fille : d'un regard elle l'encourage ou lui inspire une crainte salutaire. Pour la mère de l'aveugle, il n'y a pas d'avenir!

On loue volontiers la charité, quelle que soit la part qu'on y prenne. Mais, chère Anna, les œuvres spirituelles ne sont pas à la portée de tous. Notre-Seigneur a dit : « Je vous remercie, mon Père, d'avoir caché ces choses aux grands et de les avoir réservées aux petits. »

S'il y a des gens incapables de comprendre la vocation religieuse, et qui disent : Pourquoi tant de couvents? Vous pouvez croire, chère Anna, qu'il y en a encore un plus grand nombre qui disent : A quoi bon une communauté d'aveugles? Je dis que cela est bon à satisfaire le désir de certaines âmes qui brûlent de s'unir intimement à Dieu, et cela suffit. De pauvres filles, que leur infirmité place au dernier rang de la société, sont tout à coup réhabilitées non-seulement vis-à-vis d'elles-mêmes, mais aux yeux du monde; car l'habit religieux n'est point un habit ordinaire, il élève celui qui le porte : ces religieuses seront très-utiles à leurs semblables, elles les instruiront et leur prouveront que Dieu tire sa gloire de toutes ses créatures.

Quel changement dans la vie des sœurs de Saint-Paul! Autrefois réduites à un petit nombre d'actions qu'elles accomplissaient dans une dépendance pénible, elles sont soumises aujourd'hui à une règle commune, leur vie a un but : louer Dieu, enseigner aux autres à le louer, tel est leur partage. L'oisiveté, naguère inévitable, est remplacée par des occupations manuelles d'un si grand secours pour l'esprit, que les solitaires du désert faisaient et défaisaient leurs nattes de jonc plutôt que de ne pas occuper leurs mains. Jamais ces fidèles servantes, il est vrai, n'admireront les œuvres du Créateur : la beauté du firmament, la majesté des flots; elles passeront indifférentes devant les fleurs; mais elles entendront la voix des chênes et des hêtres, et saint Bernard a dit qu'on apprend beaucoup à converser avec eux.

Et puis, chère Anna, quels entretiens délicieux ne doivent-elles pas avoir avec Notre-Seigneur! Croyez-moi, le bon Maître a en réserve des paroles pour elles, et nul parmi nous ne les entendra.

Le charme que je trouve à promener mes regards sur

un paysage d'Italie ou de France ne m'empêche pas de comprendre cette vie cachée. Peut-être, chère amie, mettez-vous sur le compte de mon imagination une partie de mes réflexions : la physionomie des sœurs aveugles de Saint-Paul vous donnerait un beau démenti. Aucune sensation extérieure ne semble agir sur ces bonnes filles, et pourtant leur expression habituelle est un mélange de calme et de joie : tout le monde en est frappé.

Cette visite m'a été utile : l'homme est naturellement si ingrat qu'il a sans cesse besoin de considérer la misère à laquelle il échappe pour apprécier les biens qu'il possède.

J'étais profondément émue. Georges et la baronne respectèrent mon silence pendant le court trajet de Bourg-la-Reine à Paris[1]. Mes yeux suivaient les derniers rayons du soleil couchant, et les paroles du Prophète s'échappaient de mon cœur : *O Dieu, vos voies sont toutes saintes : est-il un Dieu grand comme le Dieu que nous adorons? Vous êtes le Dieu qui fait les miracles.*

Travaillons, chère amie, à faire connaître l'œuvre des sœurs aveugles de Saint-Paul : puisque tous les catholiques sont frères, envoyons nos aveugles en France pour *recouvrer la lumière*. Et nous, ma bien chère Anna, bénissons Dieu chaque fois que nous levons les yeux au ciel.

Votre affectionnée,
LISY.

---

[1] Les sœurs aveugles de Saint-Paul sont établies aujourd'hui, rue de l'Enfer.

LETTRE XXVI.

L'ŒUVRE DES MILITAIRES.

Puisque l'armée française attire les regards de l'Europe, non-seulement par ses exploits et sa gloire, mais aussi par sa discipline et sa valeur morale, il me semble juste, chère Anna, de vous faire connaître l'œuvre des militaires.

Cette œuvre est une des plus sérieuses et des plus importantes; toutefois elle s'accomplit sans bruit et presque dans l'ombre.

A plusieurs époques, des âmes généreuses se sont préoccupées des militaires au point de vue religieux, et ont essayé de les réunir pour leur procurer l'instruction nécessaire au chrétien et au soldat; mais ce n'est qu'en

1848 qu'on a réalisé cette bonne pensée. La prière d'une mère, d'une sœur, restées au village, n'a pas sans doute été étrangère au succès de l'entreprise.

Le but principal qu'on se propose est de donner aux soldats une éducation élémentaire sous l'influence de la religion, de les aider à conserver la foi dont la plupart ont hérité de leurs parents, de fortifier les faibles, qui deviennent si facilement victimes du respect humain, et enfin d'instruire et de ramener les ignorants et les impies.

Grâce au zèle de plusieurs hommes dévoués, on a ouvert dans Paris des écoles pour les soldats. On leur apprend à lire, à écrire et à compter. Quelquefois il ne reste qu'à les perfectionner dans ces connaissances élémentaires. L'histoire et la géographie entrent aussi dans le programme des études. Mais avant tout on veut former ces jeunes gens à la pratique et à l'amour de la religion, afin qu'ils se mettent au-dessus du respect humain, s'affranchissent des passions mauvaises et acceptent généreusement les devoirs de leur état.

Jusqu'alors, les bons et les mauvais sujets avaient été confondus dans la même compagnie; le soldat chrétien n'avait pu parler à son camarade de l'église et du cimetière de son village. Aujourd'hui, sur une simple invitation dégagée de toute contrainte, le bon grain se sépare de l'ivraie. L'exemple, ce maître si puissant, fait des prosélytes nombreux; les bons s'encouragent et se soutiennent.

Les exercices religieux faits en commun sont d'une

grande édification. Chacune de ces écoles possède toujours quelques sujets capables de seconder le zèle de *leurs maîtres*, en aidant les camarades qui n'ont jamais fréquenté l'école.

Les avantages de l'instruction sont peu importants en comparaison de l'action morale. Une fois que le soldat est affermi dans ses principes religieux, il marche sous la bannière de l'Église, comme il marche sous la bannière de l'honneur. Rien ne l'arrête ; il confesse partout sa foi et la justifie par ses œuvres.

La France a compris, chère sœur, de quelle ingratitude elle se rendrait coupable en refusant à ses braves soldats les secours de la religion. Quels hommes, en effet, en ont plus besoin, puisque leur carrière est une carrière de dangers ? Les régiments envoyés en Crimée ont donc été pourvus d'aumôniers, et la chapelle de l'École militaire de Paris a été rendue au culte.

Puisque l'Angleterre étudie l'organisation de l'armée française, je n'omettrai point, moi Anglaise, d'entrer dans les détails de l'*Œuvre des soldats*.

Nulle école ne s'ouvre qu'après avoir obtenu le consentement de l'autorité militaire. Ce consentement s'obtient facilement.

Les réunions doivent avoir lieu, autant que possible, dans un local attenant à une église ou à une chapelle. Il faut que les soldats puissent travailler tranquillement, et qu'après la classe il leur soit facile de se rendre à l'église pour les exercices religieux.

L'œuvre est placée sous le patronage de l'autorité ecclésiastique, la seule qui autorise les instructions religieuses. Un aumônier est attaché à l'école; des laïques et quelquefois aussi les *frères* suppléent au zèle de l'aumônier. Lorsque ces auxiliaires manquent, on a recours à l'enseignement mutuel. Ce moyen fournit aux soldats l'occasion de pratiquer la charité envers leurs camarades, et sert à former des sujets dont la présence devient précieuse plus tard dans les garnisons.

La manière de former ces écoles est fort simple. On réunit quelques bons sujets (il y en a toujours dans un régiment), on les encourage à amener des camarades. Le soldat s'acquitte parfaitement de cette mission; en peu de temps l'école devient nombreuse.

A moins de défense supérieure, les soldats se réunissent tous les jours, entre le repas du soir et du rappel. Cette partie du jour est la plus commode pour les hommes du monde qui s'érigent en professeurs de caserne.

Les écoliers sont divisés en plusieurs catégories, suivant le degré d'instruction; tous sont occupés. Les journaux et les romans sont interdits.

La classe étant terminée, les livres, les plumes et les cahiers sont *militairement* rangés. Chaque soldat reste à sa place. On distribue des livres de prière, et de préférence le *Manuel du Soldat* ou des cantiques également composés pour les soldats.

Le chant religieux plaît à ces braves jeunes gens.

Quand on connaît Dieu, on aime à chanter ses louanges. Il y a souvent de belles voix dans ces chœurs improvisés.

L'aumônier fait une instruction religieuse. Quelquefois cette instruction est remplacée par le récit d'une histoire ou par une simple lecture commentée. La séance se termine par la prière, à laquelle on ajoute un *Pater* et un *Ave* à l'intention des parents des militaires, des camarades malades et de ceux qui font campagne. Lorsqu'un soldat meurt, on fait dire une messe pour lui, et une fois par an l'aumônier offre le saint Sacrifice pour tous les militaires défunts des écoles.

Il y a chaque semaine une réunion uniquement religieuse : c'est le congé des écoliers. Une récréation précède l'instruction. Le loto et le domino sont les principales distractions ; les enjeux sont absolument défendus. L'aumônier rapporte des traits édifiants fournis par les soldats eux-mêmes.

Quelquefois la séance se termine par une loterie d'objets à l'usage des militaires, donnés par les femmes du monde. Cette surprise est fort goûtée.

Une messe est dite le dimanche, à l'heure la plus commode, et le soir il y a vêpres et salut.

Les hommes qui se dévouent à cette œuvre intéressante s'efforcent de communiquer à leurs frères d'adoption toutes les grâces que l'Église accorde à ses enfants. Il y a une retraite de Pâques à l'école, comme dans toutes les paroisses de Paris. Les exercices en sont parfaitement suivis, et la communion pascale est une cérémonie touchante. Un de nos amis a vu un général en grand uniforme, marchant à la tête des soldats, s'approcher de la sainte table.

Vous croirez aisément, chère Anna, que cette œuvre est pleine d'intérêt pour ceux qui s'en occupent. Georges a assisté à plusieurs réunions; il a été aussi surpris qu'édifié d'y trouver des hommes qu'il avait rencontrés la veille dans un salon brillant. Les gens du monde libres de leur temps et les jeunes gens occupés se partagent la tâche laborieuse de l'école; les uns et les autres se rendent à leur poste avec une exactitude admirable. Ils s'accordent à dire que leurs rapports avec les soldats sont très-agréables. La franchise, la simplicité et la gaîté sont des moyens infaillibles pour gagner leur confiance. Le souvenir de la famille et du pays est un moyen puissant d'action.

Je suis charmée que Georges ait vu une fois de plus avec quelle cordialité les rangs se confondent dans ce pays-ci, quand il s'agit de faire le bien. Il m'a avoué sa surprise, en voyant des hommes distingués déployer toutes les ressources de l'instruction et de l'esprit dans cette soirée ignorée.

Peut-être vous inquiétez-vous, chère sœur, de ce que deviennent ces bons soldats en quittant Paris? Tout a été prévu pour les maintenir dans la bonne voie : on recommande d'une ville à l'autre les soldats qui changent de garnison. Lorsqu'un régiment part, on confie à un sujet sûr le registre portant les noms, le numéro du régiment, le bataillon, la compagnie de ceux qui fréquentent l'école. Cet homme de choix est chargé du soin de ses frères, et jamais il n'a démenti la confiance dont il a été l'objet.

Il y a à Paris quatre écoles fréquentées par six cents soldats environ. Les principales garnisons offrent les mêmes avantages à ceux qui veulent en profiter. Rome a aussi *son école* depuis que les soldats français y sont. L'influence de la Ville éternelle et la protection du Souverain Pontife devaient attirer des bénédictions spéciales sur l'œuvre. Pie IX a daigné l'enrichir de précieuses indulgences.

L'oisiveté étant le plus grand écueil, on tâche d'établir dans chaque ville où il y a une école, une salle de repos dans laquelle se trouve une bibliothèque appropriée à l'instruction, au caractère et aux goûts de ceux auxquels on l'offre. Plusieurs ouvrages spéciaux ont déjà pris rang dans cette bibliothèque de choix : les *Réponses*, par M. de Ségur, ancien aumônier de la prison militaire; le *Retour à Dieu*, par M. l'abbé Perdrau, qui a fondé et dirigé l'école des missions; le *Dimanche du Soldat*, par M. le comte Anatole de Ségur, etc., etc.

J'ai recueilli tous ces détails avec le plus grand intérêt, chère Anna. Je crois même que vous ne lirez pas sans plaisir plusieurs lettres qui m'ont été confiées comme preuves de l'influence de l'œuvre sur le soldat dans la famille et au village. J'ai respecté l'orthographe;

elle n'est pas dénuée de charme, même pour une étrangère.

« Chers camarades,

» Je vais peut-être vous faire rire; mais n'importe, il faut que je vous dise ceci. Nous avons pour habitude d'aller chercher le mot d'ordre tous les soirs sur la place d'Armes, qui est le point de réunion pour cela; eh bien! ce soir, en revenant de l'ordre, mon fusil sur l'épaule, je suis allé à confesse. C'est aux pieds de cet homme de Dieu, homme si précieux pour la société, qu'on appelle prêtre, c'est à ses pieds que je suis allé déposer mon fusil, mon sabre et ma giberne, pour lui faire humblement le récit de mes fautes. Je me suis rappelé ces paroles de l'Écriture Sainte : *Ne renvoyez pas au lendemain ce que vous pouvez faire le jour même, puisque vous n'êtes pas sûr du lendemain.* Aussi comme je suis content, camarades, maintenant que j'ai la conscience en paix!

» Adieu. »

Influence de l'œuvre au foyer domestique.

« . . . . . Vous savez que j'ai eu le bonheur d'aller passer un mois dans mon pays, où j'ai été comblé des faveurs du bon Dieu. Il m'est impossible d'énumérer les grâces dont le bon Dieu m'a privilégié. J'ai eu le bonheur de retrouver mon bon père, ma bonne et vertueuse mère, ma pieuse et sainte sœur et mes deux bons frères,

J'ai été accueilli au pays d'une manière tout à fait extraordinaire : tous mes bons parents ne savaient comment me tenir; mes deux frères étaient toujours à côté de moi, ils ne cessaient de me demander ce qui pouvait me faire plaisir; c'étaient chaque jour nouvelle fête. Je ne peux pas vous dépeindre la simplicité de ces bons paysans. Tout mon village était fou de moi; les maisons qui pouvaient m'avoir à dîner ou à souper se croyaient heureuses. Ces braves gens tuaient leurs poules et leurs coqs pour me bien régaler. J'avais beau leur dire que je n'étais pas venu au pays pour faire mourir ces pauvres bêtes, cela ne leur faisait rien; ils ôtaient la vie à ces pauvres animaux, qui ne le méritaient certainement pas. Il est inutile que je vous raconte ma réception chez M. le Curé. Il était vraiment heureux; il me disait : Mon cher enfant, je vous trouve encore meilleur chrétien qu'avant votre départ du hameau.

» J., m. des logis de dragons. »

Le soldat chrétien au village.

« . . . . . Il faut que je vous parle un peu de nos courses vagabondes que nous faisons; vous allez rire un peut. — Nous fûmes une foi au vilage de....., car le bon curé de ce vilage étant venu au séminaire de....., comme c'est son habitude tous les quinze jours, nous pria de venir à vespres dans son vilage, qu'il avait des paroissiens si lâches pour servir le bon Dieu, qu'ils auraient besoin de quelquus pour les électriser un peu.

» Un dimanche nous y fûmmes, T... C... et moi, et, sans le savoir, nous y tombâmes le jour de la fête votive. Nous fûmes chez le bon curé, auquel nous fîmes un bien grand plaisir. Nous fûmes ensemble nous promener sur la route, et à l'heure de vespres, nous entrâmes à l'église. — Trois soldats dans ce pays firent de l'éfé. De tous cotté les regards se portait sur nous, et l'église fut bientôt pleine de monde, que la plus grande partie était pas a coutumé avoir des soldats. Nous nous plaçâmes dans le cœur, en face M. le Curé, et chantâmes vespres d'un bon cœur. Si nous fîmes pas de bien, nous fîmes pas de mal, car nous fûmes cause que l'église était pleine.

» . . . . . Le dimanche suivant, nous fûmes dans un autre village que lon nous avez dit être sans piété. On nous avait dit que trop vrai. Nous trouvâmes le curé au haut de la cotte, et je le reconnus, car je l'avais vu au séminaire; nous l'arrêtames. — Nous venons chez vous, monsieur le Curé, à vos vespres. — Et il n'y en a pas ! — Comment, vous avez une église et il n'y a pas de vespres ? Ils sont donc dans votre village des païens ? — Cet à peu près, nous dit-il. J'ai cinq cents âmes, et comme je n'avais que mon père, ma tante, ma domestique, je ne pouvais pas les dire et j'allais les entendre à..... Mais il rebroussa chemin et il vint avec nous, où nous chantâmes vespres comme si nous avions été beaucoup...... »

La première étape.

« . . . . . A Vilué, première étape en Bretagne, c'était précisément un dimanche, j'ai assisté aux vespres avec plusieurs de mes camarades. Nous fûmes vivement touchés de voir autant de religion : jeunes gens, vieillards, tous le chapelet à la main, rendant à Dieu les ommages les plus parfaits. A l'instant, je me sentis ému ; il me vint l'idée de me confesser à l'instant même. Je fis ma confidence à un ami qui m'accompagnait, il m'engagea de le faire.

» Aussitôt j'entre à la sacristie. Là, me voilà entre plusieurs prêtres, le schako à la main, ne sachant auquel m'adresser. Un de ces messieurs s'aperçu que j'étais un peu embarrassé, vint au-devant de moi ; je lui dis : « Monsieur l'abbé, seriez-vous assez bon pour m'indiquer un prêtre qui veuille bien entendre ma confession ? Il me répond : Mon ami, je suis à vos ordres, si vous voulez. — Avec bien du plaisir, monsieur l'abbé.

» Après lui avoir fait l'aveu de mes fautes, je reçus avec bonheur l'absolution, et puis après avoir entendu attentivement les bons conseils du ministre de Jésus-Christ, je me retirai en remerciant le Seigneur, et en lui demandant la grâce de persévérer dans le bien. »

A demain, chère sœur.

LISY.

LETTRE XXVII.

LA SOCIÉTÉ DE SAINT-VINCENT-DE-PAUL.

Les femmes étant étrangères à la société de Saint-Vincent-de-Paul, j'ai trouvé tout simple, chère Anna, de m'adresser à un des membres de cette société pour en connaître les détails. Je vous transmets la réponse qui m'a été adressée.

Madame,

Vous m'avez demandé quelques détails pratiques sur les œuvres de charité exercées par la société de Saint-Vincent-de-Paul : ce sera pour moi un double bonheur, de répondre à vos désirs, et de parler d'une société qui m'est si chère.

Il ne sera pas inutile de vous rappeler en quelques mots son origine : car cette origine explique son véritable but, et fait voir que nulle société charitable ne convient mieux à la situation présente de l'Eglise catholique et aux besoins religieux des hommes et surtout de la jeunesse.

La société naquit en 1833, dans la maison et sous la direction de M. Bailly, qui avait pour but d'établir à Paris un centre de réunion où les jeunes catholiques pussent se rencontrer, se connaître, s'édifier les uns les autres, et enfin relever le défi de quelques camarades saint-simoniens qui accusaient la foi catholique d'impuissance.

Il nous semble aujourd'hui que rien n'a dû être plus facile que d'opérer une pareille réunion; mais si l'on se reporte à l'année de ce premier essai, si l'on songe que la révolution de Juillet avait dispersé toutes les sociétés analogues, et que les étudiants étaient, presque sans exception, livrés au prestige des utopies et à l'effervescence de l'époque, on se fera une idée de la difficulté qu'il y avait à fonder dans un tel milieu une œuvre purement catholique. Le clergé lui-même ne croyant pas la chose possible, se défiait de tous les essais, et ne supposait pas qu'ils pussent être exempts d'idées hasardées et d'innovations téméraires. En outre, partout où s'opère une réunion libre, il faut de toute nécessité un *agent principal;* et les huit jeunes gens qui formèrent le noyau de la société ne se fussent pas réunis, s'ils n'avaient pas trouvé dans M. Bailly un homme mûri dans le catholicisme, dans la direction de la jeunesse et la connaissance des affaires de la vie. Ayant de plus une connaissance particulière et approfondie de la vie et des œuvres de Saint-Vincent-de-Paul, M. Bailly traça le règlement de la nouvelle société; sa prudence, sa sagesse et son expérience la garantirent des écarts où se serait peut-être fourvoyée une ardeur imprévoyante, et la sauva des écueils nombreux entre lesquels il fallait que le vaisseau passât avec précaution avant de se lancer dans la pleine mer.

M. Bailly a été le premier président de la société de Saint-Vincent-de-Paul, et pendant douze ans il en a rempli les fonctions avec un dévouement qui a assuré la vie de cette œuvre admirable.

Dès l'origine, un jeune homme doué d'une foi vive, d'une intelligence supérieure, d'une activité extraordinaire et d'une éloquence *maîtresse des cœurs*, donna à la société une impulsion qu'elle a toujours conservée : ce jeune homme était Frédéric Ozanam, d'une mémoire si chère et si respectée.

Quelles que fussent les espérances de ceux qui commençaient, sans s'en douter, la plus grande œuvre de notre temps, on peut dire qu'elles ont dépassé de beaucoup leur attente.

C'est précisément cette rapidité extraordinaire avec laquelle la société de Saint-Vincent-de-Paul, fondée il y a trente-cinq ans par huit étudiants, a multiplié ses conférences en France et successivement dans le monde catholique, qui montre combien elle répond exactement aux besoins actuels : l'Angleterre le sait aussi.

On se tromperait, Madame, si l'on croyait que le but de cette société est seulement le soulagement des misères corporelles et spirituelles des pauvres. Le vrai but de la société de Saint-Vincent-de-Paul est de former ses membres eux-mêmes à la pratique de la charité et de consolider leur foi et leur piété par la puissance des œuvres de miséricorde. Pour rester fidèle au milieu de l'indifférence d'une époque où les esprits sont entraînés par les séductions du monde et de ses richesses, le vrai spécifique, c'est la vue fréquente de la misère, c'est le zèle à la soulager de sa main, à la consoler de son secours et de sa parole. Les arguties de la philosophie contre le *Verbe* et son Église sont indignes de préoccuper les chrétiens ; il faut y répondre cependant, mais c'est un soin qui doit être laissé aux théologiens et aux philosophes catholiques ; on s'égarerait si l'on croyait utile de laisser la jeunesse s'aventurer dans le labyrinthe des sophismes modernes. Voulez-vous qu'elle reste fidèle à la foi ? Faites-lui visiter souvent les pauvres ; la pratique fréquente de la charité porte en soi une bénédiction spéciale et répand dans l'âme une sécurité de foi que rien ne peut ébranler.

J'arrive Madame, aux détails que vous m'avez demandés ; mais permettez-moi, pour ne pas trop les multiplier, de considérer la société de Saint-Vincent-de-Paul dans un seul de ses modes d'existence, par lequel vous jugerez facilement de tous les autres ; je l'ai choisi, parce qu'il est un des plus intéressants, et qu'il serait très-utile de le voir se généraliser beaucoup : je veux parler de la société de Saint-Vincent-de-Paul dans les maisons d'éducation.

Il n'est pas probable qu'un jeune homme qui jusqu'à l'âge de dix-huit ans, sera resté entièrement étranger aux œuvres de charité, s'y forme facilement et de bon cœur alors. N'est-il pas évident, au contraire, que si dès un âge très-tendre il a été habitué par ses parents ou par ses maîtres à visiter la demeure du pauvre et à lui porter des aumônes, ce sera pour lui comme un besoin de persévérer dans cette habitude longuement contractée? Je voudrais donc, pour ma part, que la visite des pauvres entrât comme un élément dans toute éducation catholique. Cette idée est établie comme règle dans les maisons d'éducation que M. l'abbé d'Alzon a fondées sous le nom de *Maisons de l'Assomption*. C'est une heureuse inspiration [1].

Dans les maisons de l'Assomption, tout élève est de fait et de droit membre de la société de Saint-Vincent-de-Paul ; autrement dit, chaque maison de l'Assomption est une conférence où les enfants sont initiés par une pratique régulière à l'exercice de la charité suivant les règles et les usages des conférences d'adultes. Réunis deux fois l'an en séances générales, ils élisent des dignitaires, assez nombreux, savoir : un trésorier, un secré-

---

[1] Le collége Stanislas, et d'autres établissements, ont suivi un si bon exemple. Les Dames de l'Assomption conduisent leurs élèves chez les pauvres.

taire, un bibliothécaire, un gardien de vestiaire, plusieurs chefs visiteurs, boutiquiers et questeurs. Le président et le vice-président sont les seuls fonctionnaires pris hors des rangs des élèves; le directeur de la maison les choisit parmi les professeurs laïques de l'établissement. Les fonctionnaires ainsi élus se réunissent régulièrement toutes les semaines ou toutes les deux semaines, et tiennent leurs séances sur le modèle des grandes conférences. Chaque fonctionnaire rend ses comptes et fait ainsi l'apprentissage si utile de ce mécanisme exact et bien ordonné, sans lequel les meilleures intentions ne produisent aucun résultat durable.

Maintenant, Madame, il me reste à vous mettre sous les yeux une séance de conférence, une visite dans quelques familles, et comme œuvre accessoire une *réunion de patronage*.

Je me bornerai à un simple exposé de faits, sans commentaires ni réflexions; les choses parleront d'elles-mêmes. Il va sans dire que tout ce que je vais décrire, bien qu'exécuté par une conférence d'écoliers, se passerait de la même manière dans une grande conférence.

Une séance de conférence. A l'heure convenue, tous les huit jours ou au moins toutes les deux semaines, les membres sont réunis avec exactitude et autant que possible au grand complet. Le président, placé à un modeste bureau avec le vice-président, le trésorier et le secrétaire près de lui, se met à genoux et récite la prière indiquée par le *Manuel* de la société. Il désigne un membre de la réunion pour faire la lecture qu'il a choisie d'avance dans l'*Imitation*, dans le règlement ou dans les annales de la société, ou dans tout autre livre édifiant. Le secrétaire lit le procès-verbal de la séance précédente, qui est adopté avec ou sans modifications. Puis tous les fonctionnaires rendent leurs comptes; les boutiquiers indiquent leurs recettes, les questeurs le nombre des amendes perçues, le bibliothécaire le revenu de ses abonnements; toutes ces petites sommes sont versées dans la caisse du trésorier, qui en calcule le total et qui fait la balance avec les sommes comptées au boulanger, au boucher, au fruitier et aux fournisseurs divers. Le président fait ses observations sur la manière plus ou moins fructueuse dont les finances de la conférence ont marché pendant la huitaine ou la quinzaine. Alors on passe en revue la liste des familles pauvres, les visiteurs indiquent les besoins qu'ils ont remarqués, les circonstances heureuses ou malheureuses qui sont venues modifier la position de leurs clients; on vote des secours nouveaux ou des suppressions de secours, des admissions, etc. Dans ces comptes-rendus, on ne manque pas de s'occuper de l'état moral des familles, des bonnes dispositions du père, de l'instruction des enfants, de leur conduite à l'école et au catéchisme ou dans leurs ateliers : ce sujet amène les recommandations du président, qui a besoin, pour les donner utiles, de beaucoup de zèle et d'expérience, et de la connaissance personnelle de toutes les familles visitées par la conférence:

Ces entretiens, toujours intéressants, se prolongent longtemps; l'heure réglementaire, qui ne doit point être dépassée, y suffit quelquefois à peine. La quête, puis la prière du *Manuel*, terminent invariablement la séance.

» Vous me demanderez peut-être quelles sont les fonctions des boutiquiers, des questeurs et du bibliothécaire. Les boutiquiers sont chargés, chacun dans leur division, de la vente d'une multitude de petits objets, soit d'étude, tels que papiers de diverses dimensions et qualités, règles, plumes, canifs; soit de collation, tels que chocolat et petits gâteaux. Ces objets sont achetés en gros et revendus à un bénéfice considérable et consenti. Les élèves, qui savent que la vente est au profit des pauvres, ne se plaignent jamais de payer un peu cher, et la caisse gagne beaucoup plus à un petit commerce qu'elle ne pourrait le faire à de simples quêtes. Toutefois celles-ci ne sont point négligées, et on y a recours dans les circonstances solennelles, les jours de grande fête ou de séance générale, les lendemains de sorties où les bourses d'écoliers se sont gonflées par la munificence paternelle ou maternelle.

» Les questeurs vivent de désordre; ils ont sans cesse l'œil au guet pour s'emparer des livres qui traînent, des mouchoirs de poche qui restent sur les bancs ou dans les cours, etc. L'étourdi qui a perdu quelque chose est toujours sûr de le retrouver dans l'armoire du questeur, en payant une amende au profit des pauvres. Vous connaissez assez la nature des écoliers, Madame, pour être convaincue que cette ressource n'est pas sans importance.

» Le bibliothécaire, personnage lettré et capable, a la clé des livres de lecture. Il les distribue en deux catégories, l'une destinée aux pauvres familles à qui on les prête *gratis*, l'autre réservée à messieurs les écoliers qui demandent le catalogue, choisissent et paient *un sou* par heure de lecture. Cette petite industrie ne rapporte rien à la conférence, mais elle lui permet de se suffire à elle-même, de s'alimenter sans cesse de livres nouveaux sans aucuns frais, et de répandre chez les écoliers et chez les pauvres beaucoup d'excellentes leçons agréablement reçues.

» *Une visite dans les familles pauvres.* Au jour, et à l'heure fixée, qui est toujours prise sur la récréation, le professeur arrive dans la cour ; le chef visiteur, qui a eu soin d'avance de désigner deux visiteurs pour l'accompagner, et de se faire remettre par le trésorier tous les bons votés pour des familles, vient avec ses deux acolytes ; on monte à la lingerie pour prendre les *képis* et les chaussures, on se rend à la chapelle où l'on récite le *Veni Sancte*, suivi de l'invocation : *Saint Vincent de Paul, priez pour nous*, et l'on se met en route pour visiter trois ou quatre familles. Ce qu'un groupe fait, plusieurs autres le répètent, soit le même jour, soit d'autres jours, ce qui donne pour résultat que vingt-cinq, trente familles, ou même un plus grand nombre, sont visitées chaque semaine. Suivons l'un de ces groupes : voici nos quatre visiteurs entrés dans un corridor; ils montent le long d'un escalier qui n'est pas toujours très-clair ni très-propre, et arrivent à l'étage le plus élevé; le chef visiteur frappe discrètement à la porte, il entre. Une femme vient, salue avec empressement, et conduit les visiteurs dans la chambre où son mari est couché. Le pauvre homme, ouvrier jadis robuste, est atteint d'une phthisie produite, hélas! par les fatigues excessives et les privations journalières; il tousse, et ne répond qu'avec peine à toutes les questions qui lui sont adressées. Cependant sa femme rassemble toutes les chaises plus ou moins dépaillées et boiteuses de l'appartement, car les visites de la société de Saint-Vincent-de-Paul doivent être des *visites assises*. La conversation s'engage, conversation toujours bien intéressante, quoique le thème invariable en soit les souffrances et les insomnies du malade, et les détresses du ménage. Le sourire se mêle aux larmes, quand, la porte s'ouvrant, arrive un petit garçon à la figure séraphique, à l'œil doux et tendre, qu'encadre gracieusement sa chevelure blonde. Il a été bien peigné, bien lavé pour la visite *des messieurs*; il voit en eux deux amis, s'avance en leur faisant son plus empressé sourire, leur présente sa joue en disant bien haut à chacun d'eux : *Bonjour, monsieur*. On lui fait réciter quelqu'une de ses prières, on lui donne une image, on lui dit de prier Dieu pour son *papa*, on se lève pour se séparer de ces pauvres gens qui vous disent *au revoir*. Le chef visiteur reste en arrière; il a tiré de son portefeuille deux *bons* de pain, un de viande, un de légumes, il dépose le tout discrètement sur une table et se retire.

» Ailleurs, c'est une jeune veuve. Il y a trois ans, son mari, espérant trouver à Paris beaucoup d'ouvrage et de beaux salaires, s'en vint d'une province éloignée s'établir à la porte de la capitale avec sa femme et cinq petits enfants. Il trouva un peu d'ouvrage, une subsistance très-chère et toutes les privations qui s'ensuivent. Au bout d'un an ou deux, il tomba dans une maladie de consomption et mourut à la fleur de l'âge. On dit souvent que la misère ne tue pas : c'est un adage bien menteur, et je ne crains pas d'affirmer qu'à Paris, malgré toute l'industrie et tout le dévouement de la charité, c'est par milliers qu'il faut compter chaque année les victimes de la misère. Le pauvre homme dont nous parlons n'est pas mort seul; il a été précédé dans le tombeau par trois de ses enfants; sa veuve est restée avec deux garçons, bien insouciants et bien sauvages. La mère, si durement éprouvée, s'est rattachée à la vie pour eux : c'est pour eux qu'elle travaille. Malgré sa misère, elle a l'art de faire régner l'ordre et la propreté dans sa chétive mansarde. Les sept ou huit pièces de sa batterie de cuisine sont suspendues avec un certain goût au-dessus de la cheminée. A côté du lit, c'est une petite chapelle embellie de trois images coloriées et bien enfumées, et d'un *Christ à la colonne*, sculpté à la pointe du couteau par un pauvre prisonnier. C'est là que les deux enfants récitent leur prière matin et soir avec leur mère. Dans la journée, ils vont à l'école, où, dit la mère, ils apprennent plus de mauvaises choses que de bonnes.

» Si nous suivions nos différents groupes dans leurs pérégrinations charitables, nous trouverions une succession infiniment variée et toujours touchante de la misère, et si nous écoutions la conversation des visiteurs à leur retour, nous comprendrions que ce spectacle hebdomadaire les émeut profondément et laisse dans leurs âmes des impressions salutaires et probablement impérissables. Mais d'autres soins nous appellent; rentrons avec eux, disons à la chapelle un *Pater* et un *Ave* pour leurs *pauvres*, et rendons-nous dans la salle du Patronage, où la charité s'exerce sous une autre forme.

» *Une réunion du Patronage.* C'est dimanche, à neuf heures moins quelques minutes, les petits patronés, jeunes écoliers ou jeunes apprentis de douze ou quinze ans, tous choisis dans des familles pauvres, sont réunis dans une cour. Un maître les rejoint et les conduit à la messe de neuf heures, après laquelle il leur rappelle le rendez-vous de midi et demi. A l'heure dite, nos jeunes garçons, aussi endimanchés qu'ils peuvent l'être, sont introduits dans la salle du Patronage; ils s'asseient, on leur distribue pour leur goûter ou leur dessert un morceau de pain blanc et un bâton de chocolat, bien enveloppé de sa robe argentée. Le goûter fini, on leur fait une lecture amusante et instructive. Puis vient l'instruction religieuse ; on repasse le catéchisme, ou questionne ces petits chrétiens souvent bien ignorants, on comble les lacunes de leur science religieuse. C'est ensuite le moment de la classe. Deux ou trois maîtres et deux élèves de la grande division, désignés à tour de rôle, se chargent de l'enseignement de l'écriture, de la lecture à haute voix, de l'orthographe, du calcul, voire même du dessin linéaire et de la géométrie. Des notes de conduite, d'application et de progrès sont marquées, des *bons points* sont distribués, et trois ou quatre fois l'an ces bons points sont récompensés suivant leur nombre par des bons de pain ou de viande, par des vêtements, par des livres et des images. La prière commence et termine ces réunions.

» Je crois, Madame, vous avoir indiqué ce qu'il y a de plus pratique dans les œuvres de la société de Saint-Vincent-de-Paul. Vous compléterez ces détails par la lecture du *Manuel*, qui est un petit livre fort intéressant pour les personnes qui veulent s'instruire dans la charité. Au reste, Madame, l'Angleterre a sa société de Saint-Vincent-de-Paul, et le zèle de ses membres n'est pas moins grand que celui dont nous nous efforçons de faire preuve.

» Agréez, Madame, mes respectueux hommages.

» C. G. »

LETTRE XXVIII.

L'ADORATION PERPÉTUELLE.

L'ŒUVRE DES TABERNACLES ET DES PAUVRES ÉGLISES.

LES VESTIAIRES.

En 1843, une femme revint de Rome, apportant dans son cœur le désir d'établir les Quarante-Heures à Paris : ce désir était si ardent, cette pensée si constante, qu'on ne peut pas douter qu'ils ne fussent l'inspiration de Dieu. La France comprit ce qu'on demandait à sa piété; toutefois, ce ne fut qu'après mille difficultés qu'au mois d'octobre de la même année, plusieurs curés consentirent à établir, avec l'autorisation de l'archevêque, un jour d'adoration dans leur paroisse.

L'empressement des fidèles répondit admirablement

à cel appel. La dévotion des Quarante-Heures devint bientôt populaire; on divisa l'année de manière à ce que les paroisses et les chapelles de couvent eussent successivement l'adoration dans leurs sanctuaires pendant un jour d'abord, et plus tard trois jours : c'est ce qui s'observe encore. Cette solennité réjouit tour-à-tour chaque quartier de la ville.

Rien de plus édifiant, chère Anna, que la vue des fidèles entourant ces sanctuaires pompeusement ornés On peut dire que notre divin Maître n'est plus dans la solitude. Un grand nombre de femmes du monde visitent chaque jour l'église où se trouve l'adoration. Il devrait en être ainsi pour toutes; ce serait pour elles un excellent moyen de sanctifier ce qu'on appelle *les obligations de sa position.*

Pendant que les Quarante-Heures s'établissaient, l'adoration nocturne s'organisait sous la même inspiration, comme le complément d'une même pensée : que Jésus-Christ soit l'objet des adorations perpétuelles sur la terre comme il l'est au ciel. En 1845, quelques femmes s'associèrent pour réaliser l'adoration nocturne dans leurs maisons. Malgré la difficulté d'une semblable dévotion dans une ville où le plus simple engagement entraîne une certaine activité qui engendre aisément la fatigue, trente femmes prirent le titre de *zélatrices*, et justifièrent bientôt ce nom en trouvant chacune un nombre d'adorateurs suffisant pour remplir successivement les douze heures de la nuit. Au bout de six mois, la nouvelle association comptait 300 membres. Le 29 janvier, Monseigneur de La Bouillerie, évêque de Carcassonne, qui, dès le début, s'était complètement dévoué à la grande œuvre de l'adoration du Saint-Sacrement, présida la première réunion de l'adoration nocturne à Saint-Louis d'Antin. Sa parole enflamma tous les cœurs. La piété et le zèle ne trouvèrent plus d'obstacles. On se promit de travailler sans relâche à la propagation d'une œuvre qui procurerait des adorateurs à Jésus-Christ. Depuis cette époque, il y a eu chaque mois une réunion de tous les associés. Le plus grand nombre de ces personnes dévouées ne sont pas, comme on pourrait le croire, chère Anna, des personnes riches, ou au moins aisées; la plupart des adoratrices nocturnes sont des ouvrières et des domestiques. Le travail de la journée ne les empêche pas de prendre sur une nuit souvent très-courte.

Tandis que quelques femmes adoraient Notre Seigneur dans leurs maisons, plusieurs jeunes gens obtenaient la permission de le faire au pied du tabernacle. Parmi ces jeunes gens, Dieu s'est choisi un apôtre; il 'a conduit jusqu'au Carmel, d'où il ne descend que pour aller raconter à ses frères les merveilles de la grâce de Jésus-Christ, et le bonheur que l'on trouve à servir un si bon Maître. Aujourd'hui l'association des hommes est nombreuse, et il ne se passe plus une nuit, à Paris, sans que des adorateurs de tout âge et de tout rang viennent se prosterner devant le Très-Saint-Sacrement.

L'adoration nocturne commence à 8 heures du soir,

et continue jusqu'à 8 heures du matin. Il me semble voir ces hommes faisant trêve aux affaires et aux distractions du jour, pour venir se recueillir dans le sanctuaire silencieux de leur paroisse. Ces femmes oubliant leur faiblesse, se dégageant des liens du monde ou de la famille pour adresser au divin Maître leurs hommages. Il y a souvent pour celles-ci à lutter avec soi et avec son entourage, même dans la vie la plus chrétienne. Parmi elles, les unes sont jeunes : leur prière est celle de l'espérance. Les autres connaissent la douleur et les larmes ; elles n'ignorent pas non plus les offenses qui sont faites à Dieu pendant les heures mystérieuses de la nuit. Elles prient pour les violateurs de la loi divine ; elles offrent à Jésus-Christ un cœur généreux prêt à tout, pendant que leurs frères s'abandonnent à un sommeil plein d'indifférence.

En 1846, le Saint-Père, touché du zèle de ses enfants de France et voulant aussi proclamer son ardent amour pour la divine Eucharistie, a affilié, par un rescrit du 11 novembre, l'association de Paris à l'archiconfrérie de Rome, et lui a accordé à cet effet de nombreuses indulgences. Ces priviléges peuvent être le partage de tous les catholiques ; il suffit de s'adjoindre à l'association de Paris. Les catholiques étrangers peuvent, comme ceux des diocèses de France, s'affilier à l'œuvre centrale ; il suffit d'envoyer les souscriptions annuelles.

L'*OEuvre des Tabernacles* est le complément de l'*OEuvre de l'Adoration*. Un pauvre curé, apprenant le zèle qu'on montrait à Paris envers le Très-Saint-Sacrement, s'adressa à une personne de l'association pour obtenir un calice. Le même cœur qui avait songé à chercher des adorateurs à Jésus-Christ, songea également à pourvoir ses autels. On commença, dès 1846, à appliquer le produit des quêtes faites aux réunions de l'adoration nocturne, à procurer des vases sacrés à quelques pauvres églises. Plusieurs dames se réunirent pour confectionner du linge et des ornements.

Les résultats de ces premiers essais furent si satisfaisants, qu'on forma le dessein d'organiser une œuvre pour secourir les pauvres églises. Le souvenir des soixante corporaux que sainte Claire avait filés pour les pauvres églises de l'Ombrie, encouragea les pieuses ouvrières dans leur entreprise.

Le nombre des églises dénuées de ressources est considérable en France, ma chère Anna; sans doute la femme chrétienne qui passe une partie de l'année dans ses terres, a soin d'assurer la dignité du service divin. Mais le tabernacle n'est pas toujours près d'un château. Le Dieu des pauvres et des petits réside aussi dans les bourgs et les hameaux. Le manque de zèle s'ajoute souvent au défaut de ressources, et il en résulte un dénûment complet : le linge, les vases sacrés, les ornements sont dans un état honteux.

Les renseignements arrivèrent de tous les coins de la France; on s'émut au récit de tant de misères, et il n'en fallut pas davantage, chère Anna, pour constituer l'œuvre. Un conseil se forme aussitôt. On examine ce qu'il y a à faire pour relever tous ces sanctuaires délabrés. La question est vite résolue : on donnera son superflu. A peine cette pensée est-elle émise, que toute femme de bonne foi s'étonne du nombre d'objets dont elle peut disposer pour enrichir Jésus-Christ. D'un coup d'œil elle reconnaît sa vanité : les robes de soie, les manteaux de velours, les fleurs, les plumes et les bijoux condamnés par la mode sont transformés en ornements.

En 1852, l'*Œuvre des Tabernacles* réunie à l'*Œuvre des églises pauvres*, fondée récemment sous les auspices des dames du Sacré-Cœur, prit une plus grande extension, toujours sous l'impulsion et la direction de Mgr de La Bouillerie. La nouvelle organisation étendit l'adoration au jour, aussi bien qu'à la nuit. Les membres de l'œuvre se composèrent des associés de l'adoration, faisant une heure d'adoration par mois et donnant 1 franc par an pour les églises pauvres, et de souscripteurs donnant 3 francs. — Outre les zélatrices s'occupant spécialement de l'adoration, des patronesses acceptèrent la charge de recueillir des dons et des souscriptions. — Des quêtes furent obtenues dans plusieurs églises de Paris. Quelques-uns de NN. SS. les évêques commencèrent dès-lors à affilier leurs diocèses à l'*Œuvre des Tabernacles* en l'y établissant en union avec Paris. (Les diocèses affiliés sont maintenant au nombre de quinze).

Le reste de l'organisation de cette œuvre est la même

que celle de toutes les autres : présidente, vice-présidente, trésorière, secrétaire, directrice des ouvrages et des achats, etc... Ces petites administrations sont parfaitement conduites, et chaque membre du conseil ne porte pas en vain son titre. La secrétaire consacre la plus grande partie de son temps à la correspondance, qui consiste dans les renseignements à donner et à demander. Les rapports sont faits avec un soin extrême. La comptabilité est rigoureuse; en un mot, la charité se montre ingénieuse et attentive pour tout ce qui peut enrichir son œuvre. Plus tard, en 1858, N. S. P. le Pape daigna ériger l'œuvre en archiconfrérie en la dotant de nombreuses indulgences, sous le titre d'*Archiconfrérie de l'Adoration perpétuelle et de l'Œuvre des Tabernacles*; et son centre fut établi dans l'église de Saint-Thomas-d'Aquin.

Nous accusons souvent, chère sœur, les Françaises d'adopter avec trop d'enthousiasme les choses nouvelles. Nous avons tort : maintenant que je connais les résultats de ce qu'on appelle l'*engouement français*, loin de blâmer, j'admire cette faculté du cœur de se donner à toute bonne œuvre. C'est avec cette disposition naturelle qu'ont été fondées les institutions de charité qui sont une des gloires de la France.

Les demandes arrivent tous les jours et de tous les coins de la France; mais on n'y répond qu'après la séance annuelle, lorsque la secrétaire a lu son rapport; alors seulement le Conseil prend une décision. Les demandes

des curés des diocèses agrégés passent de droit avant les autres, mais le Conseil étend ses secours autant qu'il le peut.

Ce n'est pas assez, chère Anna, pour les disciples de Jésus-Christ, de donner leur superflu ; il faut encore faire l'aumône de son temps et de sa bonne volonté. Les dames de l'*Œuvre des pauvres églises* le savent bien : elles confectionnent le linge et les ornements de la maison de leur divin Maître. Cette occupation, chère sœur, ne vous paraît-elle pas aussi utile qu'agréable ? La plupart des associées sont des femmes du monde. Toutes ne sont pas oisives assurément ; mais il faut en convenir, leur travail se réduit à bien peu de chose lorsqu'elles n'ont pas un but de charité. Avant de quitter la ville, les associées se réunissent sur l'invitation de la présidente, et reçoivent des ouvrages qui feront l'occupation de la belle saison.

Au retour les croix de tapisserie, de broderie, d'application viennent orner des chasubles dans des salons organisés en ouvroirs où se réunissent, à des jours fixes de chaque semaine, de nombreuses ouvrières qui trouvent moyen d'échapper pour cette bonne œuvre aux exigences du monde et de la famille.

Est-il un travail plus noble, aux mains d'une femme, que de coudre et de broder pour l'ornement des autels ? De bonnes pensées remplissent son esprit, même au milieu des vaines conversations d'un salon, lorsqu'elle tient l'étole qui revêtira le prêtre. Chaque année la présidente expose les nombreux ouvrages qui sont dus au zèle et à l'habileté de ses ouvrières. Les dons particuliers et le montant des souscriptions permettent encore d'ajouter à la richesse de l'exposition.

La France se ressent déjà d'une manière sensible des bons résultats de l'*Œuvre des Tabernacles et des pauvres églises*.

Si vous m'en croyez, chère Anna, nous userons de toute notre influence, pour persuader à nos amies catholiques de s'associer à une œuvre dont nous aurions tant à profiter. Nous ne sommes pas inférieures aux Françaises pour le talent de l'aiguille, et, soit dit en passant et tout bas, nous sommes généralement plus laborieuses. Ce qu'il y a encore de plus certain, c'est que nos églises ont grand besoin du secours des fidèles pour que le culte divin y soit dignement célébré. C'est convenu, chère Anna, nous travaillerons pour les pauvres églises, surtout pendant les belles journées d'été qui passent si doucement dans notre manoir.

Il me semble déjà que nous sommes sous nos ombrages, travaillant avec ardeur, mais ralentissant parfois le mouvement de notre aiguille pour mieux entendre les bonnes pensées de notre cœur.

Nous ajouterons ce travail à celui que nous faisons pour nos pauvres. Notre-Seigneur ne sera pas séparé de ceux qu'il a particulièrement honorés. D'ailleurs, vous le savez bien, on éprouve une douce satisfaction en donnant à ceux qu'on aime : un présent, une attention ne sont pas des témoignages exigés par nos amis; cependant ils les reçoivent avec reconnaissance parce que tout don véritable vient du cœur. Dieu, si bon, sait gré sans doute à la mère de famille comme à la jeune personne, de se ménager quelques instants de la journée pour contribuer à l'ornement de son tabernacle. De tous temps les femmes chrétiennes ont travaillé pour la maison de Dieu; saint Jérôme recommandait à sainte Paule de pourvoir les églises d'ornements et de vases précieux.

Avec quel bonheur la pensée doit se reporter vers tous ces pauvres sanctuaires rendus à la dignité du culte? Là où il n'y avait plus que des ornements délabrés pour offrir le saint Sacrifice, où les morts n'avaient plus l'honneur d'un deuil respectueux, où du linge grossier et souvent troué essuyait les vases sacrés, où la lampe ne brûlait plus devant le sanctuaire, aujourd'hui tout est changé : les paroissiens se réjouissent en voyant un air de fête à leur église; leur foi en est ranimée. Voilà, sans exagération, les résultats précieux de l'Œuvre des Tabernacles.

Les hommes se plaisent à embellir leurs demeures, pourquoi la maison de Dieu serait-elle la seule dénuée d'ornements? Notre Seigneur, s'est fait pauvre, il est vrai ; mais, puisqu'il a agréé les présents des Mages, il ne doit pas être indifférent aux nôtres.

Je me suis associée, chère Anna, à l'*Œuvre des pauvres églises*, dans l'espérance que mon exemple sera suivi par beaucoup de nos compatriotes. Nos souscriptions, notre travail et l'union de prière nous acquerront des droits pour venir au secours de nos pauvres curés. Je me fais ouvrière des tabernacles. Mes doigts tiendront-ils moins souvent le crayon? Renonceront-ils à ces accords dont l'harmonie vous charme? Ne le craignez pas : les femmes laborieuses ont seules le secret de mesurer le temps.

Je ne terminerai pas cette lettre sans vous parler encore d'une œuvre fort intéressante, et qui n'est pas absolument sans rapport avec le sujet précédent : *Le Vestiaire de Saint-Sulpice.*

Les pauvres trouvent de grandes ressources dans la charité publique pour leurs logements, leur nourriture et même leurs souffrances; mais presque toujours ils manquent de vêtements. Cette lacune n'a point échappé à l'œil attentif de la femme charitable.

Beaucoup de personnes ont, il est vrai, la louable habitude de donner leurs vieux vêtements aux indigents : cette aumône est insuffisante; car les femmes les plus généreuses ne sont pas celles qui ont le plus de robes. Il y avait donc quelque chose à organiser pour assurer des vêtements aux pauvres : c'était l'*Œuvre des vestiaires.*

Cette pensée n'est pas nouvelle, et si je vous en parle, chère Anna, c'est pour citer le vestiaire que j'ai sous les yeux, comme le type modèle. A Lyon, à Angoulême, à Paris, à Clermont et dans beaucoup d'autres villes, il existe depuis longtemps des vestiaires. A Clermont, une année, l'hiver était rigoureux ; on manquait de ressources. Les dames de charité imaginèrent d'aller demander au général les vieux vêtements de ses soldats. Le général, homme de bien et de bon sens, fit droit à cette étrange requête, et les pauvres de Clermont portèrent avec un nouvel éclat les dépouilles de la garnison.

Il existe à Paris, chère Anna, plusieurs vestiaires particuliers. Mais je veux fixer votre attention sur celui de la paroisse Saint-Sulpice. Je n'ai rien de mieux à faire pour cela, que de vous en transmettre le règlement : la foi et la charité l'ont inspiré.

« ARTICLE PREMIER. — Il est institué, sur la paroisse Saint-Sulpice, à Paris, une œuvre dont le but est de confectionner des vêtements pour les pauvres. Cette œuvre, nommée le *Vestiaire de la Providence*, est placée sous la protection de la sainte Vierge et sous le patronage de sainte Élisabeth.

ART. 2. — Les dames qui se dévouent à cette institution s'engagent à donner une cotisation annuelle de *trois francs*, et à se réunir, pour le travail, d'une heure à quatre heures, tous les vendredis, sauf les temps désignés par le règlement lui-même. Le choix du vendredi indique l'esprit de foi sur lequel l'œuvre se fonde : c'est pendant les heures qui ont suivi celles où Notre-Seigneur fut dépouillé de ses vêtements, que les dames de l'association veulent travailler pour les pauvres, se rappelant ces paroles du Sauveur : *J'étais nu, vous m'avez revêtu; venez, vous qui avez été bénis par mon Père.*

Art. 3. — Le défaut complet d'assistance à la réunion sera compensé par une amende de *quinze centimes*, comme il devra être versé *cinq centimes* pour chaque heure retranchée du travail. Cette disposition et la modicité des chiffres ont pour objet d'établir la liberté et la régularité dans l'œuvre, et la rendre accessible à toutes les fortunes et à tous les dévouements.

Art. 4. — L'amende sera supprimée pendant trois mois de vacances accordés tous les ans aux dames associées. En échange, l'œuvre leur demande quelque ouvrage qui témoigne de leur union avec elle durant cette absence.

Art. 5. — Les ressources du vestiaire se composent des annuités et des amendes ci-dessus indiquées, et du concours de la charité extérieure, selon le mode que les dames de l'œuvre détermineront pour la réclamer.

Art. 6. — Afin d'éviter les difficultés qui pourraient naître des compassions individuelles, ces dames s'interdisent la satisfaction de distribuer elles-mêmes les bienfaits du vestiaire : elles les répandront par l'entremise des sœurs de charité établies sur la paroisse, se réservant le droit de les désigner à cet effet.

Art. 7. — Ces dames pourront accueillir aussi les demandes qui leur seront faites de convertir en vêtements, sur des indications précises, les étoffes que leur confieront les mêmes sociétés.

Art. 8. — Il sera tenu une note exacte de ce travail, des demandes faites et acceptées, de la nature et de la quantité des vêtements donnés, des sociétés qu'on en rendra dépositaires, et du nom des pauvres auxquels ils ont été accordés.

Art. 9. — *L'Œuvre du vestiaire* sera dirigée par une présidente, deux vice-présidentes, une secrétaire, une vice-secrétaire, une trésorière et trois économes. Ce conseil, choisi par les dames entre elles, sera rééligible, mais devra être nommé tous les ans au scrutin secret et à la majorité des suffrages.

Art. 10. — Toute personne voulant devenir membre de l'association, devra se faire présenter par l'une des dames titulaires. Le jour de sa réception, il lui sera donné communication du règlement, auquel elle adhérera par sa signature.

Art. 11. — La même pensée qui a présidé à l'adoption du vestiaire et des heures de travail, fait choisir la Compassion de la sainte Vierge pour fête spéciale de l'œuvre. C'est en ce jour aussi qu'il sera procédé aux réélections, aux changements ou additions à faire au règlement, et que l'on rendra compte des recettes, des dépenses et des opérations du vestiaire pendant l'année.

Art. 12. — Ces dames honoreront encore d'une manière particulière la fête de sainte Élisabeth, leur patronne. Elles se souviendront que cette pieuse reine avait un soin assidu des pauvres, et que presque tous les ouvrages qui sortaient de ses mains n'étaient que pour leur usage.

Afin que rien ne puisse rompre les liens de charité qui auront uni les dames du vestiaire, lorsque l'une d'elles mourra, l'œuvre fera célébrer une messe pour le repos de son âme. »

Ce règlement a été signé, chère Anna, par 150 femmes environ. Elles se réunissent pour tailler, coudre et raccommoder les vêtements des pauvres. C'est un coup d'œil bien édifiant. Il y a des associées qui ne manquent jamais à ce rendez-vous : à côté des mères de famille habituées au travail de l'aiguille, il se trouve souvent des femmes du monde dont les doigts sont tout surpris de sentir l'étoffe grossière. La jeune personne commence son apprentissage sous l'œil de sa mère ; la grand'maman accepte humblement l'ourlet qu'on lui confie, et a recours à ses lunettes pour bien remplir sa tâche. Ne croyez pas, chère sœur, que mon imagination fasse des frais pour vous séduire. Les preuves sont là. *Le Vestiaire de Saint-Sulpice* a fourni aux pauvres, dès la première année, 37 chemises de femme, 50 pour hommes et enfants, 39 paires de bas de laine, 6 paires de chaussettes, 26 paires de bas de coton, 60 paires de chaussons, 9 pantalons, 7 tabliers, 22 jupons doublés, 9 blouses, 34 mouchoirs de poche, 18 fichus, 2 grand châles, 26 cravates, 14 bonnets, 2 petits chapeaux, 29 gilets d'étoffe, 30 gilets de laine *tricotés*, 19 de flanelle de santé, 62 robes doublées, 30 couvertures de laine,

15 draps de lit, 8 layettes et encore d'autres objets.

Aujourd'hui le nombre des objets distribués a certainement doublé, et il doit augmenter encore. Par bonheur il y a aussi quelques paresseuses ou *empêchées* parmi les ouvrières, de sorte que la caisse, s'enrichissant des amendes des unes et des autres, fournit aux dépenses du neuf.

J'aime à penser que chez ces 150 dames du vestiaire, il n'y a pas, ainsi qu'on le voit chez certaines personnes, des amas de hardes, conservées comme les restes de vieilles idoles dont on ne peut se séparer. Les dames envoient tout leur superflu au magasin des pauvres, et la société de Saint-Vincent-de-Paul y trouve de nouvelles ressources. Jamais un de ses membres ne s'adresse en vain à la présidente. Elle s'empresse de lui envoyer ce qu'il demande pour le père de famille ou les petits enfants qu'il visite.

Il faut espérer que bientôt toutes les paroisses de Paris auront leurs vestiaires. Les pauvres ne seront pas seuls à en profiter. Que de grâces leurs bienfaitrices ne recueillent-elles pas pendant ces heures de travail !

Hélas! nous ne saurions trop multiplier les moyens de nous sanctifier.

Comme vous le savez, je vais vite en besogne. Je me figure donc le bonheur d'une présidente de vestiaire qui arriverait à remplir une armoire de vêtements de toute dimension, rangés avec l'ordre et la symétrie de celle que nous avons admirée chez les sœurs de Saint-Charles, à Aix-la-Chapelle.

Adieu, chère Anna, ma plume ne s'habitue pas plus à ce mot d'adieu que le cœur de votre

LISY.

LETTRE XXIX.

LES DAMES AUXILIATRICES DES AMES DU PURGATOIRE.

Ma chère Anna, j'ai à vous parler, d'une œuvre qui est le couronnement de toutes les autres.

La charité prend l'homme au berceau : ne devait-elle pas le suivre au delà de la tombe? De tout temps les chrétiens ont suivi le conseil de saint Paul : les morts ont une large part dans leurs prières et leurs aumônes. Mais ce n'est pas assez pour *nos chers défunts*. Nous les oublions malgré nous : les affaires, nos plaisirs ou nos peines font obstacle à nos meilleures intentions. Bien souvent, il faut l'avouer, nos prières se bornent à un regret, un soupir, un tendre regard vers le ciel ; et même, si nous prions avec ferveur et fidélité, avec quelle lenteur toutefois se paie la rançon de ces âmes bien-aimées ! Il nous fallait un puissant secours ; il nous fallait des victimes dévouées, uniquement consacrées à la délivrance des âmes du purgatoire. C'est cette pensée que Dieu a inspirée à une chrétienne généreuse. Nous ne saurions trop admirer où Dieu place la source des grandes choses qu'il veut accomplir parmi nous. Laissez-moi donc vous raconter comment sa lumière s'est fait jour en cette circonstance.

Une petite fille, appartenant à une bonne famille de N..., reçut une profonde impression la première fois qu'on lui parla du purgatoire. Elle se figurait le purgatoire une prison bien noire où était enfermée sa petite amie la plus chère, tandis qu'elle courait dans le jardin après les papillons, se rassurant toutefois par la pensée qu'il suffirait d'ouvrir la porte de la prison pour délivrer son amie. Ces images s'évanouirent avec l'âge et furent remplacées par un ardent amour pour les âmes du purgatoire. L'enfant se liait-elle avec une nouvelle compagne, sa première conversation intime avait pour objet les morts. Elle organisait des neuvaines, s'imposait de petits sacrifices, tous ses efforts avaient le même but.

Peut-être croyez-vous, chère Anna, qu'elle avait comme nous un frère bien-aimé à pleurer, qu'elle avait perdu son père et sa mère, et que, fidèle aux préceptes de la foi, elle voulait leur rendre en prières ce qu'ils lui avaient donné de tendresse et d'amour. Nullement ;

elle ne connaissait la mort que de nom ; jamais un cercueil n'avait franchi la porte de sa demeure ; jamais le crêpe noir n'avait attristé ses yeux. Elle vivait joyeuse sous le regard de ses parents, usant des avantages d'une position aisée ; elle paraissait dans le monde avec l'élégance de son âge, et personne n'eût pu soupçonner la pensée des morts dans une tête couronnée de fleurs.

Cependant l'amour de l'Église et des pauvres croissait chaque jour dans le cœur de la jeune fille. Ses parents, loin de s'en effrayer, lui laissaient pleine et entière liberté de s'adonner aux bonnes œuvres ; insensiblement sa vie y fut dévouée tout entière. Il semblerait d'abord que tant de soins divers eussent dû affaiblir dans son esprit le souvenir des morts : il n'en fut rien.

Le 1er novembre 1853, se trouvant à l'église en présence du Saint-Sacrement, il lui vint tout à coup à la pensée de former une association de prières pour les âmes du purgatoire. La raison s'opposait à toute nouvelle œuvre dans une ville qui en comptait déjà un si grand nombre. Aussi hésitait-elle, et dans son incertitude elle demanda à Dieu de lui manifester par une preuve sa sainte volonté : cette preuve lui fut accordée.

A partir de ce moment, mademoiselle *** ne songea plus qu'à l'accomplissement d'un projet si cher à son cœur. Frappée du grand nombre d'ordres religieux dévoués à l'Église militante, il lui sembla que Notre Seigneur lui demandait d'appliquer son zèle à l'Église souffrante.

Au milieu de mille perplexités, mademoiselle *** se souvint du curé d'Ars, dont elle avait entendu parler peu de temps auparavant, et se dit que ce saint homme devait la guider dans cette difficile affaire. Cependant elle n'avait aucun moyen d'arriver jusqu'à lui, lorsqu'une personne partant pour Ars vint la presser de lui confier quelque commission pour l'homme dont la piété remplissait déjà le monde.

Vous trouverez, chère Anna, dans la Vie du curé d'Ars, par M. l'abbé Monnin, les détails de cette importante démarche. Je poursuis mon récit.

Le 19 janvier 1856, mademoiselle ***, soutenue par les conseils du curé d'Ars, se rendit à Paris, aidée de quelques jeunes personnes animées des mêmes sentiments. L'œuvre commença au milieu d'épreuves de tout genre. Les ressources pécuniaires étant épuisées, les courageuses jeunes filles, auxquelles rien n'avait jusqu'alors manqué, furent réduites à travailler de leurs mains pour assurer le pain de chaque jour. Elles en vinrent à faire des bracelets de perles pour l'exportation des colonies. Quatorze heures de ce travail valait à chaque ouvrière 1 franc de salaire.

Rien ne put ébranler leur courage; il est vrai que le curé d'Ars leur envoyait de bonnes paroles, et que la Providence avait ses surprises et ses joies aux jours de la plus grande détresse. Enfin, le 1er juillet 1856, la petite communauté s'installait au faubourg Saint-Germain, rue de la Barouillère, où elle est encore aujourd'hui. Les *Dames auxiliatrices* ont pour devise : *Prier, souffrir, agir pour les âmes du purgatoire.* C'est bien ce que nous a déjà exposé le R. P. Faber, dans son livre *All for Jesus, Tout pour Jésus;* mais si notre cœur a été ému en lisant ces belles pages, il est bien autrement touchant de voir d'humbles femmes réaliser chaque jour, dans toute sa plénitude, ce conseil de charité.

A Paris, vous le savez, chère Anna, les pauvres sont assistés, secourus dans une large mesure et avec une constance au-dessus de tout éloge. Et pourtant, les *Sœurs auxiliatrices* sont venues combler une lacune : les pauvres malades sont visités par les sœurs et les dames de charité, et dans certaines paroisses il existe une association de *Dames veilleuses*, qui se dévouent avec un zèle admirable aux pauvres ; mais ce secours est insuffisant pour les nécessités d'une grande ville.

Toute famille du quartier, étant dans l'impossibilité de payer une garde, peut avoir recours aux Dames auxiliatrices; jamais leurs soins et leur zèle ne feront défaut. Il arrive même, en cas de nécessité, qu'elles passent la nuit près des malades; mais, on le conçoit, ceci est une exception à la règle. Vous, chère et bien-aimée sœur, qui connaissez les douleurs, les tristesses qu'apporte la souffrance, même dans un appartement où tout a été prévu pour soulager votre infirmité, vous qui ne pouvez gémir sans que notre mère soit aussitôt à votre chevet, vous comprenez quelle consolation apporte une *Sœur auxiliatrice* dans une mansarde.

Pour obtenir un secours si précieux il faut être dénué de tout, qu'il soit bien constaté que le malade ne peut pas payer les soins qu'il reçoit, par la raison que les soins de ces *pauvres petites*, comme les appelait le curé d'Ars, ont pour but de racheter les âmes et que l'or n'y peut rien. Mais souffrir le froid, combattre le sommeil et n'avoir pas toujours une chaise pour s'asseoir commodément, tout cela constitue une monnaie qui sert à payer d'énormes rançons.

Les Sœurs gagnent vite l'affection des malades qu'elles soignent avec un pareil dévoûment. Des maux du corps on arrive bientôt à ceux de l'âme. Quel soulagement de pouvoir se plaindre, de répandre son âme, de voir des larmes dans les yeux qui rencontrent vos yeux! Quand la mort approche elle a perdu ses rigueurs; la monotonie des heures a été rompue par de touchants entretiens; des années s'étaient écoulées sans que le nom de Notre Seigneur fût prononcé, sans que sa miséricorde fût promise au pécheur : maintenant un nouveau jour a lui, la douceur succède à l'amertume; de pieux désirs remuent l'âme qui languissait dans l'ignorance d'elle-même, tout a été dit, tout est compris. Le pauvre demande son Dieu : il le reçoit, et expire tranquillement, en tenant la main de l'ange consolateur qui est venu le visiter.

Cette tâche n'est pourtant pas toujours facile : la charité a parfois de rudes combats à soutenir. Puisque vous aimez les histoires, je vais vous en raconter quelques-unes que je dois à l'aimable indiscrétion d'une personne dont la bonne foi ne peut être mise en doute, je n'ai rien retranché, ni rien ajouté à ces simples récits : la charité a son style.

« A la prière d'une sœur de charité, les Sœurs auxiliatrices s'empressèrent de donner leurs soins à la femme L..., atteinte d'une fièvre typhoïde. Rien de plus navrant que l'aspect de ce pauvre ménage, composé de six enfants, où tout était en souffrance depuis la maladie de la mère. Lorsque la sœur se présenta, l'aîné de la famille, garçon de douze ans, ayant voulu laver la vaisselle, en avait d'abord brisé une partie, et laissé échapper le vase contenant l'eau, qui coulait de tous côtés; en s'efforçant de remédier à ce malheur, il accablait de reproches deux enfants plus jeunes, qui pleuraient à chaudes larmes. « Voyez si on peut être plus malheureux, dit le jeune garçon en réponse aux questions qui lui étaient faites; maman est malade, mon père ne travaille plus, et voilà deux grognons qui pleurent parce qu'ils ont faim, comme si j'avais du pain à leur donner. « La sœur s'approcha du lit de la malade ; ce lit était couvert de tous les vêtements de la famille, à défaut de la couverture portée au Mont-de-Piété. La pauvre femme était en délire. « Qu'ordonne le docteur à votre mère? demanda la religieuse à l'enfant, toujours occupé de sa besogne.

— Je ne sais pas, moi; j'ai porté l'ordonnance chez

les sœurs, elles ont rempli un tas de bouteilles; mon petit frère en a cassé deux, les autres sont là dans le panier. »

« Le père entra en ce moment, suivi de deux petites filles. N'apercevant d'abord que l'accident causé par la maladresse de son fils, il court à lui et lui applique deux bons soufflets pour lui apprendre à être plus adroit; puis, rougissant à la vue d'une étrangère qui s'avance vers lui : « Pardon, Madame, mais c'est que je suis à bout de patience. Voilà mes deux petites filles qu'on n'a pas voulu recevoir à l'Enfant-Jésus, parce qu'au fait, elles ne sont guère malades; je n'ai pas un morceau de pain pour tous ces affamés, qui sont encore à jeûn, du reste; et impossible de quitter ma femme pour aller gagner de quoi les satisfaire.

— Eh bien! dit la sœur, le bon Dieu qui n'abandonne jamais ses enfants, m'envoie tout exprès pour arranger les choses. Vous allez reprendre votre travail, je soignerai la malade en votre absence.

— Vous feriez ça, vous? dit l'ouvrier, regardant d'un air ébahi celle qui lui parle.

— Et avec un grand plaisir encore.

— Vous êtes une digne fille du bon Dieu, reprit le père de famille en ôtant sa casquette; mais c'est qu'il ne fait guère propre ici; regardez plutôt; et puis cinq enfants contre lesquels je jure toute la journée pour les faire rester tranquilles, sans y parvenir encore, bien que les coups ne leur manquent pas....

— La méthode n'est peut-être pas bonne, dit la sœur en riant; nous en essaierons une autre qui réussira mieux. Croyez-moi, reprenez sans crainte votre travail, tout ira bien ici.

— A l'instant même, dit l'ouvrier, se chargeant de ses outils. Ça, vous autres, qu'on soit sage, ou l'on aura affaire à moi. » Puis, déposant un baiser sur le front insensible de sa femme, il se hâta de retourner à son ouvrage afin de procurer le nécessaire à sa famille.

La sœur, sans perdre une minute, prodigua ses soins à la pauvre femme; ensuite, retournant à la communauté, elle exposa la triste position dans laquelle se trouvait la famille dont on l'avait chargée. Elle revint bientôt toute joyeuse munie de vivres pour la journée. Les enfants, rassasiés, furent envoyés à l'école, et une fois la tranquillité rétablie, il fut facile à la sœur, aidée de l'aîné qu'elle garda, de mettre un peu d'ordre dans le ménage. Le soir, lorsque le père rentra, harassé de fatigue, triste et inquiet de l'avenir, il trouva la petite chambre propre et rangée, les enfants placés autour de la table l'attendaient avec impatience pour faire honneur au repas, qui avait excité bien des trépignements de joie; et comme pour ajouter au bonheur général, la malade avait recouvré connaissance et souriait en regardant sa petite famille.

L'ouvrier s'arrêta stupéfait. « Merci, Madame, dit-il enfin avec un accent qui prouvait tout ce que son cœur renfermait de gratitude.

— Appelez-moi : ma sœur, mon ami; je suis une religieuse, dont la vie est consacrée aux soins des malades.

Eh bien! ma sœur, désormais entre vous et moi, c'est à la vie et à la mort! »

Le mieux dont on se réjouissait ne dura malheureusement pas. Le danger devint même imminent, et la sœur profitant des moments de raison que laissait la maladie, engagea la pauvre femme à recevoir les sacrements. La malade manifesta d'abord la plus grande répugnance : « Ce n'est pas que je sois une méchante femme, allez, ma sœur, il y en a de bien plus mauvaises que moi; mais comment voulez-vous que j'aille à la messe et que je dise mes prières le matin et le soir avec cinq enfants qui ne me laissent pas une minute pour respirer; le bon Dieu aurait bien pu envoyer ma maladie à ces riches qui ont tout le temps et les moyens de se faire soigner. » Puis la mère exhala sa douleur de quitter ses enfants dans un âge où elle leur était si nécessaire.

— Les derniers sacrements ont été institués pour rendre la santé aux malades lorsqu'elle leur est utile, repartit la sœur, et si j'insiste, c'est que je suis certaine que le Seigneur n'attend que votre retour vers lui pour vous combler de ses grâces, et même vous rendre la santé.

Le soir du même jour, la pauvre mère, entourée de ses enfants, reçut le saint viatique et l'extrême-onction. Après la cérémonie, la femme L***, heureuse d'un bonheur inconnu, s'écriait que depuis sa première communion, c'était le plus beau jour de sa vie!

Le bon Dieu ne vient jamais seul : une dame envoya dans la journée le prix du terme échu depuis quelque temps ; une sœur de charité entra presque aussitôt après en disant à la malade : « Vous allez certaine-
« ment guérir; voilà un bon jupon pour vous préserver
« du froid, dix francs et un pot-au-feu. » L'heure du redoublement de la fièvre passa sans délire. Aussi, quelle fête se faisait-on du retour du père ! que le temps parraissait long en l'attendant!

Le père arriva enfin ; et comme le premier jour, il écouta sans rien dire ; mais lorsque sa femme lui raconta tout ce que le Seigneur, qu'elle avait reçu le matin, avait fait pour la petite famille en ce jour de bénédictions, l'ouvrier se tourna vers la sœur :

« — Que puis-je donc faire pour vous remercier?
— Ne plus battre vos enfants, répondit la religieuse.
— Eh bien! ma sœur, vous avez ma parole..... »

Craignant l'émotion pour la malade, la sœur se hâta de prendre congé de ces pauvres gens; toute inquiétude disparut, et bientôt le mieux continua à tel point, que le docteur annonça la convalescence. Elle fut longue, et la religieuse en profita pour instruire la pauvre ignorante de ses devoirs de mère, elle lui apprit à se faire obéir et respecter de ses enfants. Une petite aventure, arrivée au début de la maladie, fournit l'occasion de plaider la cause de l'ordre et de la propreté. Les enfants, au moment d'être envoyés à l'école, étaient tellement malpropres, que la religieuse n'avait rien trouvé de mieux que de les plonger dans une cuve à lessive, lorsque tout à coup la malade se mit à sangloter.

— « Pourquoi pleurez-vous? lui demanda la religieuse, inquiète de ces larmes que rien ne motivait.

— Quel mauvais tour vous me jouez là! Quand mon mari verra les enfants propres, il voudra toujours les voir ainsi, et comment voulez-vous que j'en sorte?... »

Cependant, le ménage L*** est cité aujourd'hui comme un modèle de propreté. L'aîné des garçons fut placé en apprentissage, et la première fois que la mère de famille put sortir, elle vint dans la chapelle des sœurs rendre grâces à Dieu. Le mari, jaloux de la faveur accordée à sa femme, obtint le même privilége le dimanche suivant. A genoux, pleurant de tout son cœur, il promit d'être bon chrétien et bon père. « Demandez-moi tout ce que vous voulez, disait-il en remerciant la supérieure des soins prodigués à la malade, je donnerais jusqu'à la dernière goutte de mon sang pour vous. »

Chaque jour la famille prie en commun, et ne manque jamais d'assister à la sainte messe le dimanche. Bien des jours mauvais ont encore pesé sur la famille L***, mais la mère ne se décourage plus. Elle connaît le chemin de la communauté, elle accourt conter sa peine, et la Providence donne toujours les moyens de l'adoucir. »

Encore une histoire, ma chère Anna, c'est celle d'une pauvre orpheline :

« La supérieure des Dames auxiliatrices reçut, le 14

novembre 1857, une lettre ainsi conçue : « Puisque vous vous dévouez, Madame, aux pauvres souffrants et abandonnés, vous ne sauriez faire un plus bel acte que d'envoyer une sœur rue *** près d'une jeune personne absolument seule et dangereusement malade d'une affection de poitrine. L'âme réclame encore plus de soins que le corps... » La missive ne portait ni date ni signature.

Une heure plus tard, une sœur se présentait à l'adresse indiquée et ne fut pas peu surprise de trouver la jeune fille, qu'on disait absolument seule, entourée de trois personnes. « Notre Révérende Mère m'envoie vous offrir mes soins, Mademoiselle, car elle vous sait malade.

— A quel titre, Madame, m'offrez-vous ainsi votre généreux dévoûment? demanda la jeune fille, dont la physionomie était douce et distinguée, et qui paraissait interdite à cette proposition inattendue.

— A titre de religieuse.

— Mais vous n'en portez pas le costume [1]? »

La sœur montra sa croix. La jeune malade n'était pas convaincue; et se tournant vers un jeune homme qui gardait le silence, en observant l'étrangère, elle lui fit signe de la tirer d'embarras.

— Ma sœur vous remercie, Madame, elle doit être transportée, dans peu de jours, dans une maison de santé, où elle recevra les soins qu'exige son état. »

---

[1] Les *Dames auxiliatrices* n'ont effectivement rien dans leur mise qui accuse qu'elles sont religieuses.

Mademoiselle R*** fit un mouvement de tête en signe d'acquiescement, et les choses allaient en rester là, lorsque la religieuse remarquant une femme, s'aperçut qu'elle l'engageait à ne pas quitter si tôt la partie. Elle fit de nouvelles instances. « Mais qui soignera la malade d'ici-là ? Vous me trouvez peut-être bien importune ? Que voulez-vous ? je me sens de l'affection pour la pauvre enfant, et je voudrais la soulager.

—De quel Ordre faites-vous partie ? demanda le frère.

La sœur nomma la maison à laquelle elle appartenait; elle parla des soins donnés exclusivement et sans rétribution, aux personnes qui ne peuvent avoir de garde.

Au mot : *sans rétribution*, les yeux du frère et de la sœur se rencontrèrent. Celle-ci, par un signe imperceptible, fit comprendre qu'il fallait accepter.

— Puisque vous paraissez si bonne, Madame, venez quelquefois visiter la malade; vous serez toujours la bienvenue. Il nous en coûte beaucoup de la laisser seule, lorsque nous sommes trois à la chérir tendrement.

— Eh bien ! je vous prends au mot : dès aujourd'hui, j'entre en fonctions ; quand je m'y prendrai mal, notre petite malade me grondera.

La jeune fille sourit. « Oh ! comme je serai contente d'être bien soignée ! Depuis huit jours que je garde le lit, je trouve le temps long ! »

La bonne sœur remarqua un désordre et une malpropreté, qui ne devaient pas être ordinaires dans le petit appartement, meublé avec goût et simplicité ; elle se mit aussitôt en devoir de tout ranger, et le soir, quand le frère revint, il trouva sa sœur dans le ravissement.

— Oh ! regarde, regarde donc comme tout est propre et bien rangé ; on dirait que je suis guérie tant je suis contente ! » Et la pauvre petite ne savait de quelles expressions se servir pour exprimer sa joie et sa reconnaissance.

— Merci, Madame, dit à son tour le jeune homme, ému du bonheur de la malade ; merci et pardon, car, ce matin, si nous avons refusé vos soins, c'est que nous ne vous connaissions pas. Maintenant, je remercie le Seigneur, notre Caroline ne manquera plus de rien.

La religieuse trouva sur l'escalier la personne qu'elle avait remarquée près de la jeune fille et dont les instances l'avaient décidée à rester ; celle-ci l'attendait pour la prévenir que non-seulement le docteur n'espérait point de guérison, mais qu'il croyait à une fin prochaine. « Cette jeune fille mérite tout votre intérêt : ses parents ont été de riches fabricants de province, que plusieurs faillites successives ont forcés à suspendre leurs paiements. Le père est mort de chagrin, la mère se réfugia à Paris, où ses trois fils se placèrent dans des magasins de nouveautés. Leurs modiques appointements servaient de ressources à l'existence de leur mère et de leur jeune sœur. On se réunissait le dimanche et l'on était heureux malgré tout, lorsque madame R*** tomba malade d'une phthisie pulmonaire, qui la mena lentement au tombeau. La jeune fille, alors âgée de douze ans, fut prodigue de soins envers sa mère; on sait combien les poitrinaires sont parfois exigeants et capricieux. Le dévouement de Caroline fut sans bornes. Une fois Madame R*** ayant désiré un objet de la valeur de 5 francs, défendit à sa fille, qui ne possédait pas une obole pour le moment, d'en parler à ses frères. L'enfant trouva bientôt le moyen de tout arranger. Elle commença une broderie, qu'elle ne quitta qu'après l'avoir entièrement achevée, et, sans en rien dire, elle se présenta dans les maisons de quelque apparence où elle espérait placer son ouvrage. Après mille tentatives infructueuses, la broderie se trouva vendue, et Caroline toute joyeuse, apporta à sa mère l'objet désiré. Devenue orpheline, on plaça la jeune fille dans une maison de lingerie; mais la légèreté, pour n'en pas dire davantage, des ouvrières de l'atelier lui firent malheureusement oublier les leçons maternelles. Pauvre petite brebis imprudente, elle courait à sa perte, lorsque le bon Pasteur arrêta sa course vagabonde en la clouant sur un lit de souffrances! »

La nuit fut mauvaise. Caroline était découragée : « Allons, mon enfant, dit la sœur, commençons une neuvaine à la sainte Vierge; je vous ai apporté le chapelet d'une jeune fille qui est morte à seize ans dans les sentiments d'une parfaite piété.

— Et moi aussi, j'ai seize ans, dit Caroline tendant les mains vers l'objet que lui présentait la sœur. Oh! le magnifique chapelet, il est comme je les aime, blanc et monté en argent; puis elle s'en fait un bracelet, riant, et ne se souvenant plus de sa mauvaise nuit.

— Nous allons commencer la neuvaine aujourd'hui.
— Bien volontiers, ma sœur.

L'orpheline ne devait pas rester en ce monde; la mort approchait chaque jour; heureusement que la bonté divine laissa le temps à la bonne sœur d'instruire et de préparer Caroline. L'indifférence avait jeté de profondes racines dans cette âme, mais la charité ne se rebuta point et parvint à faire revivre la foi dans le cœur de la jeune mourante. Caroline, soumise à la volonté de Dieu, vit approcher sa fin avec calme : « La sainte Vierge est ma mère, disait-elle, elle sauvera son enfant. »

L'œuvre des *Dames auxiliatrices*, vous le croirez aisément, chère Anna, est déjà très-populaire. Il ne se passe pas de jour qu'on ne vienne frapper à la porte de la petite communauté, et toujours cette porte s'ouvre.

Cette œuvre a réveillé dans tous les cœurs le souvenir des morts, ranimé la piété envers eux. On accourt de toutes parts pour recommander aux sœurs un père, une mère, un ami. Riches et pauvres apportent leur aumône. Dernièrement une cuisinière, n'ayant rien des apparences d'un cordon bleu, demande la supérieure. « Nous partons pour la campagne, dit la bonne petite vieille, on ne sait jamais qui vit et qui meurt, et j'aime autant vous donner d'avance ma petite économie. » En parlant ainsi l'humble femme tira de sa poche 50 francs. « Ah! dit-elle, répondant à l'expression de surprise de la supérieure, c'est que voyez-vous, mon beau-frère était un ivrogne, il a voulu se jeter par la fenêtre; ma sœur et moi l'avons retenu; il a été encore malade pendant huit jours, il s'est converti, mais c'est égal, je suis bien en peine de son âme; et moi je n'ai guère de temps de prier pour lui; on est joliment heureux d'avoir *des sœurs* qui prient! »

En présence de tant de foi et de charité, la supérieure hésita à prendre d'une main, qui portait les traces d'un travail laborieux, une pareille somme; puis elle craignit de faire de la peine à cette généreuse femme, et elle accepta simplement. Des faits semblables ne sont pas rares.

Un tiers-ordre a été adjoint à l'ordre même pour les âmes affligées qui veulent unir leurs prières, leurs actions et leurs œuvres à celles des *Dames auxiliatrices*. Le règlement de ce tiers-ordre est d'une exécution facile.

Maintenant vous dites, chère Anna : « Il faut que l'Angleterre ait ses *Sœurs auxiliatrices.* » Vous avez raison. Tout pays devrait posséder ce précieux secours, puisque tout pays a ses morts, toute famille ses absents!

Votre LISY.

LETTRE XXX.

L'ŒUVRE DE LA PROPAGATION DE LA FOI.

—∞—

Si j'avais été capable de faire un plan, j'aurais certainement commencé ma correspondance par vous parler de *l'Œuvre de la Propagation de la foi*... Mais, chère sœur, vous le savez, lady *Starling* ne peut avoir de pareilles idées. Peu importe après tout, l'essentiel est de réparer ma faute.

Mes amis de France n'ignorent pas le zèle des Anglais catholiques, et c'est un grand bonheur de recueillir les louanges qu'on nous prodigue à cet égard.

Dans le cercle intime où je vis habituellement, on ne doutait pas que je ne fusse une associée influente de *l'Œuvre de la Propagation de la foi*. J'ai donc éprouvé une véritable confusion, chère Anna, lorsque hier soir, le vicomte Théodore m'interrogea sur les progrès de l'œuvre en Angleterre. Je fus obligée d'avouer mon ignorance.

Vous connaissez par mes lettres M. Théodore : sa foi si vive, son esprit charmant.

« Comment Milady, me dit-il d'un ton gai et imposant à la fois, vous n'êtes pas au courant d'une question qui intéresse le monde entier ? »

Alors voyant mon embarras, et peut-être aussi le déplaisir qu'éprouvait Georges de l'entendre me parler ainsi, il ajouta : Au reste, Milady, vous n'êtes pas la seule coupable : en France, nous connaissons des dames, très-pieuses d'ailleurs, qui n'en savent guère plus long que vous n'en savez sur cette œuvre admirable.

» Bien souvent, on se contente de louer la charité, d'exalter le zèle des missionnaires. On se propose de payer son obole, on ajourne, et rien ne se réalise.

» Je suis charmé, Milady, de vous trouver en défaut. Je vais vous faire connaître la plus belle, la plus importante de nos œuvres, puisqu'elle a pour but d'appeler à la lumière de l'Évangile tous les peuples du globe.

» C'était en 1816; le zèle pour les missions se manifesta dans les âmes généreuses avec une nouvelle ardeur. L'évêque de la Nouvelle-Orléans, Monseigneur Dubourg, était venu en Europe chercher des secours; de son côté, le séminaire des Missions étrangères sollicitait vivement les fidèles de venir en aide aux missions d'Asie. Il y eût alors un élan général dans toute la France.

» Deux femmes pieuses de Lyon entendirent ce cri de détresse, et aussitôt elles se mirent à quêter pour les missions. Elles s'adressèrent d'abord aux ouvriers, pénétrèrent dans les ateliers, sollicitant l'engagement de souscrire pour un sou par semaine.

» Oui, Milady. En France nous avons la science de faire de grandes choses avec des sous.

» La première année, les aumônes s'élevèrent à 2,000 francs; cinq ans plus tard à 500,000 francs, et aujoud'hui les recettes s'élèvent à près de quatre millions. Voilà nos petits sous, Milady.

» Le 13 mai 1822, douze hommes du monde, unis par les liens de l'amitié et de la foi, se réunirent en conseil pour organiser l'œuvre naissante. Un prêtre présidait cette touchante réunion. L'œuvre, qui avait pour but de secourir toutes les missions, reçut le nom d'*OEuvre de la Propagation de la foi*. Le caractère d'universalité qui la distingue entre toutes, fait sa force et sa puissance. Aucun nom ne s'attache à l'*OEuvre de la Propagation de la foi*. On peut dire qu'elle vient de Dieu.

» Jamais œuvre ne fut accueillie avec plus d'empressement par les fidèles. Depuis Pie VII jusqu'à Pie IX, les Papes l'ont autorisée et bénie.

» Le mode d'association est simple. Deux choses suffisent : 1° s'engager une fois pour toutes à appliquer à l'intention de l'œuvre le *Pater* et l'*Ave* de la prière du matin ou du soir, en ajoutant cette invocation : *Saint François Xavier, priez pour nous*. 2° Donner un sou par semaine. Un souscripteur par dix reçoit les aumônes et se charge de faire parvenir successivement à ses dix associés les *Annales de la Propagation de la foi*. Ce recueil est publié à Lyon; il se compose des lettres que nos missionnaires adressent au conseil de l'OEuvre. Il paraît six fois par an. On en distribue plus de 180,000 cahiers, tant en français qu'en divers idiômes.

» Toutefois, Milady, rien ne vous empêche de procéder par guinée, si cela vous va mieux, et vous posséderez à vous seule les Annales.

» L'œuvre étant organisée, les ressources étant assurées, une légion de prêtres demandèrent à partir pour les Missions. Ce n'était pas en France seulement que cette sublime vocation se manifestait : même élan, même enthousiasme dans tous les pays catholiques.

» Aujourd'hui l'*OEuvre de la Propagation de la foi* existe partout; il n'est pas jusqu'aux sauvages de la baie d'Hudson qui n'organisent des dizaines au fond des forêts. Il est donc certain que, nous contribuons par nos aumônes et nos prières à porter la lumière aux extrémités de la terre : par la prière, les associés obtiennent des grâces pour les apôtres intrépides qui vont chercher aux confins du monde des frères inconnus, et par l'aumône ils assurent le nécessaire aux voyageurs, en même temps qu'ils contribuent aux frais du culte catholique.

» Oui, voilà ce que nous faisons tout en restant tranquilles chez nous, ajouta le vicomte Théodore avec une expression que je n'oublierai jamais! Que d'horreurs le christianisme n'a-t-il pas à combattre? Aux ténèbres de l'ignorance s'ajoute une cruauté qui varie dans chaque pays. La femme, l'honneur de la famille, est réduite à l'état d'abaissement le plus complet chez les nations infidèles : aux Indes, on achète une femme comme nous achetons un cheval, celle qui sait lire, par hasard, porte au front le stigmate du déshonneur ; le mari a droit de vie et de mort sur sa femme. La compassion dont les animaux leur donnent souvent l'exemple, est bannie du cœur des sauvages. A la Nouvelle-Calédonie, la femme, la mère qui tombe malade est expulsée à l'instant même de la maison ; on s'en débarrasse en la portant sous un arbre de la forêt. Il n'est pas rare que son mari ne lui brise le crâne avec une pierre. Détournons nos regards de semblables horreurs et partageons la joie du missionnaire.

« En 1852, le Père de Smet assistait à un grand conseil de 10,000 Indiens, représentants de cent tribus jusque-là acharnées à s'entredétruire. Mais voici que la voix du prêtre remplace les chants de mort : les haines implacables, les inimitiés héréditaires, les guerres sanglantes, tout le passé est oublié. Le prêtre offre le saint Sacrifice pour cimenter cette union et dix mille sauvages, groupés autour de l'autel catholique, jurent de s'aimer désormais en frères et d'enterrer pour toujours leurs casse-têtes au pied de la croix. »

» Tous nos missionnaires sont unanimes à louer la piété et la ferveur de ces sauvages. La transformation est complète : les vices sont remplacés par des vertus. Le vol surtout disparaît parmi eux à ce point, que les serrures deviennent inutiles. Que de faits touchants renferment les *Annales de la Propagation de la foi!* C'est le *premier journal* du monde. Je voudrais le voir dans les mains de toutes les femmes. Elles y apprendraient beaucoup de choses. Car le catholicisme a cela de particulier qu'il porte avec lui la civilisation : aux montagnes Rocheuses, le désert a été défriché; les sauvages ont appris l'agriculture en même temps que l'Évangile leur était prêché. Les néophytes s'emploient eux-mêmes à construire des bâtiments qui ne sont pas sans un certain goût. Il y a des écoles pour les enfants, une chapelle, des chants, des cœurs joyeux et des regards levés vers le ciel. Il n'est pas de voyageurs plus aptes à nous faire connaître ces pays lointains au point de vue des mœurs, des croyances et des langues. Chaque année, nos missionnaires enrichissent de leurs observations les sciences naturelles et complètent nos connaissances géographiques. Aussi, le jury international de l'Exposition universelle de 1855, a-t-il rendu hommage au zèle de ces voyageurs désintéressés en décernant une médaille d'honneur à l'*Œuvre de la Propagation de la foi.*

» Le nombre des missionnaires s'accroît chaque année : en 1822, les Missions étrangères n'avaient que 22 sujets, aujourd'hui elle en a 197; de treize, les Lazaristes sont arrivés à 200. 780 Jésuites se partagent les travaux apostoliques.

» Le christianisme a franchi la muraille de la Chine. Le nombre des fidèles s'est accru au milieu des plus affreuses persécutions. C'est que rien ne peut arrêter le zèle des intrépides apôtres. Ils pénètrent au Japon, sachant d'avance qu'aucun de leurs frères n'en est revenu : Le martyre les attire. La Tartarie, l'Himmalaya, le Thibet reçoivent la lumière de l'Évangile, et bientôt cette lumière luira sur toute l'Asie orientale.

» Hong-Kong se couvre de pieux établissements ; dans les villes les plus populeuses de l'Empire, la croix brille aux yeux des Chinois; les missions se multiplient de l'extrémité de la mer Rouge à la mer Caspienne : Aden, Badgad, Massoul, Diabekir ont des hôpitaux et des écoles. Nous avons des évêques au Cap et à l'Ile de France. Madagascar et Sainte-Hélène ont aussi leurs apôtres. Les peuples de l'Abyssinie commencent à ouvrir les yeux à la lumière. Nos missionnaires remontent le Nil et évangélisent les peuples des rivages en attendant qu'ils pénètrent dans le désert. Les périls du voyage, l'ardeur du climat ne sauraient arrêter les disciples de Jésus-Christ dans une voie hérissée d'obstacles.

» Les solitudes de Vancouver jusqu'à la baie d'Hudson possèdent aujourd'hui six évêchés. La population catholique de la Jamaïque, de la Guyane et des Antilles s'élève à 200,000 âmes. Aux États-Unis, on compte sept provinces ecclésiastiques, quarante-trois archevêques ou évêques et dix-huit cents prêtres.

» Il faut ajouter à ces prodiges du christianisme des

collèges, des asiles pour les orphelins; 650 établissements d'éducation et de charité, des églises, des communautés religieuses et une multitude de sanctuaires. Ce qui s'explique d'ailleurs par les besoins d'une population catholique de deux millions.

» En 1822, Milady, l'Australie n'était qu'un bagne destiné à recevoir les malfaiteurs de l'Angleterre. Il n'y avait sur cette terre immense ni prêtres ni autels, si ce n'est à Manille, possession espagnole. L'Australie a été métamorphosée par l'action des missionnaires Français : Sydney est devenue une métropole de laquelle relèvent quatre évêchés. Les missions de Sandwhich, de Gambie, des Marquises, de la Nouvelle-Calédonie, de la Nouvelle-Guinée, et de la Nouvelle-Zélande comptent déjà 190,000 néophytes dont la foi est confiée à 70 prêtres.

» La Chine fermée pendant des siècles entiers au zèle de nos missionnaires, semble destinée à se régénérer. Avec quelle émotion nous avons appris que le 1er janvier de cette année, en présence de la légation de la France, Mgr Mouly, membre de la congrégation des Lazaristes et évêque de Pékin, a inauguré la nouvelle cathédrale, magnifique monument digne de ceux élevés déjà sous le règne de Louis XIV par les savants missionnaires de la Compagnie de Jésus, et dont les derniers traités conclus par le baron Gros nous ont rendu la possession. Avant peu, nous l'espérons, Canton n'aura rien à envier à la capitale, et l'évêque des missions étrangères, Mgr Guillemin, pourra bénir et ouvrir aux fidèles son église métropolitaine, due, comme celle de Pékin, à la munificence de l'Empereur.

Shang-Haï aura prochainement son tour : car la chapelle des Jésuites, desservie par le R. P. Basuiau, devient insuffisante pour la population catholique qui s'accroît de jour en jour. Les hôpitaux et les écoles, confiés aux soins des filles de Saint-Vincent-de-Paul, se multiplient également. Quant aux orphelins et aux pauvres enfants recueillis et *achetés* par l'*OEuvre de la Sainte-Enfance*, ils sont placés au nombre de *sept mille*, à quelques lieues de Shang-Haï, au village de Zikawé, dans les établissements des Pères de la Compagnie, qui leur donnent l'instruction et l'éducation nécessaires, leur font apprendre divers métiers, et enseignent aux plus intelligents les langues latine, française et anglaise, ce qui donnera plus tard de précieux intermédiaires entre les Chinois et les Européens, et constituera dans une certaine mesure un clergé indigène. »

Sans doute, chère Anna, la mère et la sœur qui disent leur dernier adieu au missionnaire partant pour la Chine, peuvent répandre des larmes amères, mais soyez-en sûre, elles sont consolées par la pensée que l'Évangile est annoncé à ces peuples ignorants et que le saint Sacrifice est offert à Pékin, à Canton, à Shang-Haï et partout où il y a un prêtre de Jésus-Christ.

Les femmes ont aussi une grande action dans la plupart de nos missions. Il n'est guère d'ordres religieux enseignants qui ne portent les bienfaits de l'éducation aux enfants du nouveau monde : les Filles de charité suivent le chemin que leur ont frayé les Lazaristes, la cornette blanche exerce sur ces lointains rivages la même influence qu'elle exerce sur nos populations. En 1817, les dames du Sacré-Cœur ont fondé en Amérique leur première maison d'éducation, aujourd'hui elles en ont vingt-six. Depuis 1842, elles ont un pensionnat en Afrique.

En 1851, les Dames de Saint-Maur se rendant aux instances de la société des missions étrangères, allaient établir les Missions de la Malaisie ; car le gouvernement anglais, n'oublions pas de le dire, accorde une liberté parfaite à tous les missionnaires catholiques. L'influence européenne, qui grandit chaque jour dans ces contrées, sera aussi un puissant auxiliaire pour aider à développer l'intelligence de ces peuples, et les écoles sont un moyen puissant de civilisation pour arriver au christianisme. La vérité pénètre dans ces jeunes âmes et les résultats qu'obtiennent ces femmes dévouées surprennent tous ceux qui ignorent la puissance d'un pareil dévouement.

Les dames de Saint-Maur ont deux établissements en Malaisie, l'un à Singapour et l'autre à Penang. Le premier est situé dans une île près de la côte occidentale de la presqu'île de Malacca ; le second, dans l'île, au sud de la même presqu'île.

C'est là que s'élèvent des enfants qui seraient restés

plongés dans l'idolâtrie et l'humiliation dont est marqué le front de la femme dans ces pays. Tout en se conformant aux nécessités du climat, les Dames de Saint-Maur apportent à leurs élèves quelque chose des habitudes françaises. Mais avant d'arriver en Malaisie, elles doivent connaître la langue anglaise, qui ne tarde pas à leur devenir familière.

L'éducation de nos religieuses exerce une grande influence sur les élèves, il n'en est pas une qui résiste à cette douceur, cette politesse, ce je ne sais quoi qui attire et inspire l'affection.

Par les soins de leur supérieure générale, les Sœurs de Singapour et de Penang retrouvent un petit coin de la patrie : une foule d'objets leur sont expédiés soit pour l'utilité ou l'agrément du pensionnat. Les jolis ouvrages qui sont pour les pensionnaires de nos couvents une si agréable distraction, s'exécutent aussi à Singapour et à Penang. Quelle joie quand une caisse de France arrive! le canevas, les laines, les dessins, tout le matériel nécessaire aux maîtresses et aux élèves est là, rien n'a été oublié.

Les Dames de Saint-Maur sont bénies dans l'œuvre si difficile qu'elles ont entreprise : le succès répond à leurs efforts, et déjà le bien se propage par les élèves qu'elles ont formées.

Je suis tentée, chère sœur de vous demander pardon d'une si longue lettre!... Mais non, ce serait de l'hypocrisie. Je vous dis seulement un cordial adieu.

LISY.

LETTRE XXXI.

ŒUVRE DE LA PROPAGATION DE LA FOI (Suite).

Chère sœur,

Vous ne m'en voudrez pas de compléter ma dernière lettre par les détails intéressants que je dois à une religieuse de mes amies qui a passé six ans à Penang. Ces détails n'auront pas seulement l'avantage de nous faire connaître Pulo-Penang (l'île de Pinang), ils accroîtront encore notre estime et notre admiration pour les femmes qui vont sans souci d'elles-mêmes porter le bienfait de l'éducation à de pauvres enfants privés de la lumière qui nous éclaire.

« Pulo-Penang est une île charmante, séparée par un canal de la Péninsule malaise ; c'est une île très-pittoresque, boisée et montagneuse; on la nomme assez souvent, et avec raison, le Paradis terrestre de l'Inde. Sur la montagne, toujours couverte de la plus riche et de la plus admirable végétation, se trouvent, de distance en distance, les villas de plaisance des Européens. A son sommet, qui est élevé de 2 à 3000 pieds, on jouit d'un climat très-tempéré; les chutes d'eau, les cascades qui coulent de toutes parts, apportent une fraîcheur qui fait oublier l'intensité de la chaleur qu'endurent ceux qui n'ont point de villa à leur disposition. Le confortable se trouve toujours là où sont les Anglais, et tout en conservant leurs usages et leurs coutumes, ils savent très-bien adopter les habitudes indiennes propres à leur bien-être.

» On se rend en voiture au pied de la montagne, et là les chevaux ou les chaises sont préparées pour faire l'ascension; singulières chaises à porteurs, et si on en use, que d'émotions avant d'arriver au sommet. Les fauteuils sont fixés par des cordes à de gros bâtons, et quatre Malais prennent les voyageurs sur leurs épaules huileuses et ruisselantes de sueur. On se croirait balloté par un navire, si l'on ne se voyait suspendu au-dessus d'affreux ravins, d'immenses précipices, et confié au pas plus ou moins sûr de ces malheureux Indiens.

» L'odeur qui s'exhale de leur corps n'est point propre à guérir l'espèce de mal de mer que l'on éprouve: heureux moment que celui où ils vous déposent à terre.

» Si l'on suit la montagne habitée par des tigres, ce qui

arrive de temps en temps, il faut avoir soin de la gravir en caravane, afin que les cris et les chants de la nombreuse troupe, fassent fuir l'animal féroce. Le tigre craint le regard de l'homme, et si l'on vient à se trouver en sa présence, ainsi que cela est arrivé à plusieurs de nos missionnaires, il faut le suivre d'un œil fixe et pénétrant, jusqu'à ce que l'on soit à même de se dérober à sa poursuite.

» Les Dames de Saint-Maur ont à Singapour et à Penang un pensionnat et un orphelinat ; le pensionnat se compose en grande partie de jeunes filles européennes, et les classes se font en Anglais.

» On reçoit dans l'orphelinat, non-seulement les enfants abandonnés de leurs parents, mais encore celles qui veulent fréquenter les classes ; l'enseignement continue à s'y faire en Malais, langue très-douce et très-facile à parler : c'est l'Italien des Indes.

» Rien de plus intéressant que ces orphelines si différentes d'âge, de religion, de langue et de couleur. Ces îles appartenant à toutes les nationalités, les orphelinats sont fréquentés par des enfants de différentes races. Le bien n'y est pas toujours facile à faire, à cause de ces éléments si disparates, et surtout par l'impossibilité où l'on est de comprendre et d'être compris de tous ; il faudrait que la Providence, qui est d'un si bon secours au missionnaire, le favorisât du don des langues.

» Les enfants sont admises à l'orphelinat dès le premier âge, et il faut souvent leur donner brassières et bourrelets ; d'autres, un peu plus âgées arrivent des chrétientés voisines pour recevoir le bienfait de l'instruction et de la régénération. Un grand nombre d'entre elles vieillissent au milieu de nous, c'est-à-dire que nous les gardons le plus longtemps possible, quand il n'y a pas moyen de les marier. On ne peut guère les caser d'une autre manière, puisque la femme indigène de ces contrées n'a pour ainsi dire aucun emploi.

» Cependant parmi nos orphelines, il s'en trouve quelques-unes auxquelles Dieu a fait sentir le prix des âmes, et dès lors, elles ont travaillé aussi à se former à une vie de zèle et de dévouement, qui puisse les rendre capables de remplir les fonctions de *gurn* (institutrices) dans les chrétientés dépourvues de missionnaires.

» Deux de nos orphelines de Penang sont depuis longtemps placées à Pulo-Tikus (île des Rats) à 3 milles dans l'île, et elles y font la classe sous la direction des chères sœurs de Saint-Maur, qui vont les visiter une fois par semaine. D'autres sont répandues, comme catéchistes, dans différentes parties de l'île, et y remplissent très-bien leurs fonctions, avec autant de zèle et de dévouement que les missionnaires eux-mêmes. Que de chrétientés en réclameraient encore! Le champ à cultiver est si vaste! Il est vrai que le terrain serait bien rebelle à la culture, s'il s'agissait de convertir ceux qui sont parvenus à un âge mûr; convertir un Malais, est chose presque impossible, mais pour la jeunesse, il y a de l'espoir, et nos établissements de Singapour et de Penang sont appelés à faire beaucoup de bien.

» Nos chères sœurs ont souvent recueilli de malheureuses enfants qui, après avoir été vendues à des Malais, ont été traitées par eux si inhumainement, qu'elles se sont sauvées pour venir chercher chez les sœurs un abri contre les coups de rotin et les mauvais traitements de toute espèce. Parfois, ce n'est qu'en achetant ces pauvres petites victimes que l'on parvient à les soustraire à une telle tyrannie; c'est alors que le missionnaire, lui aussi, désire la richesse : il voudrait être en possession d'une fortune considérable, afin de pouvoir offrir de l'argent à tous ces êtres inhumains, et sauver au moins leurs enfants. Une fois sorties des écoles, ces jeunes filles se conduisent généralement bien, et cherchent à se rendre utiles.

» La religion seule peut faire comprendre à la femme indigène la nécessité du travail : comme il lui faut peu de choses pour sa subsistance, elle ne fait rien pour se la procurer. Sa principale occupation, matin et soir, est de cuire le riz, et de préparer ce qui doit l'assaisonner; le piment enragé, le gingembre, les racines, les feuilles, les herbes de toute espèce se mélangent chaque jour à leur riz, qui est toujours très-blanc et parfaitement apprêté. La table est bientôt préparée, les feuilles de banane remplacent souvent les assiettes, et leurs doigts font toujours l'office de cuiller et de fourchette.

» Les indigènes cultivent eux-mêmes le riz, mais comme les rizières sont peu abondantes dans la presqu'île, la plus grande partie employée pour la consommation de chaque jour, leur vient de la Chine ou du Pégu.

» Les Anglais, pas plus que les indigènes, ne peuvent se passer du riz et du carry à chaque repas; mais ce n'est toutefois pour eux qu'un supplément après un bon et copieux repas.

» L'Européen s'habituerait assez bien à la cuisine indienne, s'il pouvait oublier que le plus souvent les mets sont assaisonnés de la sueur du *cook* (cuisinier). On ne termine jamais un repas sans une banane; on finit par s'habituer à ces fruits qui n'ont ni goût ni saveur, mais qui ont l'avantage d'être très-rafraîchissants. Les mangues, les mangoustans, les ananas, les cocos, les pamplemousses, etc., sont d'assez bons fruits; mais rien de plus délicieux pour l'indigène, et aussi pour l'Anglais, que les jacques et les dourianes, dont l'odeur infecte ferait fuir immédiatement un Parisien.

» Du reste, on se fait à ces lointains pays, quoique tout y soit en si parfaite opposition avec nos usages et nos coutumes. Le missionnaire surtout s'arrange très-bien de vivre comme l'indigène, du pur nécessaire; comme lui, il fait du riz sa principale nourriture, il couche sur une simple natte et y dort parfaitement.

» Les Malais ne se mettent jamais en peine de se procurer une chambre à coucher; roulés dans un drap, et étendus devant leur toit de chaume, ils passent là les longues heures de la nuit qui est toujours d'égale durée; et dès que le jour paraît, à 5 heures et demie, ils se lèvent, emportent leur lit et se mettent en marche.

» Le Chinois est industrieux, sa journée est utilement employée, si l'on en excepte le temps qu'il passe à fumer l'opium. Mais le Malais craint la peine et la fatigue, il attend patiemment au bord de la mer que les poissons viennent saisir son hameçon ou remplir son filet; d'autres fois, il passe des heures entières à soulever les pierres du rivage pour trouver quelques crabs ou autres coquillages, dont il est très-friand. C'est aussi souvent la récréation de nos orphelines; elles se rendent au *compound* (jardin) des pensionnaires, qui est au bord de la mer, et là, tout en cherchant des coquillages, elles s'amusent à recevoir les vagues qui viennent se briser à leurs pieds; leur unique vêtement sans doublure est bientôt sec, et leur chaussure n'a rien à craindre, puisqu'elles n'ont jamais ni bas, ni souliers.

» Nous devons au voisinage de la mer la visite des serpents, ils viennent assez souvent se promener dans notre jardin; croirait-on qu'ils se permettent d'entrer jusque dans la chapelle? Une de nos sœurs allait un jour se voir enveloppée d'un de ces aimables reptiles, si son ange gardien ne l'eût avertie à temps; il s'était placé très-adroitement sur sa chaise. On fait la chasse à ces malfaiteurs, sans pitié.

» Quant aux moustiques, aux lézards et aux rats même, il leur est permis de fréquenter les appartements ; ces derniers sont d'une grosseur prodigieuse. Ils se logent ssez ordinairement entre les lattes et les *attaps* (aume) qui couvrent le toit des maisons, et il est ... plaisant la nuit de les entendre prendre leurs ébats. La chaleur les électrise aussi, et les rend grands amateurs de musique ; si les pianos ont la moindre ouverture, ils vont s'établir dans l'intérieur pour y faire leur séjour et leurs nids. Mais, lorsque la famille devient nombreuse, la mélodie n'est plus tenable ; il faut alors désorganiser tout l'instrument pour en chasser les envahisseurs.

» Les singes de ces contrées ne sont pas plus sauvages que les hommes, ils vivent assez volontiers en société ; et il n'est pas rare, au moment où on s'y attend le moins, de se trouver surpris par la visite d'un de ces quadrumanes. Il y en a un qui a passé plusieurs jours sous le toit de l'orphelinat, sans qu'il soit possible de le faire déloger ; il descendait à certaines heures voir ce qui se passait dans les appartements, et remontait ensuite ; enfin, on finit par s'emparer de lui.

» Pour les lézards, qui sont les amis de l'homme, on les laisse se croiser en tous sens sur les murs des appartements et, si on leur fait la chasse, ce n'est que pour s'en servir comme d'un bon et d'un excellent remède. On ne saurait prendre trop de précautions pour éviter d'être malade, afin de ne pas tomber entre les mains des *bomos* (docteurs). Il est difficile de se faire une idée des affreuses drogues dont ils composent leurs médecines; toutes les vieilles femmes se font aussi docteurs, et elles sont toutes étonnées que l'on n'ait point en leur science cette confiance illimitée qu'elles ont elles-mêmes. Du reste, elles ont la prétention de passer pour docteurs en toutes choses, même en matière de religion; à les entendre, elles sont fort savantes en théorie, pour la pratique, c'est différent. L'une d'elles voulait un jour faire prévaloir ses raisonnements sur ceux que lui faisait un missionnaire, en lui parlant du ciel et de l'enfer; elle lui répondit : « Tuan (Monsieur, Père), ne sait pas, il est trop jeune, et n'a pas autant d'expérience que moi. »

» Le zèle du missionnaire ne se ralentit pas devant la stupidité de la femme indigène, il sait qu'il y a du bon en elle, qu'elle est susceptible de comprendre le bien qui lui est fait, et il espère que plus tard d'autres recueilleront les fruits de son travail.

» Plusieurs sœurs de Saint-Maur, épuisées par le climat et les fatigues d'une vie apostolique, sont déjà allées se reposer dans le Seigneur. Elles ont eu à surmonter les premières et les plus pénibles difficultés, elles ont semé avec beaucoup de peine, et c'est maintenant seulement que l'on commence à recueillir les fruits de leur labeur. La mission est dans une voie de progrès qui fait espérer que bientôt la lumière ne sera plus concentrée sur un seul point. »

A bientôt, chère sœur.

LISY.

LETTRE XXXII.

L'ŒUVRE DE LA SAINTE-ENFANCE.

C'est bien aux femmes qu'il appartient de faire connaître cette œuvre, de l'aimer, de la propager de toutes leurs forces. Sainte Enfance de Jésus soyez bénie! Que le souvenir de Bethléem entretienne dans nos cœurs une tendre compassion pour l'enfance; protégeons-la, mais surtout instruisons-la de ses glorieuses destinées.

L'*Œuvre de la Sainte-Enfance*, chère sœur, doit trouver sa place ici, par la raison qu'elle a pour but de venir en aide aux missionnaires catholiques, en faisant baptiser et élever les enfants infidèles, et comme il est notoire que chaque jour il périt en Chine un nombre considérable d'enfants, ces contrées voient arriver chaque année de nouveaux ouvriers pleins de zèle et d'ardeur.

Le peuple Chinois, qui se croit le premier peuple du monde, est, au rapport de tous les voyageurs, missionnaires ou autres, cruel et corrompu : il cache sous un vernis de probité morale de très-grands vices. C'est par orgueil qu'il s'isole, ne croyant avoir rien à apprendre. Son idolâtrie est monstrueuse, son amour de l'or effréné, et il n'est sorte de crimes contre nature dont il ne se rende coupable. Dans plusieurs provinces, l'infanticide est tellement commun qu'il est presque passé en usage : une grande partie des nouveau-nés sont mis à mort par leurs parents ; la misère, le caprice, l'inconduite, la superstition et l'usage sont les causes de cette barbarie. La mère elle-même, oh! Anna, se charge souvent d'étrangler la fille qu'elle vient de mettre au monde.

Les parents qui ne veulent pas conserver leurs enfants reculent quelquefois devant le crime, et ils se croient généreux en se bornant à exposer leurs nouveau-nés aux bords des fleuves, ou bien ils les jettent dans des troux fangeux espérant peut-être qu'une main charitable les en retirera. On voit aussi ces pauvres petits êtres abandonnés dans les rues, exposés à la voracité d'animaux immondes. Ces horreurs, dit-on, ne semblent pas émouvoir les passants.

J'aurais pu abréger ces tristes détails; je ne l'ai pas voulu. Il est utile de nous rappeler les grâces dont nous sommes comblés ; il faut craindre de nous laisser endormir dans les douces conditions où la Providence nous a placés.

L'indifférence ou l'ignorance peut taxer d'exagération les récits qui nous arrivent du Céleste-Empire, mais les *Annales de la Propagation de la foi* sont des documents signés du sang de nos martyrs. Le Père Huc, dans son bel ouvrage *l'Empire chinois*, nous initie aux mœurs de ce peuple aveugle et cruel, et nos missionnaires constatent chaque jour l'authenticité des détails curieux qu'il nous a laissés.

Combien de touristes s'imaginent connaître la Chine pour être demeurés quelques mois dans un port ouvert aux Européens! Que d'officiers revenant de la Chine ont affirmé que l'infanticide était une heureuse invention des missionnaires pour se faire donner de l'argent, et que jamais ils n'avaient rencontré d'enfant dans le ruisseau! Cela peut être vrai dans certaines localités, mais il est certain que les agents de police apportent souvent à nos missionnaires de pauvres petites créatures que ceux-ci s'empressent de confier aux sœurs de l'orphelinat. Je vous engage, ma chère Anna, à relire le bel ouvrage du P. Huc, *l'Empire chinois*. Cet ouvrage est digne, par la véracité de ses documents, d'être lu par tous les catholiques.

On peut donc dire que l'*Œuvre de la Sainte-Enfance* a été inspirée par l'Esprit de Dieu ; espérons qu'une nouvelle génération sera marquée du signe de la Croix.

L'œuvre des petits Chinois est devenue populaire. Chaque année le nombre des missionnaires qui partent pour la Chine s'accroît. C'est une grande et ingénieuse pensée d'avoir associé l'enfance à cette œuvre, de l'initier dès l'âge le plus tendre à la charité, d'avoir fondé une œuvre qui porte son nom. Avec quel intérêt le petit enfant écoute sa mère lorsqu'elle lui dit que dans un pays, bien loin, il y a de petits enfants abandonnés, jetés hors de la maison, et qu'il faut aimer ces pauvres enfants, prier pour eux, donner un petit sou pour eux.

Que nos enfants s'intéressent à ces pauvres enfants, c'est après tout chose assez simple, mais que dire des petits Chinois qui s'associent à l'*Œuvre de la Sainte-Enfance* pour sauver leurs frères? Ces faits sont certains, ma chère Anna, et d'ailleurs pourquoi en serions-nous surprises, quand une âme a reçu le don de la foi, elle ne peut rester stérile. C'est ainsi que nos missionnaires sont aidés par les familles chinoises converties au catholicisme; les mères, loin de délaisser leurs enfants, en adoptent d'autres; il n'est pas rare qu'une chrétienne Chinoise recueille sous son toit plusieurs enfants.

Ma chère Anna, il faut que j'entre nécessairement dans les détails de l'organisation de l'œuvre : car désormais nous devons travailler de toutes nos forces à enrôler sous le drapeau de la Sainte-Enfance tous les petits garçons et les petites filles de notre comté.

1° L'*Œuvre de la Sainte-Enfance* est placée sous l'invocation de l'Enfant Jésus.

2º La très-sainte Vierge est la première patronne. Les saints Anges gardiens, saint Joseph, saint François Xavier et saint Vincent de Paul sont les patrons secondaires.

3º Tout enfant baptisé peut être membre de cette association.

4º Les enfants sont admis depuis l'âge le plus tendre jusqu'à leur première communion.

5º Les membres de l'œuvre peuvent rester agrégés jusqu'à l'âge de 21 ans; jusqu'à cet âge aussi, les enfants qui ont fait leur première communion peuvent être agrégés, mais à 21 ans ils cessent d'en faire partie s'ils ne sont pas associés de la *Propagation de la Foi*.

6º L'association se partage en séries de douze membres pour honorer les douze années de l'enfance du Sauveur. Douze séries forment une sous-division, douze sous-divisions forment une division.

7º Les séries se distinguent entre elles par un numéro d'ordre correspondant à l'une des années de l'enfance de Jésus, sous le nom de première année, deuxième année de la sainte enfance, etc.

Les conditions de l'association sont faciles : donner un sou par mois et réciter chaque jour un *Pater* et un *Ave* aux intentions de l'œuvre en ajoutant : *Vierge Marie, priez pour nous et pour les petits infidèles.*

Ne vous semble-t-il pas voir tous ces petits enfants disant sur les genoux de leur mère la prière qui doit attirer la grâce de Dieu sur de pauvres créatures destinées à la mort ou à vivre dans l'ignorance de l'âme qu'elles ont reçue ?

C'est à Mgr de Forbin-Janson, évêque de Nancy, que nous devons l'*Œuvre de la Sainte-Enfance.*

En 1843, il appela les enfants des catéchismes et des maisons d'éducation à former une association pour venir au secours des petits enfants infidèles. Cet appel fut compris, et dès la première année les recettes s'élevèrent à 23,000 francs.

A la mort du fondateur, l'œuvre prit un grand développement sous le patronage de M. l'abbé James.

Ne commettez pas l'erreur comme tant d'autres personnes, ma chère Anna, de croire que l'*Œuvre de la Propagation de la Foi* et l'*Œuvre de la Sainte-Enfance* se nuisent. Loin de là, elles sont sœurs et se prêtent un mutuel appui.

Des tableaux parallèles des deux œuvres sont publiés chaque année et constatent cet heureux résultat.

Déjà, en 1846, les recettes de l'*Œuvre de la Sainte-Enfance* s'élevaient à un million 761,613 francs.

En 1846, on publia quelques cahiers des *Annales*; mais dix ans plus tard, en 1856, le tirage était de 78,000 exemplaires. Aujourd'hui, il s'élève à 131,000. Ces Annales se distribuent comme celles de la *Propagation de la foi.*

L'*Œuvre de la Sainte-Enfance* s'adressant à des enfants, on n'a négligé aucun moyen de parler à leurs yeux et de fixer leur esprit. Aussi a-t-on distribué dès l'origine, des images et des médailles à chaque nouvel associé. Des Annales sont également adressées aux enfants. C'est un grand plaisir de recevoir un petit livre vert, de le lire où de l'entendre lire par sa maman.

L'œuvre, dans sa sollicitude pour ses jeunes associés, a également institué des fêtes dont le but est de réunir tous les enfants : pendant les semaines consacrées à la sainte enfance du Sauveur, de Noël jusqu'à la Purification, on célèbre deux messes auxquelles assistent les associés; mais comment dire la joie qu'ils éprouvent lorsqu'il s'agit de tirer au sort des noms de baptême pour les futurs chrétiens de la Chine? C'est encore à Mgr de Janson que nous devons ces intéressantes séances. Comme il était toutefois impossible de procurer cette faveur à tous, vu le grand nombre, on convint que chaque associé inscrirait son prénom sur un bulletin et que ces bulletins seraient tirés au sort dans la proportion d'un sur quatre. Ainsi, trois noms pour douze associés ou une série. La souscription simple de 60 centimes ne donne droit qu'à un seul nom. Jugez ma chère, avec quel empressement nos petits associés jettent leurs bulletins dans l'urne! Mais il y a autre chose qu'un plaisir donné à l'enfance dans cet usage. C'est un moyen ingénieux pour faire revivre le souvenir de nos saints et les fêtes de notre Église catholique au sein de l'idolâtrie. Dans un siècle assurément, nos missionnaires, et tout voyageur, retrouveront un écho de la patrie en entendant des noms connus et peut-être chers à leur cœur.

Voyons maintenant les résultats de l'œuvre. J'ose mettre en première ligne les sentiments de charité qu'elle fait naître dans l'âme des associés. Sous le titre de *Gerbe de Ruth*, les Annales ont soin de recueillir les traits de générosité qu'inspire aux enfants le désir d'arracher à la mort les petits Chinois. Que de bons points gagnés, de sacrifices, de résolutions prises pour se rendre digne du nom d'associé de la Sainte-Enfance! La *Gerbe de Ruth* est riche en histoires touchantes. En voici une : Un petit garçon de trois ans ayant entendu parler des petits Chinois, désirait vivement donner un sou, pour eux. Il le demanda à sa mère, fort pauvre sans doute, car il ne put l'obtenir. Ce sou était l'objet de tous les vœux de l'enfant. Un jour, un monsieur, lui dit : Mon petit ami, veux-tu me chanter une des chansons qu'on t'apprend à l'asile? — Je veux bien, monsieur. Et le petit garçon chantait d'autant mieux que la physionomie bienveillante de l'étranger lui donnait l'espoir d'une récompense.

En effet, le monsieur charmé de la simplicité et de la gentillesse de l'enfant, lui dit : C'est très-bien, voilà un sou pour acheter du bonbon.

Le petit chanteur mit le sou dans sa poche et le lendemain arrivant à l'asile, il dit à la sœur : « Tenez, chère sœur, voilà un sou pour les petits *Cinois*. Je vous en donnerai toujours jusqu'à ce que j'aie tout payé. »

Ainsi, Anna, grâces à cette œuvre, nos enfants pratiquent la charité avant de savoir lire. L'aumône est la base de leur éducation. Et quelle aumône! celle de la foi.

Voici les résultats que l'œuvre a obtenus jusqu'à ce jour : 59 missions sont secourues; 375,794 enfants ont été baptisés et 37,474 sont élevés. L'œuvre a des associés dans toutes les parties du monde, et chaque jour nos missionnaires obtiennent des consolations dignes de leur dévoûment. Quand la lumière se fait dans ces pauvres petites âmes, elle produit des actes de foi et d'amour dont nous sommes grandement édifiés, nous autres privilégiés de ce monde. Il faut lire la correspondance des missionnaires pour connaître l'importance de cette œuvre bénie.

Voici une histoire qui a été racontée déjà bien des fois : n'importe, je ne me pique pas de nouveauté, et je vais vous la raconter à mon tour.

« En 1862, nos missionnaires avaient établi dans le Sutchuen oriental, un magnifique orphelinat où ils recueillaient les petits enfants délaissés. Cet orphelinat fut ravagé par les rebelles. Après le départ de ces hordes infernales, nos Pères revinrent à l'orphelinat où ils remirent leur œuvre sur pied. Mais, dans les premiers moments de ce retour précipité, beaucoup de choses vinrent à manquer. Un grand nombre d'enfants tombèrent malades, plusieurs moururent. Le plus jeune de tous, Joseph Jaug, âgé de huit ans, mourut le premier. C'était un enfant d'un esprit vif et précoce : dix-huit mois avaient suffi pour lui apprendre le catéchisme et ses prières. Il avait su lire promptement; il lisait avec ardeur la *Vie des Saints*, il en faisait de beaux récits à ses camarades et les encourageait au martyr.

Les Pères étaient dans l'admiration.

Le veille de la mort de Joseph Jang, le missionnaire chargé de l'orphelinat, ne croyant pas la fin de l'enfant si proche, résolut de s'absenter quelques jours, et avant de partir, il alla embrasser le petit malade : Père, lui dit Joseph, il ne faut pas partir, je vais mourir ; mais je ne suis jamais mort, et je ne sais pas comment cela se fait, il faut que le Père reste avec moi pour me dire quand je mourrai bien. » Le Père se rendit à son désir et il lui promit de rester. Quelques moments après, comme le Père était rentré chez lui, il vit arriver les camarades de Joseph. Le petit malade les avait conjurés d'aller trouver le Père pour obtenir de lui, qu'avant de mourir il fit sa première communion. Le Père résista d'abord, mais bientôt les clameurs furent si vives, les supplications si bruyantes, qu'il fallut bien céder.

Le Père donc se rendit près de Joseph. Dès que celui-ci l'aperçut, il fondit en pleurs : « Le Père ne m'aime pas dit-il. — Comment ! Je t'aime beaucoup ! — Le Père ne m'aime pas ; s'il m'aimait, il ne ferait pas comme il fait. Le Père va jusqu'à trois ou quatre jours au loin pour faire communier les autres malades, et moi, qui suis tout près, il ne veut pas me donner la *sainte substance.* »

Le Père s'étant assuré des dispositions de l'enfant, lui annonça qu'il communierait le lendemain. Joseph était aux anges. Il pria ses petits amis de parer sa chambre. Il voulait avoir nappe, chandeliers, croix, images, enfin un autel complet. Tout ce que le Père avait en réserve fut mis au pillage par la troupe enfantine. Joseph ordonnait de son lit, et chacun de lui obéir.

Le lendemain, le prêtre porta le pain des âmes à ce cher enfant. Comme il l'exhortait à bien aimer Jésus-Christ qui daignait venir à lui : « Oui, oui, répondit Joseph, toujours aimer Jésus et sa bonne Mère. »

Joseph demeura longtemps en actions de grâces ; le prêtre lui ayant présenté un crucifix, il le baisa respectueusement, puis sa médaille sur laquelle il prononça les saints noms de Jésus, Marie, Joseph. Bientôt la mort apparut sur son visage. Le prêtre se hâta de lui donner l'Extrême-Onction. Quand le prêtre lui dit d'ouvrir ses petites mains qu'il tenait croisées sur sa poitrine, ses yeux se fermèrent et il expira. »

N'est-ce pas une touchante histoire, chère sœur, et ne devons-nous pas nous intéresser à une œuvre qui porte de tels fruits et qui doit en porter davantage : car malgré les sommes recueillies et distribuées aux diverses missions chaque année, un grand nombre d'enfants, dans certaines provinces du moins, sont impitoyablement refusés dans les établissements fondés par la charité chrétienne en faveur de leurs petits frères plus fortunés, faute de ressources suffisantes pour les admettre tous.

Ne nous endormons donc pas et travaillons de toutes

nos forces à développer la charité dans le cœur de nos compatriotes. Le moyen le plus sûr de rendre l'Angleterre catholique c'est de lui enseigner cet art de la charité que possèdent les Français au plus haut degré. On peut être *bonne Anglaise* et faire cet aveu.

Ce chapitre serait incomplet, si je ne vous parlais pas de l'*Œuvre des campagnes* qui est le complément de l'*Œuvre de la Propagation de la foi.*

Il n'est pas nécessaire d'aller chez des sauvages pour trouver des populations plongées dans l'ignorance : les catholiques Français ont senti le besoin d'unir leurs efforts pour conserver la foi dans leur propre pays, comme ils s'unissent dans l'*Œuvre de la Propagation de la foi,* pour procurer le bienfait de l'Évangile aux peuples idolâtres.

L'*Œuvre des campagnes* a pour but de venir en aide au clergé des paroisses rurales en tout ce qui tend directement à ce but, comme les missions, les écoles, les bibliothèques, les patronages, les associations de piété. L'*Œuvre des tabernacles* ou des églises pauvres pourvoit aux besoins du temple, des ornements, des vases sacrés. L'association de saint François de Sales défend la foi contre le protestantisme. L'*Œuvre des campagnes* fournit aux paroisses catholiques pauvres les moyens de ranimer la foi dans les âmes. Ainsi, chère sœur, ces trois œuvres se prêtent un mutuel appui et répondent aux plus urgentes nécessités des campagnes.

Comme toujours, une grande action nous est réservée dans cette œuvre. Depuis la riche châtelaine jusqu'à l'humble jeune fille, toutes les femmes peuvent propager la foi en visitant les pauvres, en soignant les malades. La visite des écoles, les dons de livres pour la bibliothèque du village sont des moyens offerts à leur zèle.

Les associés de l'*Œuvre des campagnes* donnent 12 francs, et pour plus de facilité encore, on fait recueillir douze souscriptions d'un franc. Les personnes qui ne peuvent apporter qu'une souscription d'un franc n'en ont pas moins droit à tous les mérites et les priviléges de l'œuvre.

Convenez, ma chère, que si vous n'accordez pas tout votre intérêt à l'*Œuvre de la Propagation de la foi*, ce ne sera pas la faute de votre

LISY.

LETTRE XXXIII.

L'ŒUVRE DE SAINT-MICHEL.

Ma chère Anna,

Georges se déclare très-satisfait de la manière dont je vous ai donné un aperçu des OEuvres de charité à Paris, et il me presse de terminer mon travail. Depuis quelques jours, il parle de vous avec un redoublement d'intérêt; il songe à votre solitude; *Flower-House* revient sans cesse sur ses lèvres, sa voix prend un accent d'autorité qui ne peut échapper à l'oreille d'une femme soumise, je m'attends donc à partir très-prochainement; alors ma carrière d'auteur sera finie.

Voyez un peu, ma chère, comme les choses tournent en ce monde! Je viens à Paris pour mon simple agrément, et tout en me laissant initier au charme de la société française, je m'instruis..... j'écris un livre. O

Anna ! chère Anna, ce n'est pas ma faute ! ne m'appelez pas *blue stoking* (bas bleu) ! non, mille fois non, j'ai obéi à Georges et rien de plus.

Maintenant, je l'avoue, cette occupation m'a singulièrement captivée, je suis toute fière d'être l'auteur d'un livre sur les *OEuvres de charité*.

Eh bien ! chère sœur, avant d'écrire ce mot charmant : *fin*, avant de tirer au bas de la page ce trait final qui est l'expression de la satisfaction qu'éprouve l'auteur avant de déposer la plume, peut-être pour toujours, je veux encore vous parler de l'*OEuvre de Saint-Michel* fondée tout récemment.

Cette œuvre a pour but de publier de bons ouvrages à bon marché, propager les bons livres et donner en même temps un encouragement aux auteurs dont la plume est irréprochable ; car bien que l'œuvre reçoive avec reconnaissance les manuscrits gratuitement offerts, elle fait aux auteurs qui vivent de leur talent, des conditions honorables, imprime leurs livres à ses propres frais et les vend à ses risques et périls.

L'*OEuvre de Saint-Michel* ne publie pas seulement des livres de piété, elle prétend avoir une action plus large : histoire, voyages, biographie, philosophie, géologie, et enfin, toute œuvre littéraire ou scientifique, rendant à la vérité chrétienne un témoignage compatible avec la nature du sujet, et capable par la forme et le talent d'intéresser le lecteur, sera accueillie par l'*OEuvre de Saint-Michel*. La littérature dite *amusante*, n'est point exclue, à la condition, très-formelle toutefois, que la doctrine, la morale et l'esprit catholique y soient complètement respectés.

Nous pouvons dès à présent, chère sœur, coopérer à cette œuvre excellente soit en lui procurant des manuscrits, soit en souscrivant comme Associée ou Fondateur. Et comme je sais à qui je parle, j'ajoute bien vite que le centre de l'œuvre est rue de Tournon 15, et que l'agent spécial est M. ALBANEL à qui l'on s'adresse pour avoir tous les renseignements et documents relatifs à l'œuvre.

Je suis heureux de constater ici que l'*Œuvre de Saint-Michel*, bien qu'elle ne fonctionne qu'avec les ressources de la charité, fait chaque jour des progrès nouveaux, et offre pour l'avenir de grandes et légitimes espérances.

Chère Anna, aimons cette œuvre, la chose est facile, ce me semble. Qui ne connaît la puissance et le bienfait d'un bon livre? Témoin de nos premières joies enfantines, nous le retrouvons dans toutes les saisons de la vie; il nous instruit et nous distrait tour à tour. Vous, chère malade, vous pouvez nous dire de quel charme et de quelle consolation est la société de cet ami fidèle: tantôt sérieux, tantôt aimable, il a su vous faire oublier la longueur des nuits sans sommeil et la tristesse des jours pleins de souffrance. Que de voyages n'avez-vous pas fait sans sortir de notre manoir! Mais mieux encore, chère sœur, c'est dans un livre que vous avez trouvé la parole qui vivifie l'âme, éclaire l'esprit; c'est dans un livre que vous avez appris à souffrir sans vous plaindre.

Il n'est peut-être pas d'influence plus grande que celle d'un bon livre. « Sa parole, si elle est dominatrice, s'emparera du temps comme elle s'est emparée de l'espace; ce qu'il a fait hier, il le fait aujourd'hui, et ce qu'il fait aujourd'hui, il le fera demain. Comme il va au bout du monde, il ira peut-être au bout du temps; et de siècle en siècle, comme d'espace en espace, il portera des convictions, il persuadera des âmes, il transformera des vies; et nul ne peut dire où s'arrêteront ses conquêtes illimitées et indéfinies dans la durée autant et plus qu'elles ne le sont dans l'espace. Le livre est comme un être impersonnel à qui l'on s'abandonne, sans s'inquiéter de sa naissance et de son caractère, de ses vices ou de ses vertus, sans même songer à lui demander son nom. Cet hôte qu'on ne connaît pas, on l'accueille comme un frère et on lui dit la bienvenue. A peine a-t-il commencé de parler, que vous le considérez comme un ami intelligent et bon, fort et sympathique, c'est-à-dire ayant tout ce qu'il faut pour gagner votre confiance [1] ».

Chère Anna, n'est-ce pas là ce que vous éprouvez dans votre solitude avec vos bons livres? Vous ne pourriez donc pas, sans manquer à la reconnaissance, refuser de prendre sous votre protection l'*OEuvre de Saint-*

---

[1] *La parole et le livre.* Discours prononcé par le R. P. Félix le 23 avril 1865.

Michel archange. Parlez-en autour de vous, et chaque fois que vous verrez un bon livre aux mains d'un homme sérieux, aux mains d'une femme ou d'une jeune personne, rappelez-leur les bienfaits qu'ils ont reçus, dans une mesure différente, *de cet ami*. Faites d'eux tous d'ardents prosélytes de l'*OEuvre de Saint-Michel*.

Bientôt, chère sœur, je vous reverrai et tout ce que j'ai quitté depuis six mois. Avec quel bonheur je retrouverai notre jolie maison ! Que de choses j'aurai encore à vous dire ! Le plus grand plaisir du voyageur est peut-être de raconter ce qu'il a vu, ce qu'il a pensé loin de ses amis.

Il me tarde de reprendre possession de mon *home*, de nous voir réunis le soir autour de la table et d'entendre chanter la bouilloire. Les récits de notre vie parisienne vous prouveront, si vous êtes vraiment impartiale, que la société française n'offre pas seulement aux étrangers le charme de l'esprit, l'éclat d'un monde brillant, mais qu'elle a ses heures de réflexion et de dévoûment, et que toute femme attentive, et désireuse de faire le bien, peut s'y instruire sans renoncer aux devoirs de sa condition et aux plaisirs de son âge.

Adieu, chère Anna, ne craignez pas que je regrette le beau soleil de France : *le cœur n'est jamais plus content que chez lui.*

Votre LISY.

TABLE DES MATIÈRES.

	Pages.
DÉDICACE.	1
LETTRE PREMIÈRE	3
— II. L'Œuvre des faubourgs	8
— III. La Société maternelle	15
— IV. Les Crèches	23
— V. Les Salles d'asile	32
— VI. Les Salles d'asile (*Suite*)	42
— VII. Les Salles d'asile (*Suite*)	53
— VIII. Les Écoles	65
— IX. Les Patronages	87
— X. Les Amis de l'enfance	97
— XI. Les Amis de l'enfance (*Suite*)	101
— XII. Les Amis de l'enfance (*Suite*)	109
— XIII. L'Œuvre des prisons. — Saint-Lazare	117
— XIV. L'Œuvre des prisons (*Suite*)	126
— XV. Le Patronage (*Suite de l'Œuvre des prisons*)	133
— XVI. L'Œuvre du Bon-Pasteur	140
— XVII. L'Œuvre du Bon-Pasteur (*Suite*)	148
— XVIII. La Société de Saint-François-Régis	160
— XIX. L'Œuvre des pauvres malades	171
— XX. L'Œuvre des pauvres malades (*Suite*)	179

334   TABLE DES MATIÈRES.

	Pages
LETTRE XXI. La visite des pauvres malades dans les hôpitaux..........	188
— XXII. Les Petites-Sœurs des pauvres.........	198
— XXIII. Les Petites-Sœurs des pauvres à Paris (*Suite*)................	209
— XXIV. Le couvent des sœurs aveugles de Saint-Paul................	218
— XXV. Le couvent des sœurs aveugles de Saint-Paul (*Suite*)...........	228
— XXVI. L'Œuvre des Militaires..............	236
— XXVII. La Société de Saint-Vincent-de-Paul.....	247
— XXVIII. L'Adoration perpétuelle. — L'Œuvre des Tabernacles et des pauvres Églises. — Les Vestiaires...............	260
— XXIX. Les Dames auxiliatrices des âmes du purgatoire..................	277
— XXX. L'Œuvre de la Propagation de la Foi.....	295
— XXXI. Suite du chapitre précédent............	306
— XXXII. L'Œuvre de la Sainte-Enfance. — L'Œuvre des campagnes.................	315
— XXXIII. L'Œuvre de Saint-Michel..............	328

FIN DE LA TABLE.

Imprimé par Contant-Laguerre, à Bar-le-Duc.

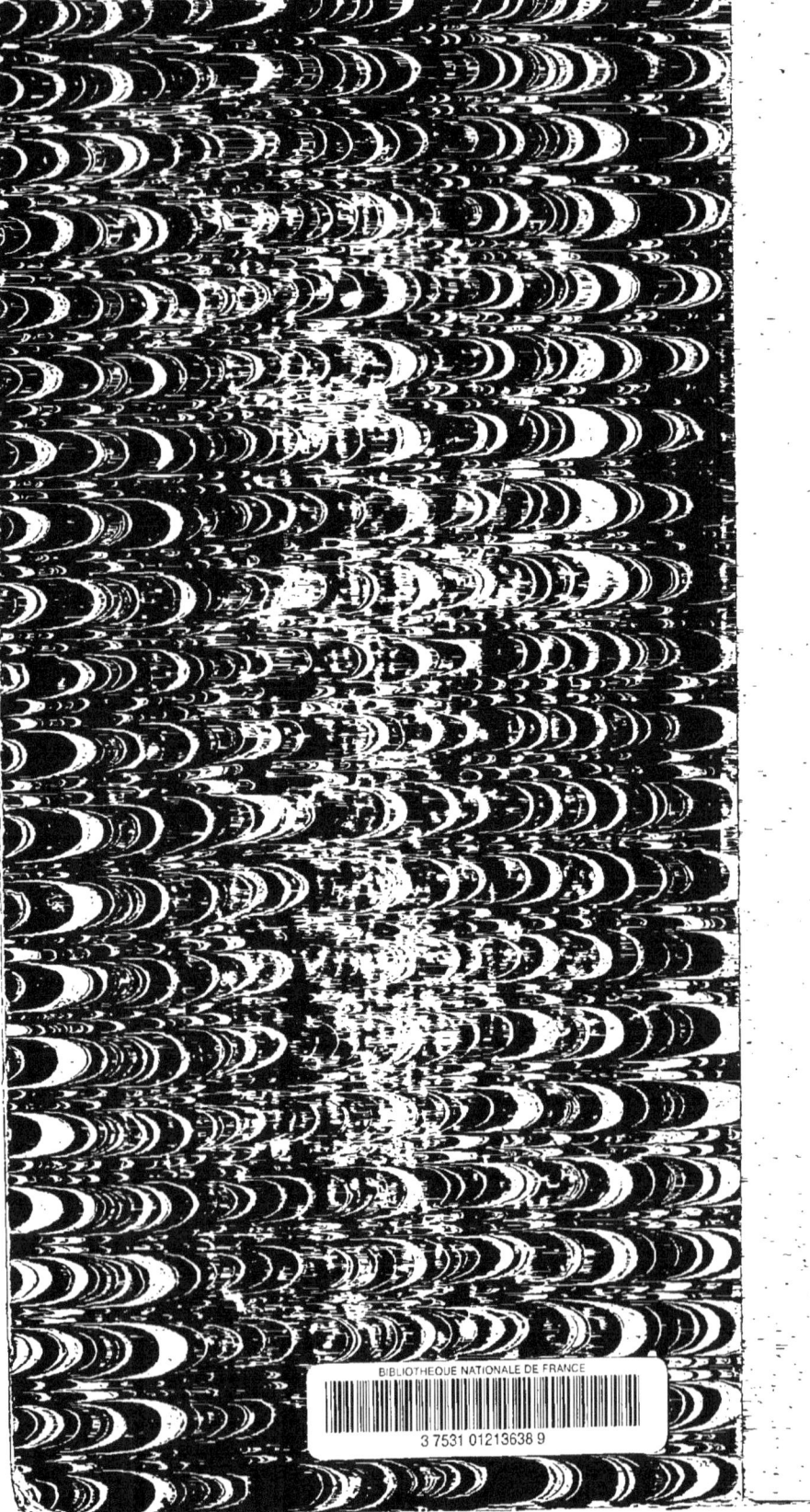

www.ingramcontent.com/pod-product-compliance
Lightning Source LLC
Chambersburg PA
CBHW060332170426
43202CB00014B/2755